高校应用型人才培养中的文化凝聚力研究

——基于体育仪式文化的视角

刘　鑫／著

吉林大学出版社

·长春·

图书在版编目（CIP）数据

高校应用型人才培养中的文化凝聚力研究：基于体
育仪式文化的视角 / 刘鑫著. -- 长春：吉林大学出版
社, 2021.6
ISBN 978-7-5692-8494-2

Ⅰ.①高… Ⅱ.①刘… Ⅲ.①高等学校－人才培养－
研究－中国 Ⅳ.①G649.2

中国版本图书馆CIP数据核字(2021)第127952号

书　　名：高校应用型人才培养中的文化凝聚力研究
　　　　　——基于体育仪式文化的视角
GAOXIAO YINGYONGXING RENCAI PEIYANG ZHONG DE WENHUA NINGJULI YANJIU
——JIYU TIYU YISHI WENHUA DE SHIJIAO

作　　者：刘　鑫　著
策划编辑：矫　正
责任编辑：张宏亮
责任校对：李潇潇
装帧设计：雅硕图文
出版发行：吉林大学出版社
社　　址：长春市人民大街4059号
邮政编码：130021
发行电话：0431-89580028/29/21
网　　址：http://www.jlup.com.cn
电子邮箱：jdcbs@jlu.edu.cn
印　　刷：天津和萱印刷有限公司
开　　本：787mm×1092mm　　1/16
印　　张：13.25
字　　数：200千字
版　　次：2021年6月　第1版
印　　次：2021年6月　第1次
书　　号：ISBN 978-7-5692-8494-2
定　　价：68.00元

前　言

随着知识经济和全球化时代的到来，我国产业结构正处于加快调整和快速升级的过程中，对人才的质量提出了更高要求，特别注重培养人才的应用型创新能力。虽然，近年来应用型本科院校发展迅速，为社会发展提供了大批应用型人才，但不容忽视的是，仍然有一些从应用型本科院校毕业的大学生存在就业难或难以胜任岗位需求的现象。受社会发展环境、教师个人素质、学校自身等因素的制约，一些院校存在着思想政治教育效果不明显的问题，难以达到促进大学生综合能力提升的目标。如何解决这些问题成为当前应用型本科院校教育教学工作的重难点。一般来说，一名优秀的大学生必须具备较强的专业基础知识，同时还要具备较高的道德品质。专业基础知识需要专业课老师的教育和引导，而大学生道德品质的形成则需要高校通过推进大学生思想政治教育工作来实现。虽然从总体上来看，应用型本科院校培养的大学生道德素养较高，但是仍然有一部分大学生存在心理健康问题或道德品质问题，这在很大程度上影响着他们素质能力的全面增强。

在高校应用型人才培养中，充分发挥体育文化的思想政治教育功能，培养德智体美劳全面发展的应用型人才，是应用型本科高校思想政治教育工作的新课题。

顾拜旦认为，体育之美在于仪式。仪式是体育中"最富有生命力的一翼"。体育为生命的延续保驾护航，而仪式能让人们产生认同感和归属感。两者的完美结合，可以让体育与仪式在实践中为健康护航、在功能上为信仰保驾。体育是国家、民族和社会的事业，仪式是信念、情感和声望上的归宿，只有两者结合才能让体育强国梦成为一个自觉的、整体的范式记忆和传承。体育文化和仪式活动是一个不可分割的共同体。从某种意义上来讲，体育是一种仪式活动，仪式活动可以展现体育文化背后的意义和历史价值，因此，体育文化的传承与仪式活动相辅相成，可以更好地弘扬中华民族的精神，诠释体育强国梦。

中华民族的凝聚力深深扎根于几千年历史积淀而成的深厚土壤之中，要增强民族的文化认同感必须充分挖掘中华传统文化的有益成分。习近平强调："中华民族优秀传统文化已经成为中华民族的基因，根植于中国人内心，潜移默化影响着中国人的思想方式和行为方式。"[①]历史赋予了中国璀璨的文化内涵，中华优秀传统文化是能够保留民族记忆、凝聚民族智慧、传递民族情感、体现民族性格、激发民族创造的物质与精神的总和。当代中国体育文化是对中华优秀传统文化的继承并具有中国特色社会主义特质的体育文化，其标识了新时代中国社会的文明程度和中国实力。将体育仪式的文化凝聚力应用于学校教育，与高校应用型人才培养相融合，是加快体育强国建设和全面建成小康社会的需要，是弘扬中华传统体育文化、奥林匹克文化的需要，是促进学生全面发展、实现应用型人才培养目标的需要。

因此，本书从高校应用型人才培养的核心概念界定入手，对高校应用型人才培养进行了理论概述，以体育文化与高校应用型人才培养的内在关联为切入点，探究体育在高校应用型人才培养中的作用，在此基础上，从游戏、竞赛等层面阐述体育仪式的文化象征，以身体仪式、符号仪式诠释体育仪式的理性规约——传承体育精神和文化，升华体育仪式的精神价值，凝练体育仪式的文化凝聚力，从而丰富高校应用型人才培养的思想政治教育内容。最后，本书从思想政治教育和校园体育文化两个方面探讨发挥体育仪式的文化凝聚力在高校应用型人才培养中的作用及其路径建设，旨在提高学生的综合素质，逐步提升高校应用型人才的培养质量。

---

① 习近平. 青年要自觉践行社会主义核心价值观——在北京大学师生座谈会上的讲话（2014年5月4日）[M]. 北京: 人民出版社, 2014: 7.

目　　录

第一章　高校应用型人才培养概述

《国家中长期教育改革和发展规划纲要（2010—2020年）》（以下简称《纲要》）对人才培养工作提出了一系列重要战略思想和重大举措，对高等学校提高人才培养具有重要的指导意义，其中第二十二条指出："适应国家和区域经济社会发展需要，建立动态调整机制，不断优化高等教育结构。优化学科专业和层次、类型结构，重点扩大应用型、复合型、技能型人才培养规模，加快发展专业学位研究生教育。"①通过《纲要》可以发现，我国现阶段关于应用型人才的培养问题已上升到战略高度，实施人才强国战略是我国教育改革的当务之急。培养优质的应用型人才，思想政治教育是关键，应用型人才的综合素质培养问题是我国高等教育的重要内容。中国高等教育目前已进入大众化教育阶段，在本科应用型人才的培养中只将学生专业素质的高低作为衡量学生能力的评判标准无疑是片面的，本科应用型高校实施教育更应以"立德树人"作为培养之根本，大学生思想道德素养的高低正是决定高校育人质量优劣与否的重要标杆。在高等教育大众化的发展趋势下，须充分考虑学生知识基础的不同和智力结构的差异，从学生主体出发，针对本科学生的群体特征探索行之有效的应用型本科思想政治教育体系，通过提高学生综合素质，逐步提升学生质量，如何找准符合办学定位和针对本科应用型人才群体的思想政治教育范式，对各高校来说，既势在必行又意义深远。

本章从高校应用型人才培养的核心概念界定入手，阐述高校应用型人才培养的目标及意义，在此基础上，对应用型本科院校大学生思想政治教

---

① 国家中长期教育改革和发展规划纲要（2010—2020年）［EB/OL］.http://www.gov.cn/jrzg/2010-07/29/content_1667143.htm.

育进行理论分析，指出应用型本科院校大学生思想政治教育的特点、目标
定位以及理论基础，为后续的研究确定方向。

一、应用型人才的概述

（一）核心概念界定及内涵特征

1.应用型人才的概念

在10世纪，欧洲大陆出现了以法律、神学、文理、修辞等为主修内容
的专门学校，是现代应用型高校的雏形。这些学校以应用性学科为主，课
程和教学内容都具备很强的实用性，为当时社会培养了大批应用型人才。
到15世纪，在教会的严格控制之下，人才培养以神学和经院哲学为中心，
远离了社会实践。18世纪以来，工业革命对高等教育提出了更高的要求，
客观促进了当时的教育改革，政府加强了干预，宗教控制减弱，大学学科
从哲学、文科扩展到自然科学。虽然少数传统大学仍以学术为主，但大多
数新创办的大学和地方学院则基本上都以应用学科为主。二战以后，应用
型大学在科技进步和教育大众化背景下应运而生，并迅速发展。在大众化
进程中，西方国家高等学校的办学层次与结构也发生了一系列的重大变
化，各类科学技术、实用性的职业技能等内容进入大学课堂。应用型人才
培养获得重大进步。

按照联合国教科文组织颁布的教育分类标准，高校培养的人才可以分
为：学术型人才、应用型人才和工程型人才。在中国，应用型人才更多地
被理解为有别于学术型和技能型的人才。学术型人才具有系统理论知识，
具有较强的科研能力和创新能力，偏重于理论研究，旨在发现和研究自然
科学、社会科学、人文科学等领域的客观规律。技能型人才的理论知识不
要求系统性和完整性，具有"必要的"理论知识即可，能围绕工作岗位，
熟练掌握实用技术和熟悉相关规范，直接参与生产一线工作。应用型人才
居于二者之间。应用型人才的任务是将知识应用到实践中去，具体任务是
将科学原理应用于社会实践领域，为社会创造经济效益和物质财富。应用
型人才的关键是"用"，其本质是"学用"，基础是掌握足够的理论知识
和具备较高的专业素养，核心是具备理论转化为实践的创造力和创新力，

直接产出为指导具体实践的成果。

2. 应用型人才的特征

第一，具备较强的应用和实践能力。具有较强的实践创新能力是区别于技能型人才和学术型人才的显著特征。应用型人才不仅具有较强的理论功底，而且具备将理论转化为实践或具体操作的创新能力。在具体工作中体现在：应用型人才能够敏锐地发现具体问题，并且能够找到解决问题的理论根据，因此制定出依据相应理论解决具体问题的方案。与技能型人才相比，应用型人才具备较强的理论功底，而且具有将理论转化为实践方案的能力，而技能型人才则侧重于将实践方案落实到具体工作中。

第二，具有应用型复合型理论知识。随着社会经济的发展，社会分工的深化，行业和职业不断分化，社会出现了各种各样的工作岗位。有些岗位需要知识结构和能力的多样性，需要跨越理论结构和实践范围，这就需要应用型复合型的人才，即不但具有多种理论基础，而且具备多种实践创新能力，能够适应多岗位发展需求，具备多岗位工作的能力和素质的人。因此，具备胜任多岗位工作的适应能力和工作能力，也就是具备应用型复合型的理论知识和实践能力。

第三，具有较强的可持续发展能力。应用型人才充分利用所掌握的理论知识，将理论转化为实践，提出解决实际问题的方案，在这一过程中，应用型人才需要不断地学习和创新，需要具备一定的可持续学习能力和创造力，以期最小的投入产生最大的社会经济效益，即效益最大化。职业或岗位的变化不仅仅是工作环境和具体工作的变化，尤其是社会经济发展的变化，对人才的知识结构和实践创新能力提出了更高的要求。许多新理论和新方法、新技术，有些是在实践中不断创新得来的，有些则是在极其短的时间里变革产生的。只有不断更新理论知识结构，不断增强理论转化为实践的创新能力，才能在实际工作中获得发展，才能满足工作岗位的需要和推动社会的发展。

第四，具备不断创新的能力。较强的创新能力是应用型人才的核心特征。随着社会经济和科学技术的日新月异，各行业和各岗位的技术含量不断提高，实际工作中，许许多多的新问题不断涌现，有些问题是从来没有遇到过的、复杂程度较高的新问题，不可能从理论中直接获取解决方法。这就需要应用型人才不仅具有良好的职业精神，而且需要较强的创新意识与能力。在现实生活中，理论知识的应用不再是重复的理论转化，更不是简单的操作，更多的是在实践中不断掌握新的理论知识，拓展理论外延，不断创造性地将丰富的理论知识应用于实践，并创新性地推动实践的飞跃和具体问题的解决，这都需要应用型人才具备不断创新的能力。

3. 应用型高校的概述

应用型高校也被称为应用型大学，是新建地方本科院校发展高等教育的选择，既不同于以教育教学为主的研究型大学，也不同于高职类型的应用学校。它既继承和学习了一般本科院校优秀的教学传统，又吸收和发扬了高职院校的突出特色。

在经济社会发展中，学校的作用是区域性和行业性的，在地方经济建设和文化发展中，人才培养、科技成果发挥着重要作用，如澳大利亚应用科学大学、日本科学技术大学、德国应用科学大学和其他多学科的技术应用型大学，主要针对当地学生；设置以区域经济社会发展为导向的课程体系和专业，根据岗位设置能力和行业标准，地区和行业的特点尤为突出。应用型大学是新成立的地方高校传统发展错位的产物，在专业设置、人才培养、科研、学科建设、社会服务等方面具有地方特色和信息技术产业的显著特点。应用型大学主要以服务于区域经济建设发展为根本，在人才培养上基于地区经济社会的发展和行业人才需求的发展，科学研究主要集中在区域发展和产业发展方面，积极挖掘区域发展和产业发展中存在的问题，寻求区域发展和产业发展的解决方案，围绕"三个关系"，与当地政府和行业在社会服务体系建设方面实现"三赢"。

4. 高校应用型人才培养

社会需要的人才类型是由社会发展的不同需要所决定的，所以应用型人才概念的出现，是经济和科技发展促进社会分工不断细化的结果。社会需要的应用型人才通常指的是具备一定的理论知识，除了学术研究性工作外，他们需要做到把理论与实践结合起来，把抽象的知识具体化，

运用于实际生产生活中。^①他们不同于精钻理论研究的或专于实际操作的
人才，与这两类人才有很大的区别。这类人才除了要有专业素养，还能将
理论知识与实际情况相联系，将知识应用到实践中去。应用型人才的核心
在于"用"，本质是要学以致用，是高等教育应用价值的直接载体，是科
学技术转换为生产力的重要桥梁："用"的基本条件是掌握知识和能力，
"用"的对象是社会实践，"用"的目的是满足社会发展的需要和主体的
发展需要，推动社会进步。当前我国正处于产业结构调整的转型时期，
需要培养出一大批具有扎实、系统的专业基础知识、技术实力较强、在
实践中表现优秀，能够适应社会对他们的需求，能把理论知识和实践结合
在一起的应用型人才。

　　本书中的应用型人才培养指的是应用型本科人才培养，在培养目标
上，应用型本科人才培养的是具有深厚的基础理论以及较强的自主学习能
力，能将"智慧"转化为"实惠"，综合运用所学知识解决现实中复杂的
具体问题的人才；其主要职能是从事设计、规划、管理、决策等工作；其
知识结构是以行业设置专业，注重知识的现时性、复合性和跨学科性；其
能力培养上要求具备运用科学理论知识和方法的综合能力，具有分析和解
决问题的实践能力，具有更强的社会能力^②，如自我表现能力、语言表达能
力、团队协作能力、平衡协调能力和交际能力等。

　　（二）高校应用型人才培养的目标

　　1. 人才培养目标

　　人才培养目标在教育界形成了较为明确的定义，笔者援引由顾明远主
编的《教育大辞典》中的释义：人才培养目标也称教育目标，指各级各类
学校、各专业的具体培养要求。^③它是在国家教育方针和教育目的指导下，
各级各类学校、各专业依据实际情况而制定的预期人才培养标准，一定程
度上反映着所培养的人才在类型、层次、职业岗位和具体规格等方面的要
求。人才培养目标的确立不仅对一所学校和某个专业的人才培养具有方向

---

① 潘懋元, 石慧霞. 应用型人才培养的历史探源 [J]. 江苏高教, 2009 (01)：36.

② 尹宁伟. 应用型本科人才培养质量探究 [J]. 现代教育科学, 2012 (04)：78.

③ 顾明远主编. 教育大辞典（第1卷）[M]. 上海：上海教育出版社, 1990：60.

性的意义，在某种程度上说更存在着承上启下的作用。往上看，它必须体现出国家教育方针中所指明的总体发展方向，同时也要符合其中对人才培养规定的根本性要求。例如，我国现阶段的教育目标是"使学生成为德智体美全面发展的社会主义建设者和接班人"①，任何学校的教育活动都不能偏离这一实质。向下看，它不仅为课程目标的确立提供了相应参考，同时也为教学目标的定位和教学过程的实施指明了方向。人才培养目标是教育目标的具体化，而课程目标和教学目标又是实现培养目标的具体化，因此它具有承上启下的重要作用。不同的学校所肩负的人才培养任务有所区别，因而人才培养目标的制定不仅要依据一定的社会经济发展状况与政治文化背景，更需要考虑每一类学校所处的层级与位置。应用技术型高校的人才培养目标既要符合高等教育层次上的要求，又要体现与职业教育类型的差异。

2. 应用技术型高校人才培养目标的特征

应用技术型高校是在我国经济转型发展、高等教育大众化等背景下被提出来、重新定位和转轨的一类高等教育机构，它与普通高等学校同处于本科教育级别，与专科高职学院同属于职业教育类型。因此，其人才培养目标与这两类院校相比，既要体现"高"的特点，同时还要突出"专"的特色。具体来说，"高"体现在对技术的应用能力与创新意识上，"专"表现为工作内容的技术性和针对工作岗位的行业性。

（1）突出应用能力

应用能力的培养是对应用技术型高校培养目标的基本要求。所谓应用，是指将所学到的理论知识转化到生产生活当中，用以指导人们生产实践，改造世界的一个过程。如前所述，之所以称为"应用技术人才"，是因为它首先归于应用型人才，进而突出技术性，以区别于综合性大学理论型（学术型）人才的培养目标。应用技术型高校人才培养目标中的应用能力主要体现在对于工程知识和技术原理的应用上，他们主要的工作内容也体现在这两方面：一是结合工程原理将工程型人才的设计意图转化为实际

---

① 国家中长期教育改革和发展规划纲要（2010—2020年）［EB/OL］.http://www.gov.cn/jrzg/2010-07/29/content_1667143.htm.

生产力，从而缩短科研成果转化时间、提高成果转换率；二是运用技术原理（行动策略）指导技术员和技术工人（办事员）改进生产流程或解决生产过程中遇到的技术（方法）性难题，提升工作效率，从而保障生产的顺利进行和方案的有效实施。

（2）强调创新意识

具备一定的技术创新意识是对应用技术型高校培养目标的具体要求。应用技术型高校的人才培养目标是培养面向生产、管理和服务一线的应用技术人才，随着科学技术的发展进步和知识经济的异军突起，这些岗位对从业者能力的要求不仅仅是继承性的操作和运用，还须具备一定的革新意识和创新能力。应用技术型高校培养目标的能力结构是技术实践能力、岗位迁移能力和技术创新能力的统一，正如一些研究者指出：应用技术人才的"应用性"不只是继承性应用，还是创造性应用；不只是对现有知识、技术、方法的应用，而且是通过不断学习新知识、新技术、新方法，创造性地分析新情况，解决新问题。①国际上同类高校对此也都非常重视，通过让学生参加技术开发和应用型项目研究来培养和发展他们的创新意识、创新能力。

（3）体现技术特点

体现技术特点是对应用技术型高校培养目标的内在要求。从本质上看，应用技术型高校所培养的人才类型仍属于传统的"人才四分法"中的"技术型"人才，因此其培养内容和在实际岗位中发挥的作用主要体现为技术层面的。在培养的内容上，由于应用技术人才强调的是对技术原理的应用能力，其教学和学习的内容需以技术理论为主，但其课程设置又有别于学术型教育，培养重心在于理论的应用和实践，而不是学理的探讨和学术素养的积淀。从未来工作岗位上看，应用技术型高校的人才培养目标定位在"技术师"或"工程技术师"（副工程师），他们的主要工作是对生产技术系统的监控与维护，协助专业工程师、指导技术员去发现、分析和解决综合性的或广义的技术实践问题，在服务领域则表现为运用专门知识

---

① 鄂甜. 中职、专科高职和应用技术本科教育人才培养目标分层解析［J］. 职业技术教育, 2015（01）：14.

与技术向顾客提供全面或综合性服务。①

（4）彰显行业特色

彰显行业特色是对应用技术型高校培养目标的方向性要求。应用技术型高校属于本科层次的高等职业教育机构，而高等教育本就是"建立在普通教育基础上的专业性教育，以培养各种专门人才为目标"②，因而其人才培养目标的专业性映射到工作岗位中便体现为行业性，这也是应用技术型高校与专科高职学院人才培养目标之间的区别。后者的人才培养目标直接面向某一技术工作岗位，工作内容的变动性较小，而应用技术型高校的人才培养目标则面向某一行业领域，工作内容的变动性较大。此外，应用技术型高校是与地方产业结构、经济结构紧密联系的高等教育机构，其人才培养以当地产业为依据、以专业为单位，因此，将高等职业教育的专业性对应到产业当中则表现为工作岗位的行业性。应用技术型高校的人才培养目标是培养特定行业领域的技术专家，这既是高等职业教育人才培养目标专业性的体现，也是应用技术型高校人才培养的方向所指。

3. 我国应用技术型高校人才培养目标的定位

人才培养规格是培养目标的具体化③，是学校对所培养的人才在知识、能力和品格等方面要达到的具体标准，也只有将笼统的人才培养目标细化为具体"规格"才具备实现的可能性。笔者参照美国教育家、心理学家布鲁姆（Benjamin Bloom）提出的教育目标分类学，同时结合学者们对培养规格构成要素的分析，对应用技术型高校的人才培养规格从知识要素（knowledge）、能力结构（ability）和德行要求（ethics）等三个维度进行论述。

---

① 参见徐涵, 杨科举. 论技术本科教育的内涵——基于技术教育与科学教育、工程教育的关系的视角[J]. 职教论坛, 2011(10): 53.

② 潘懋元. 新编高等教育学[M]. 北京: 北京师范大学出版社, 1996: 5.

③ 郑琼鸽, 吕慈仙, 唐正玲. 《悉尼协议》毕业生素质及其对我国高职工程人才培养规格的启示[J]. 高等工程教育研究, 2016(04): 136.

（1）知识要素

知识是人类对自然认识的记录，是人们对社会历史经验的总结，因此，笔者仅将知识的范畴界定在理论认知层面。依据不同的划分标准，知识亦可被分为多种类型，从其性质上看，可分为陈述性知识（declarative knowledge）、程序性知识（productive knowledge）和条件性知识（conditional knowledge）[①]，通俗而言，就是解释"是什么"、解决"怎么做"和弄清"为什么"的三类知识。就此层面来看，应用技术型高校人才培养目标应当是对三类知识都有所涉猎，并重点掌握第三类"条件性知识"，用以解决的是"何时""何地""为何"又"如何"的问题。按其作用来划分，知识可分为通识性知识和专业性知识两大类，通识性知识包括工具性知识和基础文化知识，专业性知识则包括相关的专业理论知识的和专业实践知识。从此结构来看，应用技术型高校的人才培养目标应在有较宽泛、广博的通识性知识背景下，在某一领域有比较专精的研究，就知识结构上看属于"T"型（广而精）人才[②]。就各类知识的掌握程度来看，这类人才对于通识性知识应达到认知和领会的水平，在专业知识领域要达到运用和分析的标准。

（2）能力结构

心理学认为，能力是一种心理特征，是顺利实现某种活动的心理条件。[③]依据不同的标准，能力亦有多种划分方式，笔者认为，人的能力从整体上有一般能力与特殊能力之分：一般能力是正常情况下人们在生活中必备的基本能力，有时亦称之为关键能力；特殊能力即人们常说的专业技能，是完成某一专业活动所需的能力，它往往与具体情境相联系。应用技术型高校的人才培养目标在能力结构上大致也可分为这两种：一般能力包括适应能力、人际交往能力、学习能力等；特殊的专业技能依据其性质和表现形式又可分为动作技能（运动、操作）和心智技能（智慧、智力）[④]，

① 陈琦，刘儒德. 当代教育心理学 [M]. 北京：北京师范大学出版社，2007：251.
② 王通讯. 王通讯人才论集（第三卷）：宏观人才学 [M]. 北京：中国社会科学出版社，2001：44.
③ 彭聃龄主编. 普通心理学 [M]. 北京：北京师范大学出版社，2004：404.
④ 朱智贤主编. 心理学大辞典 [M]. 北京：北京师范大学出版社，1989：135.

前者主要体现在肢体的运动和操作层面上，后者则更多地内隐于心理活动中。应用技术型高校所培养的人才在专业技能上应更倾向于后者，这也是本科高等职业教育与中等职业教育、专科高等职业教育的不同之处。具体来说，它培养的是学生对技术工具、技术知识、技术原理、技术伦理的应用能力，例如对实际生产、生活中具体问题的分析与解决，对新技术、新工艺、新方法的引进、优化和监控。[①]总之，应用技术型高校的人才培养规格在能力结构上呈现出复合性与专业性的特点。

（3）德行要求

与所有教育的培养目标相类似，应用技术型高校的人才培养目标不仅要扩充知识、发展能力，同时还要在道德品行方面获得提升与塑型。关于人才培养目标在道德层面的要求，在诸多研究者的论述中都将其等同于"素质"。素质是一个人知识、能力和德行的综合反映，德行是综合素质之一。应用技术型高校人才培养目标的道德素质同样有基本社会公德与专门的职业道德之分：社会公德是指个人为维护群体利益而应遵循的基本生活准则与行为规范，它在调节人与人、人与社会、人与自然的关系中具有重要作用；职业道德是指一般的社会道德在具体职业活动中的体现，对于从事不同职业的人员有不同的要求，它既区别于一般的社会公德，同时又受其制约。应用技术型高校的人才培养目标无论如何定位，首先必须是一个良好的社会公民，所以遵纪守法、乐于助人等一般的社会道德内容是其道德素质的构成部分；其次，应用技术型高校的人才培养目标还应定位为一个高尚的"职业人"，因此需要培养其对职业的敬畏之心、对岗位的热爱之情，养成良好的职业行为规范。应用技术型高校的人才培养目标只有在知识、能力、德行等三个方面均达到一定标准，实现高度融合，才能真正培养出社会所需的高层次、高素质的专业技术人才。

本书研究的高校应用型人才培养，主要是指通过思想政治教育和体育教学进行的道德素质培养，以体育仪式的文化凝聚力展现的教育价值为基点，探讨体育仪式的文化凝聚力在高校应用型人才培养中的教育价值，以

---

① 孟庆国, 曹晔. 地方高校转型发展：路径选择与内涵建设 [J]. 职业技术教育, 2013（18）：70.

及如何通过体育仪式的文化凝聚力提升应用型人才的综合素质，促进其全面发展。

（三）高校应用型人才培养的意义

1.应用型人才培养符合我国社会经济发展的必然要求

经济基础决定上层建筑。人才培养作为一种上层建筑，其发展也反映出和决定于经济基础的发展。高等教育是以社会、经济和科学技术的发展需求为导向，以促进生产力的发展为主要任务而开展的一系列教育教学活动。在新中国成立初期，由于资源匮乏加之帝国主义的封锁，我国实行计划经济体制，一切生产和消费均按照计划定量生产和使用。在教育领域，由于教育资源缺乏和各领域人才需求迫切，我国在人才培养包括专业设置、课程设置、招生人数等都是按照国家发展需求制定计划而来，就业岗位在进入高等学府以前基本已经规划好，高等教育可以说是"一个萝卜一个坑"的"一元教育"。此时的人才具有的实践能力往往弱于理论知识，人才培养也大都是理论"补课"为主。改革开放以后，计划经济开始向市场经济转变，生产力和生产技术快速发展，"一元教育"体制培养的理论型人才已经不能满足社会经济发展需要，尤其是技能型人才偏少。于是，我国在办好传统高等教育的同时，大力发展职业教育，创办了一大批旨在培养技能型人才的职业院校，形成了传统精英式高等教育与职工式职业教育相"搭配"的"二元重点发展目标"[①]。

1999年国家出台《面向21世纪教育振兴行动计划》，不断扩大普通高校本专科院校招生人数，以适应社会经济发展需要。进入21世纪，社会经济发展进入"以知识为基础的知识经济"时代，即新的信息革命导致知识共享高效率产生的新知识时代。经济增长对物质资源的依赖程度大幅降低，而对科学技术等知识的倚重大幅增加，进而需要大量的既掌握理论知识，又能在理论转化为实践的过程中创造出新产品或新方案的人才。党和国家非常重视应用型人才的培养问题。党的十七大提出："统筹抓好以高

---

① 陈解放.应用型人才培养的国际经验借鉴［J］.北京联合大学学报，2005（02）：30.

层次人才和高技能人才为重点的各级人才队伍建设。"①党的十八大明确提出要大力培养应用型人才，"统筹推进各类人才队伍建设，实施重大人才工程，加大创新人才培养支持力度，重视实用人才培养"②。党的十九大报告指出："人才是实现民族振兴、赢得国际竞争主动的战略资源。要坚持党管人才原则，聚天下英才而用之，加快建设人才强国。实行更加积极、更加开放、更加有效的人才政策，……努力形成人人渴望成才、人人努力成才、人人皆可成才、人人尽展其才的良好局面，让各类人才的创造活力竞相迸发、聪明才智充分涌流。"③《国家中长期教育改革和发展规划纲要（2010—2020年）》提出重点扩大应用型人才培养，"重点扩大应用型、复合型、技能型人才培养规模"④。一批培养应用型人才的本科院校应运而生，应用型人才培养的层次也大幅提高，有些院校专门设置了相关研究方向，专门培养应用型硕士研究生。

2. 应用型人才培养是适应我国教育大众化的客观需要

随着我国社会生产的工业化，高等教育逐渐由精英式教育转向大众化教育，导致高等教育在教育机构、教育内容、培养目标、培养方式等方面发生变化，应用型人才培养正是在适应大众化教育的过程中应运而生的。20世纪90年代以前，我国实施稳步发展的教育政策，高等教育在招生规模上长期控制在一定数量之内，高等教育的入学率仅为3.7%左右。1999年，国家开始大规模扩大高等教育招生规模，当年招生规模增幅42%左右，招生人数达到153万人。经过十几年的发展，据教育部《2016年全国教育事业发展统计公报》数据显示，我国高等教育和成人高等院校总数达到2880

---

① 高举中国特色社会主义伟大旗帜　为夺取全面建设小康社会新胜利而奋斗［N］.人民日报, 2007-10-16.

② 胡锦涛.坚定不移沿着中国特色社会主义道路前进　为全面建成小康社会而奋斗［N］.人民日报, 2012-11-18.

③ 习近平.决胜全面建成小康社会　夺取新时代中国特色社会主义伟大胜利——在中国共产党第十九次全国代表大会上的报告［N］.人民日报, 2017-10-28.

④ 国家中长期教育改革和发展规划纲要（2010—2020年）［EB/OL］.http://www.gov.cn/jrzg/2010-07/29/content_1667143.htm.

所，在校生规模达到3400多万人，入学率达到42.7%①，超过美国和俄罗斯成为世界第一。根据马丁·特罗（M. Trow）的观点，入学率在15%以下的高等教育属于精英式教育，15%至50%的属于大众化阶段，超过50%的属于高等教育普及阶段。根据教育部统计数据，自2002年起，我国高等教育已经进入大众化阶段，并逐渐向普及化阶段靠近。

在高等教育大众化过程中，我国高校的功能发生了调整和分化。"精英大学"主要承担知识创新和培养精英人才的使命。普通高等院校重新定位，在办学特色上下功夫，两者在教育目标、人才培养规格、师资队伍建设等方面存在明显差异。普通高校立足于地方，面向区域发展需要，面向高等教育新增群体需要，以培养应用型人才为目标，大力发展应用型人才教育。

随着我国高等教育大众化不断提高，以及适龄青年的增加，毛入学率逐年提高，我国每年大学生毕业人数也急剧增加，2007年至2016年的十年间，毕业生人数增加了270万人，增长比例达到55%。经济社会发展拉动人才需求，我国大学生就业率每年都有所提升，近几年应届大学生毕业半年后的就业率基本维持在91%至92%之间，但由于毕业生人数基数大，就业形势依然严峻，每年毕业半年后待就业的应届毕业生人数达到60万之多，高校人才培养在服务社会发展需求上出现了"过剩"现象。我国应用型人才仍处于供不应求的局面，应用型人才缺口持续增大。应用型人才的缺乏不只发生在当下，还将持续影响到未来。以我国制造领域为例，"要把'中国创造'发扬光大，需要大批高层次应用型专门人才"②。党的十八大要求，教育要坚持为社会主义现代化建设服务。目前，我国出现高校人才供给"相对过剩"和经济社会发展需要的应用型人才紧缺，暴露出我国高等教育人才培养与经济社会发展人才需求脱节的"短板"，也突显了青年成长成才的迫切需求。

---

① 2016年全国教育事业发展统计公报_中华人民共和国教育部政府门户网站［EB/OL］.http://www.moe.gov.cn/jyb_sjzl/sjzl_fztjgb/201707/t20170710_309042.html.

② 徐仲安.应用型人才培养要以"能力为中心"［N］.光明日报, 2015-06-16.

3. 应用型人才培养是大学生个人成才发展的需要

伴随着高等教育的改革与发展，大学生在高校中的主体地位日渐凸显，大学生不再仅仅是大学的服务对象，他们还是大学不可或缺的成员，没有大学生这个主体，何来大学教育。谢维和曾指出："高等教育有没有将学生作为主体，在人才培养中怎样体现大学生主体性，是目前高校内部体制管理改革的关键问题。"①而目前国内理论界基本都承认了高等教育在人才培养过程中具有重要的价值和意义，也提出了很多改革建议，但是改革是缓慢的，仍然存在高校应用型人才培养质量下滑、大学生逃课现象时有发生等问题。大学生在人才培养过程中依然是被动地接受知识的灌输，缺乏内生动力，就像弗洛姆认为的占有式学习那样——仅仅将听到的内容记在本子上，并没有自己过多的思考和延伸，完全是机械地学习别人的观点应付考试，大学生占有式学习就是死记硬背。②当前大学生对其主体的内生动力认识程度有所不同，一部分大学生的内生动力已经觉醒，意识到在应用型人才培养中自己作为主体的能力，能清楚地认识到高校应用型人才培养有利于自己日后的就业和持续发展，认同高校应用型人才培养的要求。其自觉性、自主性、能动性、创新创造性都能得到增强，并且持之以恒地向积极的方向发展。还有一部分大学生还未意识到其内生动力的作用，未能在人才培养中发挥主体性，他们在思想上和行动上都存在着严重的依赖性，无法达到应用型人才培养的基本要求，很难进步和发展。

所以，如何促进应用型人才培养，使大学生成为主体，唤醒并调整大学生内生动力，认同高校应用型人才培养要求，使他们自觉成为自主、创新、可持续发展的应用型人才，以后为社会建功立业，不仅是高等教育大众化阶段的主旨，也是亟待解决的课题。

二、应用型本科院校大学生思想政治教育理论分析

（一）应用型本科院校思想政治教育的特点

我国应用型本科院校思想政治教育的特殊性是由应用型本科院校的目

---

① 谢维和. 如何看待学生的主体地位[N]. 中国教育报, 2003-01-14.

② 参见[美]马斯洛等著, 林芳主编. 人的潜能和价值[M]. 北京: 华夏出版社, 1987: 330-332.

标定位和思想政治教育对象的复杂性所决定的，应用型本科院校的特点决定了针对这些院校的学生开展思想政治教育也具有其自身的显著特点。

1. 教育对象的复合性

在知识结构方面，本科应用型高校设置专业的原则是以行业需求为中心，培养的人才知识结构应该具备复合性、跨学科性与实际应用性。和高职专科院校相比，应用型本科高校并非面向具体的职业群，相对来说其专业口径更为宽泛，学生对于理论知识的掌握也更加扎实，所以往往会培养出优秀的创新型潜能人才。在能力结构方面，本科应用型人才的实践操作能力很强，他们能将科学方法和理论知识加以融会贯通和综合运用，有着较强的对实际问题的分析解决能力。应用型人才首先要能对现有的知识、技术和方法进行学习，达到可以熟练运用的程度，然后还要通过不断的理论学习与实际操作，掌握新的知识、技术和方法，最终可以创造性地解决新问题。

在素质结构方面，本科应用型人才具备更强的社会能力，如自我表现能力、组织协调能力、社会交往能力以及综合运用能力等。应用型本科立足于社会，为区域社会经济发展服务，其培养目标是为社会培养各行各业的高级专门人才，因此，社会性是应用型本科教育培养目标定位的价值取向之一。①现代企业很看重团队精神和社会责任感，企业除了要求从业者具备工作所需的动手能力和实际操作能力外，还十分看重就业者的道德水平、工作态度和从业稳定性。眼高手低、没有责任心、投机取巧、害怕吃苦的从业者将会被企业所淘汰。

2. 教育目标的职业性

由于不同种类高校的实际情况各不相同，它们所培育学生的差异性导致其思想政治教育的侧重点也不同。本科应用型高校毕业生的职业选择多面向大中小企业，学生专业也基本和未来从事的职业对口，因此本科应用型人才在培养过程中与其他类型的人才有着不同的教育目标，那就是在接受基本道德行为规范的前提下更加强调职业道德教育。要落实职业道德

---

① 参见徐理勤. 现状与发展——中德应用型本科人才培养的比较研究 [M]. 杭州: 浙江大学出版社, 2008.

教育，需要加强学生在实习和见习期间的道德教育实践，引导学生以社会所需的职业道德价值观为导向，以企业要求的职业道德操守为准绳，自觉修正自身的思想道德行为规范。在实习、见习期间，学生应当端正工作态度，遵守企业的规章制度，了解企业历史和企业文化，树立自己的奋斗目标和职业理想，为将来走上工作岗位做好准备。

3. 教育内容的应用性

本科应用型高校的培养模式有着显著的应用性特征，所以其道德教育工作同样需要凸显应用性。首先，本科应用型高校以未来社会生产的基层骨干为培养目标，需在学生入校后及时开展职业规划教育课程，让新生提前做好职业生涯规划；注重培养学生勤劳做事的品质，克服懒惰心理和享乐思想，为后的就业打好基础。其次，高校要教育学生培养创新意识，塑造学生敏锐的洞察力，提升学生的专业素养和技能，有助于学生以后在实际工作中及时发现问题和解决问题。再次，注重人文教育的渗透，应用型高校培养人才以理工类专业为主，这类学生平时接受的人文社会科学教育相对较少，因此思想政治教育工作需要关注人文素质的涵养，提高学生的人文素质水平。最后，教育内容应包括大学生心理健康教育，健全的心理是一切学习和工作的前提，思想政治教育工作者针对本科应用型大学生可能会出现的心理问题要及时引导，妥善关注，帮助他们提高对自我的调节能力以及对社会的适应能力。

（二）应用型本科院校大学生思想政治教育的目标定位

应用型本科院校的培养目标对大学生的能力塑造提出了具体要求，而开展思想政治教育是促进目标达成的重要途径。具体来说，应用型本科院校大学生思想政治教育的目标定位主要体现在三个方面：培养应用型大学生的健全人格、推动应用型本科院校的发展以及为社会发展培养应用型人才。

1. 培养应用型大学生的健全人格

应用型本科院校加强思想政治教育工作的首要目标在于培养大学生的健全人格，这是成为一名优秀大学生的必备要素。人格的形成并不是与生俱来的，而是受后天多种因素的影响。马克思曾指出："人格脱离了人，自然就是一个抽象，但是人也只有在自己的类存在中，只有作为人们，才能是人格的现实的理念。"①健全人格的形成往往需要教育与引导，是一个不断发展和不断提高的过程，其中教育因素在此过程中发挥着举足轻重的作用，是其他因素所不能替代的。应用型本科院校大学生正处于价值观念和思维方式逐渐形成的关键时期，对其进行必要的思想政治教育引导，是保证大学生正确价值观念形成的重要因素，反之，则不利于大学生健全人格的形成。从一般意义上说，人格教育是大学生思想政治教育的重要内容，人格教育是一种着眼于心灵改造与装备、品格构建与塑造、道德自觉与和谐、心理适应与训练、智慧挖掘与创造、情感培育与体验、意志锻炼与强化、伦理高尚以及人际和谐的教育。加强应用型本科院校大学生的思想政治教育，就是要培养品格高尚的大学生，这是高等教育的本质要求，属于培养大学生社会化的过程，这也是符合马克思主义关于人的本质属性社会化的认识，将体力、智力、情绪以及伦理等内容相结合，使大学生成为具备健全人格的个体，以期实现教育的目标要求。

　　加强应用型本科院校大学生的思想政治教育，培育大学生健全的人格也是应用型本科院校义不容辞的使命和责任。应用型本科院校虽然以培养应用型的高素质创新人才为主要的教育目标，但是对大学生精神上的培养也是不可缺少的，文化育人是大学教育的重要内容。刚刚迈入应用型本科院校的大学生一般只有十七八岁，他们缺乏必要的、成熟的辩证思考能力，在复杂的社会关系和人际交往过程中容易出现问题，如果不及时引导，很容易受到社会不良思想的侵蚀，如对一些问题和现象的看法过于偏激，功利心理倾向严重，以自我为中心，缺乏积极进取的斗志等。针对这一情况，应用型本科院校的党政领导干部、辅导员以及思想政治理论课教师等都应该采取相应的措施，针对这些大学生在生活和心理上存在的问题，运用思想政治教育方法，及时地指导和解决，帮助他们树立正确的价值观念和成熟的思维方式。

　　应用型本科院校加强对大学生开展思想政治教育工作是帮助他们形成

---

① 中共中央马克思恩格斯列宁斯大林著作编译局编译. 马克思恩格斯全集（第1卷）［M］. 北京：人民出版社，1956：277.

正确职业道德的重要环节。高等院校开展的思想政治教育工作大体上可以分为两类：一类是专门通过思想理论政治课对大学生进行系统的理论知识教育，有特定的教材，并采用一定的教学方法，一般通过考试的方式来评判大学生对课程的了解程度，引导大学生如何正确看待职业，并形成职业道德要求具备的责任心、意志力等优秀品格。但思想政治理论课程的理论性较强，缺乏必要的实践性，不能让大学生亲身参与社会实践，在实践中磨炼品质，这也是当前思想政治理论课不断改革的重要内容。另一类是党政领导干部和辅导员老师对大学生日常生活和学习的引导，以及由此而形成的校园文化氛围。校园文化氛围是对大学生进行思想政治教育的载体，良好的校园文化具有催人向上的作用，能够发挥熏陶人、感染人的作用。因应用型本科院校强调应用型人才的培养目标，由此在校园文化的建设上一般将企业文化、职业文化也融入其中，让大学生较早地接触到企业，并根据企业要求来不断提高自身的综合能力和职业道德修养。

不可否认，当前国家对高校思想政治教育工作给予了高度关注，政策上的倾斜为此项工作的开展提供了良好的制度环境，但是仍然存在着一些问题。如果这些问题不能得到有效解决，势必影响大学生健全人格的形成。特别是针对应用型本科院校的大学生而言，他们自身看待事物的认识还不够全面，很容易受到社会不良风气、负面信息的影响。可以说健全人格是思想政治教育的核心任务，通过各种思想政治教育方法促进大学生健全人格的形成，让应用型本科院校大学生的个体认知和情感表达更加成熟，从而达到应用型本科院校加强大学生思想政治教育的要求。这不仅符合大学生的身心发展，同时还是对马克思主义人格理论的灵活运用，另外，还是激发应用型大学生创造能力的需要。应用型本科院校的办学定位是为社会培养应用型人才，而应用型人才必须具备一定的创新思维与创造本领，这就要求应用型本科院校在教育管理过程中注重大学生创新思维的形成，提高他们的创新能力，这样不仅能够胜任岗位要求，而且还能够通过个人创新能力提高工作效率，对于企业的发展也是大有裨益的。在应用型本科院校开展大学生思想政治教育工作，正是激发应用型大学生创造能力的重要因素，具体表现在以下三个方面。

第一，应用型本科院校思想政治教育的育人功能为提高大学生的创造能力指引了方向。通过向大学生讲解创新的重要性，让大学生深刻理解创新的价值，并自觉形成创新的意识，同时还有利于大学生思维潜能的挖掘。高校思想政治教育工作需要建立在专业的学科学习和良好的校园环境基础之上。大学生一方面要认真学习专业基础知识，提高自身的业务能力水平，另一方面，还要不断提升自身的心理素质，并形成勇于探索、善于钻研的思维习惯，为创造能力的形成打好基础。第二，应用型本科院校根据大学生的实际情况和存在的问题而开展长期的思想政治教育工作，在潜移默化中提升了大学生的创新思维与创造能力。可以说，应用型本科院校的大学生在学校的四年时间里，始终都接受着来自党政领导干部、辅导员、专业课教师及思想政治理论课教师的思想政治教育。虽说真正的思想政治理论课程一般仅仅开设三个学期，但是对大学生的思想政治教育则贯穿大学生在校的所有活动中，而在此过程中大学生对问题求解的过程就是自我能力提升的过程。第三，应用型本科院校的思想政治教育能够通过校园文化的建设来营造创新的氛围，进而培养大学生的创新意识与创造能力。创新意识与创造能力既不是与生俱来的，也不是仅仅通过学习就可以获得的，而是需要一个有利于创新人才培养的良好文化氛围。在应用型本科院校中，各类社团都以突出创造能力为主题，无论是艺术表演，还是学术讲座，都紧紧围绕着培养大学生的创新能力，让大学生充分展示自我，发挥自身优势，激发其创造热情。这种鼓励创新的校园文化氛围，对于大学生的创造能力的培养具有重要作用，而在此期间所形成的创新思维与创造本领，在走上工作岗位时也会发挥积极作用。

应用型本科院校根据自身的培养目标，实施思想政治教育实践教学创新，不仅有利于提高办学的质量，也使得应用型本科院校思想政治教育的内容和形式更加丰富，促进了具有创新精神和创造能力的人才培养。创新性人才的培养需要创新思想的引导，大学生作为思想的个体，也需要创造性和自由性的思想引导。马克思指出：人类的特性恰恰就是自由的有意识的活动。有意识的活动就是实践，思想政治教育上的实践教学是引导应用型本科院校大学生挖掘创新潜能的载体，通过"实践教学创新"的引导，培养应用型本科院校大学生将理论基础知识转化为个体的教育思想，进而提高大学生的创新精神和创造能力。从根本上说，创造能力只有在实践活动中才能得以不断增强。应用型本科院校的思想政治教育工作可以渗透到大学生的日常生活学习以及社会实践的各项活动中，在此过程中，改变原来重理论而轻实践的教育方式，侧重于大学生创新精神和创造能力的培养，有利于促进大学生的全面发展。

2. 推动应用型本科院校的发展

应用型本科院校加强思想政治教育工作有利于大学生的全面发展，而大学生综合能力的提高，客观上也有利于推动应用型本科院校的发展。由此，推动应用型本科院校的发展也是其推进思想政治教育工作的目标定位之一。应用型本科院校是在高等教育大众化、多样化发展格局下产生的一支生力军，随着近些年国家对应用型本科院校的重视和资金投入加大等，为应用型本科院校的发展注入了活力。但不容否认的是，应用型本科院校在其发展过程中也出现了一系列问题，其中最为突出的问题是人才培养的质量整体性不高，大学生的能力素养和职业道德存在"短板"等，这些都制约着应用型本科院校的自身发展。加强应用型本科院校大学生思想政治教育具有很强的实践价值，是提升应用型本科院校快速且健康发展的重要因素。

第一，是提升大学生综合素养的重要途径。大学生各项能力的总和是评判应用型本科院校发展程度的衡量标准之一，在一定程度上来说，每个大学生都是其所读大学的一张宣传名片，大学生培养质量的高低以及社会对人才培养的认可度等因素，都是高等院校教学质量的集中体现。可以说应用型人才培养与应用型本科院校的发展是相辅相成的关系，而加强思想政治教育工作在其中发挥着关键作用。应用型本科院校通过不断创新思想政治教育内容和教育方式，以提高大学生的综合能力素质为目标，实现专业技能和道德品质的同步提高。与此同时，大学生综合能力的提高也是应用型本科院校不断进步的评判标准，因为高等院校的培养目标就是如何使得大学生更加优秀，如何具备更多本领，更能符合社会发展的需要。当人才培养质量越来越高时，也体现了应用型本科院校发展程度的提高，也就越来越能得到社会的认可，应用型本科院校的知名度也会随之提升。

第二，为校园文化建设注入活力，有利于培育良好的、积极向上的校园文化氛围。校园的文化氛围是对学校整体环境的客观反映，良好的校园文化氛围能够起到一种激励奋进的作用，反之，如果校园文化被功利主义、西方社会不良思潮影响，那么就会对大学生正确价值观念的形成产生负面影响。当前应用型本科院校在校园文化建设上存在管理观念老旧、管理方式不规范等问题。首先，管理观念老旧是指一些应用型本科院校的管理者忽视对校园文化建设的重要性，仅仅关注教学和科研，将校园文化建设视为可有可无，在这种情况下所开展的思想政治教育是难以取得实际效果的，自然也不会实现提高大学生优良品质的目标。其次，管理方式不规范主要是指对大学生社团的发展缺少引导和监督。不可否认，大学生社团是丰富大学生日常学习生活，让大学生施展才华、锻炼多方面能力的有效平台。合理引导大学生社团工作是应用型本科院校思想政治教育工作的内容之一。但从实际情况来看，一些应用型本科院校的大学生社团管理存在着不规范的问题，有的社团机构松散，社团活动内容缺乏创新，不利于大学生创新意识和创造能力的形成，而在这种社团带动下的校园文化也是消极的，与应用型本科院校培养创新性人才的发展目标不相符。要想解决以上存在的问题，营造良好的校园文化氛围就必须做到以下两个方面：一是应用型本科院校的党政管理部门要更新管理观念，将思想政治教育工作有效融入学校日常管理工作之中，以不断创新思想政治教育的方式来打造良好的校园文化；二是加强大学生社团的监督和引导工作，规范大学生社团活动，但要保证社团活动内容的丰富性和教育意义，让大学生通过社团活动而发挥个人才能，感受到良好校园文化对于自身成长的积极作用。

3. 为社会发展培养应用型人才

从根本上说，加强应用型本科院校大学生思想政治教育是提高应用型本科院校人才培养质量的根本目标。应用型本科院校作为社会主义性质的大学必须秉承这一基本原则，引导应用型本科院校大学生坚定政治立场，坚持马克思主义指导思想，将思想政治教育贯穿到高校的一切工作中。高等院校是培养社会主义建设者和接班人的主要阵地，肩负着为国家发展培育优秀人才的重任，所培养人才的质量高低对国家的长远发展具有至关重要的影响。"人才资源作为第一资源，直接统领和制约着其他资源的开发和利用。"[①]一个国家忽视对人才的培养就意味着这个国家没有发展前景，因此重视人才培养，加大教育投入是每个国家都大力倡导的内容。不仅具备精湛的业务能力，更具备较高的职业道德，实现能力和道德的相统一，这才是一名高素质应用型人才的标准。为此，应用型本科院校要积极引导大学生坚定个人的政治信仰，形成正确的价值观念，并在实践中勇于创新，不断进取，担负起中国特色社会主义事业建设者和接班人的重任。

高等教育的大众化为社会发展培养了大批人才，为社会主义现代化建设注入了源源不断的动力。不容否认的是，高等教育大众化让综合性大学占据了大量办学资源，而相对水平不高的本科院校和职业技术院校等仅占有很小比例，综合性大学着重培养学术性人才，而一般本科院校和职业技术院校则主要培养应用型技能人才。因政策导向和办学资源分配等问题的影响，应用型技能人才供不应求，许多企业难以招聘到优秀的技能人才，特别是一些经济发达地区的"技术荒"现象较为普遍。应用型本科院校所培养的大学生不仅具备较高的文化素质，同时也具备较高的道德素养，由此，国家应对应用型本科院校实行必要的政策导向，促进应用型本科院校的发展。

"培养什么人、如何培养人，是我国社会主义教育事业发展中必须解决好的根本问题。"[②]应用型本科院校是为社会发展提供高素质应用型人才的主要阵地，其所培养的大学生的思想政治素质、文化素质以及职业素养等关系着社会主义建设人才的质量，甚至关乎国家的长远发展。而要提高应用型本科院校大学生的思想政治素质和职业素养就必须充分发挥思想政治教育各要素的功能，培育大学生强烈的国家认同感，增强民族自尊心与

---

① 赵恒平, 雷卫平. 人才学概论 [M]. 武汉: 武汉大学出版社, 2009: 21.

② 胡锦涛在参加全国加强和改进大学生思想政治教育工作会议上发表重要讲话强调: 进一步加强和改进大学生思想政治教育工作 大力培养造就社会主义事业建设者和接班人 [N]. 人民日报, 2005-01-19.

自豪感，并严格遵守基本道德规范，努力提高个人综合能力，为实现中华民族伟大复兴中国梦而贡献力量。

与此同时，加强应用型本科院校思想政治教育工作也是对大学生进行国家文化安全教育、维护国家文化安全的必然要求。由于思想政治教育具有意识形态的特点，在当前世界范围内各种思想文化交融、交流和交锋的背景下，如何让大学生牢固地坚持马克思主义信仰，形成正确的政治价值观是非常重要的。"大学生政治价值观具有独特的功能，在延传和发展社会主流政治文化，维护社会政治稳定以及提高大学生自身政治素质等方面都具有重要意义。"[①]在当前互联网信息技术的助推下，西方发达国家的文化思潮的大量涌入，对价值观尚未形成的应用型本科院校大学生造成了思想冲击，如历史虚无主义、消费主义等不良文化思潮的影响，导致一些大学生出现政治信仰模糊、价值取向扭曲等问题，在这种情况下，亟须发挥思想政治教育的价值引导作用，帮助他们坚定马克思主义信仰，形成正确的价值判断标准。从当前现状来看，"全球化使思想政治教育环境的可控性大为减弱，影响思想政治教育的效果；全球化产生的思想多元化对社会成员树立马克思主义信仰带来巨大冲击……"[②]。从中可以看出，不断改进思想政治教育的方法和内容才能更好地增强其实效性，不断加强对应用型本科院校大学生进行意识形态教育才能更好地培育大学生正确的政治价值观。

（三）应用型本科院校大学生思想政治教育的理论基础

应用型本科院校在推进大学生思想政治教育工作的过程中，要发挥理论的指导作用。毋庸置疑，应用型本科院校大学生思想政治教育最终要在实践中得以实施、实现，但是在实施之前首先要解决它的理论基础问题，因为实践只有在科学理论指导下，才能保证其成功实现。应用型本科院校大学生思想政治教育工作只有汲取马克思主义理论以及其他人类社会发展的文明成果的丰富营养，从而构建其厚重而坚实的理论基础，即一个科学的理论基础，才能保证其在实践中得到有效的实施。

---

① 李忠军. 国家意识形态安全与大学生政治价值观教育研究 [D]. 东北师范大学, 2008: 55.

② 李辽宁. 当代中国思想政治教育意识形态功能研究 [M]. 武汉：武汉大学出版社, 2006: 143.

1. 马克思主义关于人的本质理论

马克思主张在考察人的本质时，从现实的具体的个人的需要出发。他在《德意志意识形态》一文中说："个人有许多需要"，而"他们的需要即他们的本性"①。马克思关于人的本质理论内涵包括以下几个方面。

（1）劳动是人的内在本质

首先，马克思认为人与动物相区别的根本标志是能够制造并且使用生产工具进行获取自身所需要的物质生活资料的生产劳动。他通过人从动物界分化出来的基本标志，即劳动来说明人的本质，并提出人的本质是非异化的劳动。他对异化劳动进行深层次剖析后提出：真正的属于人的本质的劳动应该是一种自愿的劳动，是能让"我在劳动中肯定了自己的个人生命，从而也就肯定了我的个性的特点"②。这是马克思第一次明确将劳动与人的本质联系起来，也是他科学诠释人的本质的开端，为建立科学的人的本质的观点奠定了理论基础。

其次，在马克思看来，人和动物与自然界的关系是有不同性质的，正是这种不同的性质再次说明了劳动是人的本质。他认为人的实践活动是人与自然界相互联系的最直接形式，人首先是以一种自然有机体存在的，人类赖以生存的条件是自然无机界。他提出："类生活从肉体方面说来就在于：人（和动物一样）靠无机界生活，而人比动物越有普遍性，人赖以生活的无机界的范围就越广阔。从理论领域说来，植物、动物、石头、空气、光等等，一方面作为自然科学的对象，一方面作为艺术的对象，都是人的意识的一部分，是人的精神的无机界……"③人类能够充分利用自己制造出来的生产工具，从事大量的生产劳动，从而从自然界中获取自己必需的物质资料，使自然界能够很好地为人类服务。而动物的活动是消极地、

---

① 中共中央马克思恩格斯列宁斯大林著作编译局编译. 马克思恩格斯全集（第3卷）[M]. 北京: 人民出版社, 1960: 514.

② 中共中央马克思恩格斯列宁斯大林著作编译局编译. 马克思恩格斯全集（第42卷）[M]. 北京: 人民出版社, 1979: 38.

③ 中共中央马克思恩格斯列宁斯大林著作编译局编译. 马克思恩格斯全集（第42卷）[M]. 北京: 人民出版社, 1979: 95.

被动地适应自然的无意识活动，是不能进行生产劳动的。可见，人类可以通过自己的努力改造自然，实现可持续发展，而自然界对动物的发展起决定性作用。

最后，马克思还通过对一些劳动的分析从三个方面对人的社会性与动物的群体性的本质区别进行了论述，即：动物的群体性相对于人类社会性的广泛性而言十分狭窄；人类的联系是有意识的，也是自觉的，动物群体的联系是本能的，是无意识的；人类的社会关系是不断变化发展的，而动物群体的特性是长期不变的。以上论述再次说明劳动是人的本质。马克思认为劳动是人的社会性产生和存在的基础，无论人的任何活动都离不开社会，都会受到社会的制约。他认为人不能单个存在，必须相互协作，相互依赖，形成以生产关系为基础的社会关系，在此基础上形成思想、政治和家庭等各种关系。

综上所述，个人的全面发展最根本的是个人劳动能力的全面发展。大学生的思想政治教育就是为了使大学生成才，成为"各方面都有能力的人，即能通晓整个生产系统的人"[①]。

（2）人的本质是一切社会关系的总和

首先，生产关系是全部社会关系的基础。在《关于费尔巴哈的提纲》中，马克思提出了关于人的本质理论："人的本质在其现实性上，是一切社会关系的总和，并不是单个人所固有的抽象物。"[②]只有认识到了人具有社会性，认识到了生产关系是全部社会关系的基础，才能真正认识到人的本质是一切社会关系的总和，才能真正把认识活动建立在历史唯物主义的基础上。

其次，实践是检验真理的唯一标准。马克思将实践的观点贯穿于《关于费尔巴哈的提纲》的始终。他立足于实践观，批判了费尔巴哈的宗教观，指出了抽象人性论的错误，批判了旧唯物主义中从直观出发的单纯受

---

① 中共中央马克思恩格斯列宁斯大林著作编译局编译. 马克思恩格斯全集（第4卷）[M]. 北京：人民出版社，1958：370.

② 中共中央马克思恩格斯列宁斯大林著作编译局编译. 马克思恩格斯全集（第1卷）[M]. 北京：人民出版社，1995：56.

动原则，反复强调实践是能动性与受动性，主观与客观的统一。马克思强调"社会生活本质上是实践的"，要我们立足于社会实践来理解人类历史。

最后，新唯物主义的立脚点是人类社会或社会的人类。新旧唯物主义的不同主要是立脚点的不同。新唯物主义所讲的人不是孤立的个人，是现实的人，是处于一定社会关系中的人，是人类社会或社会的人类。旧唯物主义因缺乏实践的观念，至多只能达到对单个人和市民社会的直观，只能把社会看作是独立个人的集合体，而看不到存在于这些人之间的联系和关系，但这些联系和关系往往事实上构成了人存在的实质。

（3）人的本质是"现实的人"

首先，人的本质是现实性、历史性。马克思第一次系统地阐述了历史唯物主义的基本原理。他在《德意志意识形态》中，明确表达了唯物史观"人的本质"的新范畴是"现实的人"。马克思指出："我们的出发点是从事实际活动的人……是处在现实的、可以通过经验观察到的、在一定条件下进行的发展过程中的人。"①

其次，"现实的人"是生产力与生产关系矛盾运动的基础。生产力和生产关系也离不开"现实的人"。在马克思看来，人之所以是现实的，在于他处于一定的社会关系中，而起决定作用的是生产关系，而生产关系的形成离不开生产力。马克思这里所说的"生产力"是一定生产关系之中的现实的人所具有的生产力。所说的"生产关系"是现实的人在生产过程中所结成的关系。所以，现实的人之所以现实，是因为他受自己的生产力和与之相适应的生产关系所制约。

（4）人的本质是历史的、发展的

马克思在关于社会关系的论述中说："各个人借以进行生产的社会关系，即社会生产关系，是随着物质生产资料、生产力的变化和发展而变化和改变的。生产关系总合起来就构成为所谓社会关系，构成为所谓社会，并且是构成为一个处于一定历史发展阶段上的社会，具有独特的特征的社

---

① 中共中央马克思恩格斯列宁斯大林著作编译局编译. 马克思恩格斯全集（第1卷）[M]. 北京：人民出版社，1979：73.

会。"①这说明社会关系是在历史的过程中不断发展和变化的，因此，人的本质作为一切社会关系总和，也必然是历史的、发展的。

人的本质是历史的、发展的，体现在人的需求方面就是人的需求的多样化、多元化。正如马克思所言："……而这些需求的产生，也像它们的满足一样，本身是一个历史过程……"②按需求的起源，可以分为自然的和社会的；按需求的社会功能，可以分为物质的和精神的；按需求的层次分，可分为基本的和高层的；按需求的范围分，可分为个体的和整体的；按需求的时间分，可以分为现在的和将来的。③大学生对成长成功的需求，主要是精神的需求。大学生的思想行为和变化规律也是其需求的运动和表现。

马克思关于人的本质的理论对应用型本科院校大学生思想政治教育具有重要的指导意义。首先，我们要着力把握大学生思想行为的共性。在大学生所处的各种相同的社会关系和一切社会关系的总和中去把握大学生的思想基本倾向。其次，我们要着力把握大学生思想行为的个性。不同大学生群体和个体所处的社会关系各不相同，从大学生所处的社会关系的特点和差异中把握大学生思想的特点和差异。最后，我们要着力把握大学生思想行为的变化规律。从人们所处的各种社会关系的发展变化中，把握人们思想的发展变化。大学生的思想政治教育要随社会关系的发展变化而发展变化，要注意差异性及自我教育，创造有利于大学生个体主观能动性发挥的机制。

2. 马克思主义关于人的全面发展学说

马克思关于人的全面发展的学说为教育对人类发展的作用指明了道路。他把教育作为一种解放人的手段，在他看来，作为解放手段的教育的目的仍然在于人的全面、自由、和谐发展，马克思、恩格斯从《德意志意

---

① 中共中央马克思恩格斯列宁斯大林著作编译局编译. 马克思恩格斯全集(第6卷) [M]. 北京：人民出版社，1961：487.

② 中共中央马克思恩格斯列宁斯大林著作编译局编译. 马克思恩格斯全集(第3卷) [M]. 北京：人民出版社，1960：80.

③ 胡凯. 现代思想政治教育心理研究 [M] 长沙：湖南人民出版社，2009：301.

识形态》开始，就把"个人全面发展"放到了重要位置。教育的目的在于人的全面、自由、和谐发展的思想对我们理解教育的真正内蕴有深远的意义。

首先，马克思关于人的全面发展的学说提出了教育的标准是努力促进人的现代化，不仅仅满足于教育规模的大小和人数的多少，更重要的在于革除因循守旧、遵从天明、网从权威、以古训为准则、唯上唯书、妄自尊大以及知足常乐的小农心态，实现向现代人的转变。

其次，马克思关于人的全面发展的学说奠定了正确的教育观，即全面发展的科学的教育观。只有实施全面发展的教育，才是培养健全人的教育，才能真正实现人的全面发展。

再次，马克思关于人的全面发展的学说为教育指明了基本道路。教育体制和机制的变革只有通过教育参与人类社会实践才可能实现。

最后，马克思关于人的全面发展的学说还让我们明白了教育是实现人的全面发展的基本条件。它是人的发展和社会进步必不可少的手段。因此，马克思关于人的全面发展的理论对应用型本科院校大学生思想政治教育起到了重要的指导作用。

我国古代教育也十分重视人的全面发展教育。孔子早就说过："君子不器"[①]，是说有才德的人不充当工具，教育不要使人成为工具。儒家所说的礼、乐、射、御、书、数这"六艺"就包含了德、智、体、美的内容，通过"六艺"来达到培养通才的目的。儒家经典《中庸》也通过学习程序的规定来让学生达到全面发展的目的："博学之、审问之、慎思之、明辨之、笃行之"[②]。《学记》是我国最早的教育学专著，要求学生"知类通达，强立而不反，谓之大成"[③]。

我国现当代有远见卓识的教育家都主张教育应为人的全面发展服务。1902年张百熙在《钦定京师大学堂章程》里说："端正趋向，造就通才，

---

① 朱熹.四书章句集注：论语[M].北京：中华书局，2008:57.

② 朱熹.四书章句集注：中庸[M].北京：中华书局，2008:31.

③ 黄侃.黄侃手批十三经（上）：学记[M].北京：中华书局，2008:31.

为全学之纲领。"①1917年，蔡元培任北京大学校长以后，特别重视德育，他主张沟通文、理，培养健全的人格："大学为纯粹研究学问之机关，不可视为资格养成之所，亦不可视为贩卖知识之所。学者当有研究学问之兴趣，尤当养成学问家之人格。"②1941年，时任西南联大校务主持的梅贻琦先生非常注重学生的全面发展，他在《大学一解》中指出："大学期内，通专虽应兼顾，而重心所寄，应在通而不在专。"③《国家中长期教育改革与发展纲要（2010—2020年）》也规定：要深入推进课程改革，全面落实课程方案，保证学生全面完成国家规定的文理等各门课程的学习。④可见，我国对大学生全面发展的要求是一以贯之的。

当今世界各国的通识教育都本着以全体学生为本、以学生的全面发展为本的理念。芝加哥大学前校长赫钦斯也主张培养"通才"。他曾尖锐批评流行于美国的三种教育目标论偏重于职业训练的"适应环境论"，使得专业教育过于狭窄的"直接需要论"，局限于社会当务之急的"社会改革论"⑤，主张自由教育论。通识教育作为大学的理念应该是造就具备远大眼光、通融识见、博雅精神和优美情感的人才的高层的文明教育和完备的人性教育。

人的全面发展理论是古今中外教育家的共识，是其制定思想教育策略的依据。马克思主义关于人的全面发展学说理所当然地成为研究应用型本科院校大学生思想政治教育的理论依据。

3. 马克思主义中国化理论

（1）毛泽东的德、智、体全面发展思想

毛泽东历来重视学校的思想政治教育问题，将其视为关系青年成长的首要问题。1957年，毛泽东在《关于正确处理人民内部矛盾的问题》中强

---

① 舒新城.中国近代教育史资料（中册）[M].北京：人民教育出版社，1980：578.

② 蔡元培.孑民自述[M].南京：江苏人民出版社，1999：122.

③ 梅贻琦.大学一解[J]清华学报，1941（01）：7.

④ 国家中长期教育改革和发展规划纲要（2010—2020年）[EB/OL].http://www.gov.cn/jrzg/2010–07/29/content_1667143.htm.

⑤ ［美］罗伯特M.赫钦斯.美国高等教育[M].汪利兵译.杭州：浙江教育出版社，2001：22.

调指出："我们的教育方针是，应该使受教育者在德育、智育、体育几方面都得到发展，成为有社会主义觉悟的有文化的劳动者。"①这一理论是毛泽东结合当时中国社会发展的实际，针对当时中国的学校教育，在继承了马克思主义关于人的全面发展学说的基础上提出来的。

　　毛泽东提出的受教育者要实现德、智、体全面发展的思想，是对马克思的实现人的自由而全面发展的理论在中国社会主义建设实践中的继承与发展，是与中国社会主义建设所经历的不同历史时期相适应的，为高校思想政治教育提出了阶段性的目标。毛泽东认为作为社会主义事业的接班人，要在学校接受教育并实现德、智、体三者的协调发展，从而为学校教育的实施提出了目标，尤其是思想政治教育工作方面。这是与当时中国所处的时代背景以及国际环境相适应的。新中国刚刚建立不久，社会主义建设刚刚起步，国际上欧美等西方资本主义国家对中国实施经济封锁、政治打压等遏制政策。因此，毛泽东认为，开展意识形态等精神领域的斗争，防止"和平演变"，将是新中国长期面临的挑战，必须要培养造就大批合格的无产阶级革命事业接班人，以适应这一当时需要。毛泽东还特别强调了理想信念以及正确的政治观点对思想政治教育的重要性，认为这是做好学校思想政治教育工作的首要问题。与此相适应，毛泽东在后来又提出："学校一切工作都是为了转变学生的思想，政治教育是中心一环。"②毛泽东认为受教育者应该"把坚定正确的政治方向放在第一位"，"没有正确的政治观点，就等于没有灵魂"③。可见，毛泽东所提出的思想政治教育发展的思想，不仅包含对学校思想政治教育工作目标的关怀，同时还包括对学校思想政治教育内容设定的思考，即将政治教育以及坚持正确的政治方向作为学校实施思想政治教育的重要一环，从而保证思想政治教育工作坚持正确的政治方向，这为高校思想政治教育提出了重要的目标与原则支持。

---

① 毛泽东.关于正确处理人民内部矛盾的问题 [M].北京:人民出版社,1946:23.

② 人民教育出版社教育室编.毛泽东、周恩来、刘少奇、邓小平论教育 [M].北京:人民教育出版社,1994:90.

③ 毛泽东选集(第五卷) [M].北京:人民出版社,1977:385.

　　毛泽东的德、智、体全面发展的理论在以后的中国社会主义建设实践中得到了继承和不断发展，例如在此基础上，进一步提出的培养学生成为德、智、体、美、劳全面发展的社会主义接班人的理论，培育"四有"新人的理论等，都是以毛泽东的德、智、体全面发展理论为基础，并在中国社会主义现代化建设的不同时期提出来的。

　　（2）邓小平的"四有"新人思想

　　邓小平的"四有"新人思想赋予应用型本科院校思想政治教育以时代特征。邓小平依据马克思主义关于人的全面发展学说，结合中国改革开放和社会主义现代化建设的实际，在1985年3月召开的全国科技工作会议上明确指出：教育全国人民做到有理想、有道德、有文化、有纪律，即"四有"新人的教育目标，从而明确了新时期对人才培养的整体要求，为大学生思想政治教育工作提出了新的目标与任务。

　　"四有"新人思想继承了毛泽东的德、智、体全面发展思想，既保留了德育与智育的内容，又突出了作为社会主义现代化的建设者应该具备的理想和纪律方面的素质要求。邓小平指出："为什么我们过去能在非常困难的情况下奋斗出来，战胜千难万险使革命胜利呢？就是因为我们有理想，有马克思主义信念，有共产主义信念。"[1]应该说，理想教育在某种程度上与智育的重合度很高，而纪律素质，同样是一个人思想品德修养的重要体现。"我们这么大一个国家，怎么才能团结、组织起来呢？一靠理想，一靠纪律。组织起来就有力量。没有理想，没有纪律，就会像旧中国那样一盘散沙，那我们的革命怎么能够成功？我们的建设怎么能够成功？"[2]可见理想与纪律对于事业发展的重要作用，尤其是中国正处于转型时期，才使得邓小平将二者与德育、智育相并列地提出来。依据邓小平的思想，理想信念教育可以通过加大对青年的革命传统与社会主义理想教育来实现；而关于纪律教育，邓小平强调，学校要通过加强革命秩序和革命纪律教育来实现；对于思想品德教育，邓小平提出："艰苦奋斗是我们的传统，艰苦朴素的教育今后要抓紧，一直要抓六十至七十年，我们的国家

---

①　邓小平文选（第三卷）[M]．北京：人民出版社，1995：110．

②　邓小平文选（第三卷）[M]．北京：人民出版社，1995：111．

越发展，越要抓艰苦创业。"①即通过加强对青少年进行中华民族优良传统教育和革命传统教育，从小培养"四有"新人具有共产主义品德。"四有"新人的思想不仅对于人的全面发展的理解有了新的发展，同时也赋予其更多的时代内涵，当然，也对大学生思想政治教育工作就提出了新要求。理想与纪律教育的实现，是大学生思想政治教育的首要工作内容与任务，也必然成为应用型本科院校思想政治教育坚持社会主义办学方向的现实要求。

（3）江泽民的"四个统一"思想

1998年5月4日，江泽民在庆祝北京大学建校100周年大会的讲话中，对北京大学以及全国高等院校的大学生们提出了"坚持学习科学文化与加强思想修养的统一""坚持学习书本知识与投身社会实践的统一""坚持实现自身价值与服务祖国人民的统一""坚持树立远大理想与进行艰苦奋斗的统一"②，即"四个统一"的教育思想。

"四个统一"的教育思想是对邓小平提出的"四有"新人思想的继承与发展，是"四有"新人教育目标的实现途径与基本原则，为新时期大学生思想政治教育提供了教育原则的指导。"坚持学习科学文化与加强思想修养的统一"，强调了思想政治教育在学校教育中的重要性。在学校教育中智育是理所应当的第一要务，而强调智育与加强思想政治教育相统一，意在强调大学生在获得科学知识的同时，要真正成为社会主义合格的建设者，必须要接受并通过思想品德的教育过程，从而坚定其社会主义理想，为中国特色社会主义建设事业奉献自己的才智。"坚持学习书本知识与投身社会实践的统一"，是强调实践对于获取知识的重要性，书本知识要真正被大学生掌握必须要在实践中不断检验，这符合马克思主义认识论的基本原理，从而也为思想政治教育工作的开展提供了理论基础。"坚持实现自身价值与服务祖国人民的统一"以及"坚持树立远大理想与进行艰苦奋斗的统一"，即价值观、理想、艰苦奋斗等教育都属于思想政治教育的内容，为应用型本科院校大学生思想政治教育工作提供了指南。

---

① 邓小平文选（第三卷）[M].北京：人民出版社，1995：306.

② 江泽民.江泽民文选（第二卷）[M].北京：人民出版社，2006：124–125.

（4）胡锦涛的"三点希望"教育思想

2011年4月24日，在庆祝清华大学建校100周年大会上，胡锦涛对清华大学的同学们以及全国的大学生们作了重要讲话，讲话中提出了"三点希望"，即希望"把文化知识学习和思想品德修养紧密结合起来、把创新思维和社会实践紧密结合起来、把全面发展和个性发展紧密结合起来"①。

其中，希望"把文化知识学习和思想品德修养紧密结合起来"是对江泽民提出的"四个统一"中第一个统一的重申，可见重视大学生思想政治教育工作并将其放在"三点希望"的第一位，是我党历代领导人的共识，已经成为打造社会主义建设者和接班人的第一要求。第二点希望，即希望"把创新思维和社会实践紧密结合起来"，倡导创新、重视创新已经成为中国社会主义建设过程中的一个新特点，高校是实现创新的最前沿，在高等教育领域提倡将创新思维与社会实践结合，就是向高校提出了更高的要求，即在创新的过程中坚持与社会实践相结合，尽快在培养人才方面形成社会效益，从而推动高校教育快速发展。第三点希望，"把全面发展和个性发展紧密结合起来"，这是我党的教育思想在坚持以马克思主义的关于人的自由而全面发展学说在新时期的又一新发展。一直受应试教育的影响，素质教育我们已经提出有几十年了，但是如何实现素质教育在培养人才中的效应，则历来是我国教育发展的瓶颈。而提出要实现人的全面发展，要注重人的个性发展，则是在教育理念上又向前迈进了一步。一个人的全面发展不是全能型发展，更不是均衡发展，而是要在尊重个性差异的基础上的全面发展。这一思想符合因材施教的基本理念，同样也成为高等教育的一项基本原则。重视个性发展也必然会成为应用型本科院校大学生思想政治教育内涵中基本的教育原则之一，成为应用型本科院校思想政治教育的基本理念。

（5）习近平关于新时代大学生思想政治教育工作的新思想新论断

2016年12月7日，在全国高校思想政治工作会议上，习近平提出的一系列新思想、新观点、新论断，是指导新形势下做好高校思想政治教育工作

---

① 胡锦涛.在庆祝清华大学建校100周年大会上的讲话［N］中国教育报，2011-04-25.

的纲领性文献，对应用型本科院校大学生思想政治教育工作具有重要的现实指导意义。

（1）高校立身之本在于立德树人[①]

习近平强调，高校要把立德树人作为根本任务，是党和国家对高等教育关于人才培养提出的总要求，突出强调了高校思想政治教育工作的重要性，为高校思想政治教育改革和发展指明了方向。一是高校要回归和坚守育人之道。高校承担着人才培养、服务社会、科学研究、传承文明等许多历史使命，但人才培养是首要和核心任务，是其他一切任务得以完成的前提和基础。二是高校要将思想政治教育工作贯穿教育教学全过程。坚持做到思想政治与教学、管理、后勤服务的有机结合和隐性渗透，达到全员育人、全方位育人和全过程育人。三是高校要将促进大学生思想品德发展和人格现代化作为人才培养的重要目标。习近平在多种场合多次强调"国无德不兴，人无德不立"，高校要坚持思想政治教育为先、思想政治教育为重，以思想品德发展和人格现代化来引领和促进大学生的全面发展。

（2）因事而化、因时而进、因势而新[②]

习近平强调，做好高校思想政治教育工作，要因事而化、因时而进、因势而新。这是在新时期、新形势下对高校思想政治教育工作的总要求。深刻理解和准确把握这个总要求对加强和改进高校思想政治工作具有重要的理论意义和实践价值。一是要准确把握大学生的思想脉搏，密切关注大学生的思想动态，遵循高校思想政治教育工作和大学生成长成才规律，及时准确、有针对性地为大学生释疑解惑，引导学生健康成长。二是要准确把握时代发展主题，紧跟时代发展步伐，与我国社会主义的现代化发展相适应，应时而动，顺时而进，使高校思想政治教育工作的目标理念、内容任务和方法手段做到关注时代发展、紧扣时代脉搏、顺应时代潮流、反映时代要求。三是要准确把握国际国内发展的新形势，主动顺应世界和中国

---

① 习近平在全国高校思想政治工作会议上强调：把思想政治工作贯穿教育教学全过程 开创我国高等教育事业发展新局面 [N].人民日报，2016-12-09..

② 习近平在全国高校思想政治工作会议上强调：把思想政治工作贯穿教育教学全过程 开创我国高等教育事业发展新局面 [N].人民日报，2016-12-09..

的发展大势，沉着应对高校思想政治工作面临的新挑战和新机遇，积极推进高校思想政治教育工作的创新发展。

（3）传道者自己首先要明道、信道[①]

习近平强调，教师是人类灵魂的工程师，承担着神圣使命。传道者自己首先要明道、信道。习近平将高校思想政治教育工作者称为传道者，"明道""信道"是对高校思想政治教育工作队伍建设的总要求。"明道"是指教育者要正确认识事物发展的普遍规律和本质特性。于高校思想政治教育工作者而言，就是要正确认识我国高等教育事业尤其是高校思想政治教育工作的任务、性质和重要作用，明确自身所肩负的重要历史使命。正人须先正己，教育者要坚持修身意识，端正思想品德认知，树立正确的世界观、人生观和价值观，为学生树立榜样，努力做到以德立身、以德立学、以德施教。打铁还需自身硬，教育者要树立学习意识，加强自身思想道德建设，提高道德认知水平，不断改进和提升思想政治教育工作的方式方法。信道是指教育者要坚定共产主义远大理想和中国特色社会主义的共同信念。马克思主义揭示了人类社会发展的必然规律，树立了共产主义的远大理想。教育者只有成为坚定的马克思主义者，才能成为人类文明传播者，才能成为大学生成长成才的引导者。教育者要坚持中国特色社会主义道路自信、理论自信、制度自信、文化自信，在思想上、政治上、行动上与党中央保持高度一致，牢固树立和自觉践行政治意识、大局意识、核心意识和看齐意识，为实现中华民族伟大复兴中国梦而努力奋斗。

2019年3月18日，习近平在学校思想政治理论课教师座谈会上强调：办好思想政治理论课，最根本的是要全面贯彻党的教育方针，解决好培养什么人、怎样培养人、为谁培养人这个根本问题。习近平总书记的重要讲话是中国特色社会主义教育理论的又一重大创新成果，是指导做好新形势下高校思想政治工作的纲领性文献。[②]做好大学生思想政治教育工作，最根本

---

① 习近平在全国高校思想政治工作会议上强调：把思想政治工作贯穿教育教学全过程 开创我国高等教育事业发展新局面［N］.人民日报，2016-12-09．.

② 安钰峰.加强新时代高校思想政治工作_理论_人民网http://theory.people.com.cn/n1/2019/0417/c40531-31034073.html.

的就是要贯彻党的十九大精神和习近平新时代中国特色社会主义思想，落实立德树人的根本任务，努力培养担当民族复兴大任的时代新人，培养德智体美劳全面发展的社会主义建设者和接班人。

习近平新时代中国特色社会主义思想，是对党的十八大以来我们党理论创新成果的最新概括和表述，系统回答新时代坚持和发展什么样的中国特色社会主义、怎样坚持和发展中国特色社会主义等重大问题，这是全党全国各族人民为实现中华民族伟大复兴而奋斗的行动指南[①]，必然成为应用型本科院校大学生思想政治教育的最直接的解读与指导。

4. 西方学界道德教育理论

西方道德教育理论能够为研究我国应用型本科院校大学生思想政治教育提供依据、借鉴和参考。虽然世界各国的历史、文化、社会制度各不相同，教育理念亦不一致，思想道德教育的理论可谓大相径庭，但是，思想政治教育在全世界一直都是现代学校教育，包括高等教育在内的一个重要组成部分。美国道德教育哲学家杜威（J. Dewey）指出："教育是社会进步和社会改革的基本方法，教育对社会的责任便是它的至高无上的道德责任。"[②]中外思想政治教育理论比较研究有助于在全球化背景下借鉴更多的有益经验及理论精华，推进我国大学生思想道德教育理论与实践的提升。[③]

西方思想道德教育理论在道德教育的实践中不断变化和发展，融入了各种思潮和多种文化元素，呈现出多元并存、纷繁复杂的局面。

（1）实用主义道德教育理论。实用主义教育学的创始人杜威是美国唯心主义哲学家、社会学家、教育家、实用主义者。[④]他是西方哲学史和教育史上举足轻重的人物，在西方的道德教育方面占据重要地位，《道德教育原理》是其道德教育的主要理论著作。他的一些道德教育口号体现了他

---

① 习近平新时代中国特色社会主义思想何以诞生?＿新华网http://www.xinhuanet.com/politics/2017-10/21/c_1121836343.htm.

② ［美］杜威. 道德教育原理［M］. 王成绪等译. 杭州: 浙江教育出版社, 2003: 363-364.

③ 教育部思想政治工作司组编. 大学生思想政治教育与管理比较研究［M］. 北京: 高等教育出版社, 2010: 39.

④ 辞海（哲学分册）［M］. 上海: 上海辞书出版社, 1980: 386.

的实用主义道德教育理论，如"教育即生活、生长和经验的改造""学校即社会"，学校德育须"以学生为中心"。这些口号至今仍对西方、特别是美国的学校道德教育产生深远影响。他主张，道德教育应当是学校各科教学的首要目标，无论教授哪门课程，都必须首先注重提升学生的道德品质。他认为，学校本身就是社会生活的一种形式，学生也是社会的一员，只有将学校的道德教育与社会生活有效地结合起来，学校才能真正成为成功的道德教育场所。学生的道德观念实际是他们从自己的道德实践中感悟和建立起来的。成功良好的道德教育应注重受教育者的实践经验和行为，只有这样，才可能对受教育者的实践行为产生重大影响。

（2）公民教育及"劳作"学校理论。"国家公立学校的目的——也就是一切教育的目的——是教育有用的国家公民。"[1]在校学习时，学生应通过具有教育价值的个人活动方式——"劳作"，来认识集体、了解集体、融入集体，并借此增强集体观念，提升道德修养，培养责任感和牺牲精神，这就是"劳作教育"，即要成为公民并为国家尽义务，必须从事某种具体的劳动。该理论的主要倡导者是德国教育家凯兴斯泰纳（G. Kerschensteiner），他的相关著作主要有《德意志青少年的公民教育》《国家公民教育的概念》和《劳作学校要义》等。凯兴斯泰纳认为，"劳作教育"是公民教育不可或缺的前提条件，实施这一教育的组织机构即"劳作学校"（也译为"工作学校"）。学生通过在"劳作学校"的共同学习和劳动，学习公民知识，发展职业技能，接受道德教育和道德训练，养成公民品质、爱国心、忠诚和为国家、为集体、为他人服务的奉献精神，使学生的知识技能和个人道德修养都达到国家的需要，使学生成为有用的国家公民。

（3）人本主义道德教育理论。人本主义道德教育理论在西方源远流长，至今对当代西方道德教育仍有重大影响。该理论的主要代表人物是美国心理学家亚伯拉罕·马斯洛（A. N. Maslow）。马斯洛提出了人本主义心理学，并提出了"需要理论"。他认为"需要"是与道德教育紧密相连的

---

[1]　[德]乔治·凯兴斯泰纳. 工作学校要义 [M]. 刘钧贻译. 北京: 商务印书馆, 1936: 12.

人的基本动机，是构成所有人发展的最基础、最重要、也是唯一的原则。马斯洛"需要理论"的要义是：人是一个复杂的有机体，具有不同的内在需要，这些内在的需要构成了他最基本的行为内在动机。人的高级需要只有在低级需要得到满足后才会产生，低级需要的满足可促进高级需要的发展，这是一个螺旋式上升的过程，也是人成长和自我实现的过程。人的行为动机从低级至高级需要有五个层次：生理需要、安全需要、归属和爱的需要、自尊的需要、自我实现的需要。马斯洛人本主义道德教育理论的核心和标志是"自我实现"。马斯洛的人本主义道德教育理论主要是建立在他的人本主义心理学基础上的，其理论涉及了不少与道德教育相关的心理问题，为道德教育提供了必要的心理学基础。

（4）社会学习道德教育理论。这一理论的主要代表人物是班杜拉（A. Bandura）。他认为，人的行为既不是由他个人单独决定的，也不是由外部环境单独造成的，而是个人与环境内外两方面相互作用的结果。班杜拉通过对青少年行为的研究，强调青少年行为与"榜样示范"之间的关系。他强调"榜样示范"对人的行为的重要作用，青少年通常是在周围成人榜样的影响下形成特定道德行为的，这被称为道德教的"榜样示范模式"。[①]该模式是社会学习道德理论的核心观点。

（5）价值澄清道德教育理论。[②]价值澄清理论是当代美国影响最为深远的道德教育理论之一，兴起于20世纪60年代。美国曾一度在不少学校建立了该理论的实践教学基地，因此对西方道德教育产生了重大影响。其代表人物主要有拉斯思和西蒙等。价值澄清道德教育理论的创立者们认为，当代社会人们的价值观纷纭复杂，导致人们不知该如何选择自己的价值观，尤其是青少年在这方面更加迷惘。因此，运用一些特殊的方法和途径来帮助人们，尤其是青少年澄清他们的价值观是道德教育的一个重要方面。价值澄清道德教育理论主张避免道德说教，鼓励受教育者通过自己的思考来明确及形成自己的价值观。教育者只是为受教育提供一种情境，营造一种开放的氛围来帮助受教育者。教育者应相信每个受教育者都有独立

---

① ［加拿大］班杜拉. 社会学习心理学［M］郭占基译. 长春: 吉林教育出版社, 1988: 22.

② 参见袁桂林. 当代西方道德教育理论［M］. 福州: 福建教育出版社, 2005: 112–118.

思考和选择的能力，能够对问题作出独立自主的判断。

　　大胆吸收、借鉴国外有益的道德教育知识、经验和方法，能够充实、丰富和发展我国大学生思想道德教育工作。探索应用型本科院校大学生思想政治教育引导策略，必须"面向现代化、面向世界、面向未来"[①]。而面向世界，就是要分析、甄别、吸收和借鉴其他国家的优秀成果。"不同国家思想政治教育理论基础中，都包含有从国外吸收过来的成分。"[②]"西方发达资本主义国家的道德教育体系无疑是为维护其资本主义制度服务的，但是我们不能仅就意识形态的差别而简单地对其道德教育作出肯定或否定的评价，应该在具体分析的基础上作出判断。"[③]以上五种典型的西方道德教育理论能够为应用型本科院校大学生思想政治教育提供一定的理论依据。

　　5.高等教育人才培养模式及原理

　　（1）高等教育人才培养模式

　　人才培养模式主要是围绕"培养什么样的人"和"怎样培养人"这两个问题构建的。教育部在1998年第一次全国普通高校教学工作会议文件——《关于深化教学改革，培养适应21世纪需要的高质量人才的意见》中强调，人才培养模式是学校为学生构建的知识、能力、素质结构，以及实现这种结构的方式，它从根本上规定了人才的特征并集中体现了一定的教育思想和教育观念。人才培养模式是一所学校办学思想、办学水平和办学特色的集中体现，反映了人才培养的目标、规格、过程以及评价之间的规律性。不同的教育类别、层次、学校和专业都应根据自己的培养目标、办学方向和特点，形成独特的人才培养模式。

　　一般来说，人才培养模式是指在一定的办学条件下，为实现一定的教育目标而选择或构思的教育、教学式样，往往由课程体系、培养目标、专业设置、培养途径与方式、教学运行和组织机制、人才培养评价等要素构成。课程体系是指按照学生身心特点和教学要求，兼顾科学知识的内在联

---

①　邓小平文选（第三卷）［M］.北京：人民出版社，1993：35.

②　王瑞苏.比较思想政治教育学［M］.北京：高等教育出版社，2001：144-145.

③　苏振芳.当代国外思想政治教育比较［M］.北京：社会科学文献出版社，2009：90.

系而组成的各门教学科目的系统。①它是实施人才培养的重要载体，是专业目标分解后的具体体现，必须借助于一定的教学活动才能够转化为学生的知识和能力。受科学技术高度发展的影响，高等教育课程体系的发展呈现多元化趋势，大学课程的发展除了表现出综合化、多样化、国际化、信息化的特点之外，还特别体现出职业化和人文化的特点。这是因为，为了使大学生毕业后尽快适应就业的需要，也为了适应继续教育和终身教育等要求，高等教育与职业生活的联系越来越密切，职业化正在成为当代世界各国高等教育课程改革的一种新趋势；与此同时，近年来过分追求经济与物质的丰富导致了人们人文精神的匮乏，于是高校加强了人文教育，主张更为有效地实施人的全面素质教育，以求得人的自由、全面、和谐的发展。培养目标是指根据一定的教育目的和约束条件，对教育活动的预期结果，即对学生的预期发展状态所作的规定。②从逻辑的角度看，培养目标是教育实践活动过程中具有先决性质的核心概念。③它是专业设置、课程设置和选择教学制度的前提和依据，由它来确定培养什么类型的人。专业设置是教育部门根据科学分工和产业结构的需要所设置的专业门类，是培养目标的具体化，规定着专业的划分和名称，反映培养的人才应具备的知识、能力、素质结构、业务规格和工作方向。要实现人才培养的目标，一方面要靠教学途径来完成，另一方面，非教学途径在高等院校人才培养中也起到十分重要的作用。非教学途径包括一切被称之为"隐性课程"的教育环境及教育活动，比如校园文化、社会实践、科研活动、课余生活等。目前我国高校普遍采用的人才培养途径主要有课堂教学、现场教学、科研训练、教学沙龙等。

由于人才观、知识观以及教育价值观念的不同，在高等教育发展的不同历史时期，出现了不同类型的人才培养模式。从培养目标的宏观角度出发，可以归纳为三大类最基本的高等教育人才培养模式，即通才教育人才培养模式、专才教育人才培养模式、通才与专才教育相结合的人才培养模

---

① 龚怡祖. 论大学培养模式 [M]. 杭州: 江苏教育出版社, 1999: 40.

② 文辅相. 中国高等教育目标论 [M]. 武汉: 华中理工大学出版社, 1995: 16.

③ 杨志坚. 中国本科教育培养目标研究 (之一) ——导论 [J]. 辽宁教育研究, 2004 (05): 24.

式。从培养目标的微观角度出发，还可再分为学术型人才培养模式、应用型人才培养模式、技能型人才培养模式等。

①通才教育人才培养模式

通才教育起源于古希腊的人文教育和欧洲的博雅教育。在古希腊城邦的雅典，教育的目的是促进受教育者的和谐发展，教育内容是"七艺"，即文法、修辞、辩证法、算术、几何、天文和音乐。欧洲文艺复兴时期，教育者从人的个性解放出发，推崇自由教育，主张实行广博的非专业性的学术教育。现代高等教育起源于12世纪的中世纪大学。中世纪的大学具有两个显著的特点，即两个"多学科性"：第一，大学中的神学部、法学部和医学部等研究生水平的专业学部在同一机构中并列；第二，这些高级的专业课程是设在"七艺"课程之上的，学生只有学完了"七艺"课程并获得文科硕士学位以后，才有资格进入神学、医学、法学科学习。[①]通才教育非常重视基本理论、基本知识、基本技能和基本方法的训练，教学内容相当丰富，涵盖了整个学科领域，充分体现了各学科间的相互交叉、渗透和综合性，并且可以通过课程、讲座、专题研讨等多种形式来实现。

②专才教育人才培养模式

科学的进步导致了知识的扩张和学科的分化，技术的更新促使社会分工加快和生产方式不断变革。18世纪兴起的产业革命在客观上对传统的教育模式提出了更高的要求和挑战，迫使培养出的人才适应资本主义大机器生产的需要。二战之后，随着第四次科学革命的到来，学科大量分化，一些发达国家的高等教育开始走大众化路线，大学纷纷增设新专业以培养各行各业的专门人才。与通才教育不同，专才教育是通过系统讲授某一专门学科的知识，培养掌握一定专业知识、具备一定专业技能的人才，其培养出的人才在短期内具有不可替代性。专才教育的内容与社会生产和生活紧密相关，比较注重对学生实际工作能力的培养，学生毕业后能较快适应社会的需要，但是学生的知识面以及运用知识的范围较窄。

③通才与专才教育相结合的人才培养模式

现代科学技术的发展特点表现为以下三个方面：在发展速度和发展过

---

① ［美］伯顿·克拉克. 高等教育新论——跨学科的研究［M］. 杭州: 浙江教育出版社, 1988: 28.

程上具有加速发展和急剧变革的特点；既高度分化又高度综合并以高度综合为主的整体化发展趋势；科学技术转化为生产力的速度越来越快。科学与技术的发展特征在客观上对高等教育人才的培养模式和知识结构提出了新的要求。高校所培养的人才不仅需要具备各类专门知识，而且还必须具备更为宽广的知识背景，既能使培养出的学生成为专业人员，又能使之成为一个有教养的人。因此，一些有识之士认为，大学教育应使学生在科学与人文、功用与理念、专业与通识、知识与人格、身体与心理等方面取得平衡与和谐的发展。显然，偏窄的专才教育已不适应现代科学技术和社会发展的需要，专门的知识和技术可以使人成为有用的"机器"，但不能使其成为一个真正意义上的现代高级人才，也不能培养和谐的人格；而传统的通才教育又不能与现代社会经济的发展实现快速接轨。可以说，通才与专才教育相结合的人才培养模式既加强了科学知识与人文知识的整合，又提高了人文教育的科学性；不仅为学生提供了一个广阔的知识视野，又使学生毕业后能迅速适应当代的科技发展，迅速完成社会化的转变。

高等教育的人才培养模式并不是一成不变的，在教育教学改革的过程中 还需要根据新的思想对人才培养模式进行不断的变革和优化。在高等教育大众化的今天，我们应以社会需求为导向不断调整人才培养模式，提倡多样化的人才培养模式，这就为我们探索应用型本科院校人才培养模式的改革提供了可能性。

（2）高等教育人才培养原理

《中华人民共和国高等教育法》明确规定："高等学校应当以培养人才为中心，开展教学、科学研究和社会服务，保证教育教学质量达到国家规定的标准。"①这就确立了培养人才是高等学校的中心任务和根本使命。高校的一切工作都要围绕培养人才这一重任来展开。人们公认的现代大学的三项基本职能是：培养人才、发展科学、服务社会，这三项职能在本质上是相互联系、相互渗透、相互促进的，而培养人才是高等教育的重中之重。

---

① 中华人民共和国高等教育法_中华人民共和国教育部政府门户网站［EB/OL］.http://www.moe.gov.cn/s78/A02/zfs__left/s5911/moe_619/201512/t20151228_226196.html

　　在我国高等教育的历史上，曾经存在一些弊端：一是只注重专业教育，片面强调实用性；二是忽视素质培养，过分重视功利性。新中国成立以后，我国高等教育实行文、理、工、农、医分开，设置口径很窄的专业学科，强调专业对口人才的培养。虽然改革开放之后我国高等教育进行了一些改革，但基本上没有突破以前的框架。王义遒认为高等教育比较普遍的倾向可以概括为"九重九轻"：重专业，轻基础；重科技，轻人文；重做事，轻做人；重技能，轻素质；重共性，轻个性；重理论，轻实践；重课内，轻课外；重灌输，轻参与；重平坦安排，轻自主除障。①这"九重九轻"是过分狭隘的专业教育模式，封闭办学和计划经济时代遗留下来的包得过多、统得过死的具体表现。当前，我国高等教育人才培养的观念要实现三个转变：一是要从狭窄的专业教育向专才与通才教育相结合的教育模式转变；二是要从终结性教育向终身教育转变；三是要从标准化教育向个性化教育转变。为此，高等教育的人才培养要实现通才教育与专才教育相融合；科学教育与人文教育相并重；理论知识与实践能力相统一；全面素质与个性发展相协调，总之，就是要使高等教育促进人的全面发展。

---

① 王义遒.大学通识教育与素质教育［J］.北京大学教育评论，2006（03）：2.

第二章　体育文化与高校应用型人才培养的内在关联

一个人对社会贡献的大小取决于一个人的综合素质，包括思想道德素质、文化素质、专业素质和身体心理素质。[①]个人素质提升的关键取决于学校的培养，因此，实施综合素质教育是全面提高我国人才培养质量的根本措施。现代社会需要高素质的人才，而素质教育的非智力因素是通过文化来培养的。体育文化以其独特的作用和魅力，在培养社会所需人才的总目标中发挥着不可替代的作用。

德、智、体、美、劳是我国教育方针的重要内容，它们不是孤立存在的，它们相互联系，相互促进，交织在一起共同完成育人目标。体育育人不但彰显了强身健体的本质，也充分展示了德育、智育和美育的身影，特别是体育较强的实践性，与课堂教学相互补充，有助于提升思想政治教育的亲和力，更好地实现全方位育人。正如习近平在全国高校思想政治工作会议上强调的："把思想政治工作贯穿教育教学全过程，实现全程育人、全方位育人。"[②]因此，我们应该围绕高校应用型人才培养的特点，建立人的全面发展观，注重学生知识、能力和综合素质的提高。探究体育文化与高校应用型人才培养的内在关联，明晰体育文化与大学生思想政治教育的互动关系，充分发挥体育文化的育人功能及其在高校应用型人才培养中的独特作用，运用各种体育教育资源和有利环境对学生进行全面的培养，使大学生得到全面健康的发展。

---

① 黄欣加.营造校园体育文化氛围　加强学生综合素质培养[J].体育科学, 2004(06): 68.

② 习近平在全国高校思想政治工作会议上强调: 把思想政治工作贯穿教育教学全过程　开创我国高等教育事业发展新局面 [N].人民日报, 2016-12-09.

一、体育文化与大学生思想政治教育的关系

（一）体育、文化与体育文化的概念

1. 体育

体育是什么？"体育"一词是"戊戌变法"时我国从西方国家引进的名词，但是，一直以来，学术界对"体育是什么"的问题都没有明确的定论，国内外学者见仁见智，从不同的角度阐发了自己对体育的理解。笔者通过对所收集材料的整理、比较和分析，发现学界对体育的概念界定虽然各有不同，但大致包括以下几个方面。

（1）体育是身体运动的学说。这一说法形成于"体育"概念最初创立之时，认为体育最基本的含义是通过身体运动以达到强身健体的目的，这也是体育区别于其他事物的本质特征。日本学者相川量平认为："体育可以说是包含着提高人的生存活力的、具有广义性质的身体活动。"[①]张洪潭认为，体育是"旨在强化体能的非生产性肢体活动"[②]。这些观点将体育解释为一种关于身体的运动，和通过这种方式来达到强身健体目的的一种活动，这是体育最基本的内涵。事实上，学术界普遍承认体育是一种身体运动，但是更多的学者倾向于体育并不只是身体运动这么简单。

（2）体育是社会性活动的学说。在我国，体育的概念长期以来都含混不清，界限模糊。周西宽在对体育的概念进行考察后，将体育的概念定义为一种社会活动。他认为："体育是人类以自身运动为主要手段改造自我身心的行为或过程。"[③]体育是一种改善自我身心的行为，也是重要的社会实践活动。它一方面强调人们的身体运动需要个体在运动目的的指导下进行，是有意识的，另一方面还要符合人类社会生活的现实状况。它有着自身独特的社会体系，其发展与政治现实、经济条件相联系，不但受到政治和经济的制约，而且在一定程度上为政治和经济服务，促进了国内外的交流与合作。

---

① ［日］相川量平. 体育学概论［M］. 东京：文化书房博文社，1981：29.

② 张洪潭. 体育的概念、术语、定义之解说立论［J］. 西安体育学院学报，2006（04）：1.

③ 周西宽. 体育基本理论教程（第一版）［M］. 北京：人民体育出版社，2004：35.

（3）体育是文化现象的学说。20世纪70年代，在竞技体育方面，中国实现了快速发展，对人们的社会生活产生了巨大的影响。文化的研究在这一时期也逐渐增加，许多学者开始认识到体育不再限于身体运动，不只是以强身健体为主要目标，它开始扩展到文化的领域，形成一种体育文化。熊斗寅就主张这一观点，他指出："体育以身体与智力活动为基本手段，根据人体生长发育、技能形成和机能提高等规律，达到促进全面发育、提高身体素质与全面教育水平，增强体质与提高运动能力，改善生活方式与提高生活质量的一种有意识、有目的、有组织的社会文化活动。"[①]这种观点是把体育看作一种社会文化，以个体对文化的理解，从文化的层次和视角对体育进行审视，通常认为体育可以实现以文化人的作用，具有深厚的文化底蕴。在这种观点引导下，体育的意义和作用不再是单独追求强身健体，也开始强调体育对公民其他方面的影响和作用。其中，将完善社会公民作为体育的终极目的就是这种影响的重要体现。

（4）体育是教育性活动的学说。除了上述三个方面的认知外，对体育的认识还包括教育性活动的学说。近代以来，体育的概念一度被认为是"身体教育"或"体育教育"，并将其划归到教育领域，着重强调了其塑造人、教化人、完善人的意义，成为教育不可或缺的组成部分。

在国外的研究中，学者们各执一词，并无定论，但是都强调了体育的育人教化和培养塑造的作用。虽然体育所教化的对象各不相同，有的认为其对象是人体的生理作用，有的认为是性格情绪等，有的认为是精神情操等，但是不得不承认大多数学者还是试图从体育的"育人机制"方面来探讨体育的概念。如苏联教育科学研究所出版的《教育科学辞典》中，对"体育"一词有如下定义：体育是以增进人体健康和达到身体正常发育为目的的一种教育。1969年美国学者 C.A.布切尔认为，体育是完整的教育过程中不可缺少的部分，这个领域的发展目的是以身体活动作为媒介去培养在身体、精神、情操等方面与社会相适应的公民。阿布忍认为："体育是以身体活动作为媒介，并同时以培养健康的身体和良好的社会性格为目标

---

① 熊斗寅. "体育"概念的整体性与本土化思考——兼与韩丹等同志商榷［J］. 体育与科学, 2009
　　（02）: 12.

的一种教育。"①这些观点对体育都下了自己的定义，但究其根本，他们一致地认为体育是一种教育，是以塑造和教化人为目标和实现方式的，个体在进行体育活动时总是获益匪浅。

《中国大百科全书·体育》对体育有如下定义："体育是人们锻炼身体、增强体质、延长生命的重要方法；是与德育、智育、美育等相配合的整个教育的组成部分；它以竞技的形式，成为人们文化生活的内容和各国人民之间加强联系的纽带。"②这一观点是把体育作为教育活动进行理解的典型，它与德育、智育等共同形成了教育的整体。这一观点不同于体育的身体运动学说，也不同于体育的文化学说，它更多地倾向于教育领域，尤其是对学生的教化作用，也可以说是一种学校体育。在这种认识指导下，体育需要了解学生成长的规律和特点，鼓励参与，促进学生发展，这是不容忽略的重要前提。

相比较而言，在众多关于体育的含义的论述中，"体育是身体运动"的学说过于单一，只看到了体育的外在表现形式，却忽视了体育的内在意蕴和内生逻辑。"体育是一种文化现象"的学说与之有所不同，这一学说更多地强调了体育的社会文化性，却忽视了体育最根本的性质是身体的运动。因此，笔者认为，体育是一种教育性活动，是一种以学校教育为主体的教育活动。本书所探究的"体育"概念也就是"学校体育"，即以高校学生为主要对象，以增强学生体质和道德修养、促进全面发展为落脚点的教育活动，具有较强的组织性。

2. 文化

（1）文化的定义

"文化"一词由来已久，是个相对宽泛的概念，从目前的研究看，相关概念多达两百余条，研究的视角相对大众化和多元化，诸如酒文化、茶文化、龙文化等都借用文化的形式加以诠释。虽然文化作为一个大众化概念，融入我们生活的各个层面，但是，对于"文化"是什么的问题，到目前还没有一个准确的定义。笼统地说，文化是一种社会现象，是人们长

---

① 转引自陈莉. 大学体育与健康 [M]. 武汉: 武汉大学出版社, 2014: 3.

② 本书编写组. 中国大百科全书·体育 [M]. 北京: 中国大百科全书出版社, 1982: 1.

期创造形成的产物，包括一个国家或民族的传统习俗、风土人情、价值观念、思维方式、行为准则等，具体体现在生活的各个方面，是一个包罗万象的概念集合体。

（2）文化的本质

"本质"的基本释义为本身的形体，本来的形体，通俗地讲，即事物本来的样子，本身所具有的属性，某物区别于其他物且自身独有的特性。文化的本质是物质与意识的综合体现，有广义和狭义之分。广义的文化是指与自然现象不同的人类社会活动的全部成果，它包括人类所创造的一切物质与非物质的东西，即所有人类从事的活动都为文化活动。[①]狭义的文化是指与一定地域民族的意识形态、风俗习惯、道德规范有关的思想文化结构。从一定意义上看，狭义的文化总是与精神文化具有一定的契合度，包括社会意识和社会心理两个层面。政治、法律、思想、道德、哲学、宗教等是社会意识形态的表现形式，体现出一定地域民族的价值观，反映了在共同地域生活的人们的思想倾向、理想信念、生活追求等。社会心理则是民族成员经过长期积淀下来的隐性心理结构，民族间的差异性也主要是社会心理所决定的。[②]文化的固有特质，也使文化的研究一直呈现百花齐放、百家争鸣的景象。

（3）文化的特点

"特点"是指人或事物所具有的特别或特殊之处，适用的范围广泛，可以用于抽象事物，也可以用于具体事物。任何物质都有其自身的特性，也有同其他物质所共有的共性。文化区别于其他概念的特殊之处在于，任何一种文化类型的形成与特定的自然环境和历史背景都是息息相关的。总的来说，文化有以下几方面的特点：其一，多样性，主要表现在生物的种类方面，不同的生物类型所对应的文化也是相异的，如语言、聚居地、认知等；其二，区域性，主要表现在地理位置上，所对应的是生态环境的差异性，如温度、水源、土质等；其三，民族性，主要表现在各民族间的文化差异，所对应的是生活习俗、风土人情的不同，从而造就了不同的文化

① 赵振祥, 等著.菲律宾华文报刊与中国文化传播[M]. 北京: 人民出版社, 2018: 1.

② 杨恩泽. 延安时期中国共产党文化领导权建设研究[M]. 北京: 人民出版社, 2020: 33.

形态；其四，流动性，主要表现在生物的活动范围上面，使异质文化的交融更加多元化；其五，继承性，表现在文化的传承发展使一些优秀的强势文化得以保留、弱势文化被遗弃；其六，时限性，主要体现在时间上面，时间段的不同，使得生物的形态在认知、生活方式等方面也会产生相应的改变。文化的上述特点，使文化的形态呈现出异彩纷呈的态势，也为文化的研究提供了更为广阔的空间。

（4）文化的分类

文化的分类是一个庞大的系统，主要涉及八大领域，其开放类型共有116个，涉及了文学、文化、文物古迹、学派、宗教、民俗、语种、网络文化等内容，其涵盖面还是相当广泛的。文化的主体是人，因此人是文化存在的核心，有人才有文化。通俗地说，文化可分为三个层次：即表层文化、中层文化和深层文化。表层文化指体现一定生活方式的具体存在的事物，是人为创造的，体现于外观的实物上，如我们日常生活中的服饰、住的房子等就是表层文化的一种体现，这一类文化我们也把它称之为器物文化。中层文化指在哲学理论和意识形态的影响下，在历史发展过程中形成的各种规章制度，用以维护统治阶级的利益。它是世袭相传，或兴或废，是个抽象的、没有具体存在物的概念，如科举制度、分封制等，也称之为制度文化。深层文化是一个民族或国家的心理结构、思维方式和价值观念，它既非哲学，也非意识形态，而是介于二者间并上升为哲学理论的事物，如英国人的绅士、法国人的浪漫、西方人的开放和东方人的内敛等，也可称之为观念文化。文化的这种结构层次的分类给文化的研究提供了庞大的研究体系，且三个层次间不是机械的、独立的，而是交织在一起的、有机的统一：在理论的探讨上，它是可分的；而在实际中，它又是整体的、不可分的。因此，文化的各层次间是相互融合的关系，共同构成文化主体。

（5）文化的价值

文化的价值，在于它能够帮助"自身"认识并适应周边的环境及生物，跟其他生物和谐地相处在一起，主要体现在人、物、思、情等四个方面的价值。这里的"人"指"人文"，所谓"人文"，即人是因"文"才得以成立，人的一生都要"以文化之"。《易经》中说：刚柔交错，天文也；文明以止，人文也。可见，人文是与天文相对应的，因此是天赋，是人之所以为人的天赋使命。同时"以文化人"在于使人脱离蒙昧，给人带来光明与希望，使人达到自觉、自尊和自我完善。

文化的价值还可以从"文物"上体现，即从"文而化物"的角度来衡量，此"文物"非一般的文物建筑，而是物化了的"文"。人一方面要在"物"之中寻求生活之基，寻求更大的自由，另一方面还应明晰，追随物而不盲目地附庸于物，超越于物而又能不与"物"泾渭分明地严重对立，从而在"物"的变迁中保持精神的"新鲜"和幸福指数的有效递增。能够同时地生存于文化之中，经过"以文化物"又生活在"文物"之中，那就是一种普遍的人文生活。

"思"为"文化之思"，是充分人文化了的思想，即"文而化之"的思维、思考与思想，是以人文价值统领、覆盖物质世界和世俗生活的思维、思考和思想。从对天地万物之"道"、人伦群社之"道"的思，到对格致万物之"理"的思，到对"道"与"理"融合的民间理解的"道理"的思，到对由天地万物和人世生活的道理所升华的"天地之心""人之良心"的思，再到对"客观规律""科学真理"的论证与追求的思，乃至百年以来中国人逐步地将社会主义价值树立为头脑中的核心价值的思。中华文化上下五千年，思想的价值奠基了民族文化之思的高度、深度和广度。

"情"指情感，无论是人文伦理生活的实现，还是物质活动与人文思维的展开，都将是充满着心灵感悟的，有着丰沛的感性体验和情意灌注的。文化的感性与情感价值作为一种文化生活，同样是基础性的，不可偏废的。不存在脱离了情感诉求的文化，相反，让人类社会的"文而化之"的过程充满情感意义，正是对文化这一命题的自觉追求。承认和促进人的感性和情感的丰富性、多样性与自由表达，富有生活意义，是人类的文化前提。

3. 体育文化

体育文化作为一种人体文化的特质存在并相伴人类的发展。卢元镇从社会研究需要出发，把体育文化的概念全面概括为人类对体育的情感认识、价值判断、道德、制度和物质等，即体育运动的精神、行为、物质等三个方面的总和。另有学者认为，体育文化包含并具有"体育"和"文化"两个概念属性。王岗认为，体育文化是一种特殊的文化形式。综上得知，不同的学者对体育文化概念的界定都是根据研究的需要出发，至今国内没有统一的定义，研究观点没有对与错，只是概括得全面与否。

体育文化与体育在概念上具有本质区别。体育文化是指反映人们不同历史时期思维、行为方式的社会文化现象。体育文化的主体内容主要包括精神、行为、物质等三个方面。广义的体育文化是指人在体育活动方面创造一切精神文明和物质文明的总和。狭义的体育文化是指伴随体育活动而生的观念文化。当代中国体育文化主要指大众体育、竞技体育、学校体育和民族传统体育等文化，是一种复杂的社会体育文化现象，都是中国体育文化的重要资源载体。一些研究者认为体育文化是从属于体育的下位概念——体育文化是人们社会生活、运动方式、精神的重要组成方面。

体育文化从属于文化，是社会文化内涵的外延内容，是体育在其他文化形式和形态中的延伸部分，体育与体育文化是社会文化的内核与衍生物。它既有社会文化的时代性、民族性，又有体育运动的本质特性、身心兼顾等特征，因此，体育文化不仅依赖于社会主流文化，而且深受社会文化系统的影响。

（二）大学生思想政治教育的含义与内容

1.大学生思想政治教育的含义

（1）思想政治教育

我国著名社会学家、教育家潘光旦借鉴中国传统典籍《中庸》中"致中和，天地位焉，万物育焉"的思想，结合现代生物学理论，在20世纪30年代就提出了"社会位育"的教育观点。他说："一切生命的目的在求位育……教育的唯一目的是在教人得到位育，位的注解是'安其所'，育的注解是'遂其生'。安所遂生，是一切生命的大欲。"[①] "教育的目的不止一个，而最概括没有的一个是促成这种位育的功能。从每一个人的位育做

---

① 潘光旦.忘本的教育［N］.华年，1933-10-28.

起，而终于达到全人类的位育。"①潘光旦认为教育如果不能使人"安其所，遂其生"，就不能叫教育；教育的终极目标是为了个体的发展，是为了人之所以为"人"的充分发展。

思想政治教育是一定的阶级或政治集团，为实现一定的政治目标，有目的地对人们施加意识形态的影响，以期转变人们思想的、进而指导人们行动的社会行为。②对于新时代大学生而言，思想政治教育的目的依然是"安其所，遂其生"，力求使大学生经过大学期间的专业学习、思想锻炼和文化熏陶，形成能够支撑其今后人生道路、实现个人价值的思想行为基础。大学生作为国家教育体系中受教育程度较高的人群，因其课业集中、居住集中，对他们进行系统、规范的思想政治教育有着良好的现实条件。

（2）大学生思想政治教育与道德教育、政治教育的区别

大学生思想政治教育与大学生道德教育、大学生政治教育既有区别又有联系。为进一步明晰大学生思想政治教育的内涵和外延，下面有必要对这些概念进行探讨和厘清。

大学生思想政治教育是指高校按照国家为实现政治经济目标所确立的人才要求，遵循思想政治教育规律，有计划、有组织地对大学生施加意识形态的影响，使大学生自觉接受社会的要求并进行自我教育的一种社会实践活动。大学生思想政治教育具有阶级性和时代性。我国的大学生思想政治教育是在马克思主义指导下解决人的思想问题的一项极端重要的工作。大学生思想政治教育的内涵包括两个方面的重要问题：一是教育者如何按照社会发展的客观要求去教育人、引导人的问题；二是受教育者如何按照社会发展的客观要求去进行自我教育、提升自我修养的问题。因此，把人培养教育成什么样的人和使自己成为什么样的人，是大学生思想政治教育的核心问题。在大学生思想政治教育的理论和实践中，因历史和现实的原因，仍有些概念是相近的或者不太明确的，甚至在某种语境下是相同的。例如，大学生的道德教育与大学生思想政治教育。大学生道德教育侧重于一种促使大学生形成爱国爱家、明礼诚信的思想品德教育；大学生思想政

---

① 潘光旦.潘光旦文选：寻求中国人位育之道（下册）[M].北京：国际文化出版社,1997：4-5.

② 国家教委思想政治工作司组编.思想政治教育学原理[M].北京：高等教育出版社,1991：4-5.

治教育则延伸了前者的教育内涵，并将其赋予一种政治使命，站在促使大学生发展成为国家和社会所需要的人才的政治高度，对其进行培养和教育的一种价值体现。《关于进一步加强和改进大学生思想政治教育的意见》指出，大学生思想政治教育要以基本道德规范为基础，对大学生深入进行公民道德教育，着力培养大学生良好的道德品质和文明行为。可见，道德品性的陶融是大学生思想政治教育工作的重要内容，是大学生成长为中国特色社会主义的建设者和接班人的思想基础。再如，大学生政治教育与大学生思想政治教育。"政治工作"一词产生于20世纪初，据学者考证，是由俄国布尔什维克党的创始人列宁首次提出的[①]。大学生政治教育指的是高校为实现党的政治纲领和政治任务而在大学生中进行的教育活动，是宣传、教育、组织大学生为实现党的纲领和任务而奋斗的手段。大学生思想政治教育的内涵则更为广泛，是高校在实现思想政治教育的政治任务和价值归宿的基础上，有目的、有计划地培育大学生思想政治品德的社会实践活动。大学生思想政治教育在培养国家、社会所需人才的战略高度上融合了道德教育、政治教育的内涵，为大学生形成和发展与我国社会发展要求相符合的思想政治素质、坚强乐观的心理素质、良好的业务知识水平奠定了重要的思想基础。当然这些素质的达成是学校教育、家庭教育、社会教育及大学生自我教育等合力作用的结果，其中学校是大学生思想政治教育最主要的阵地。

2.大学生思想政治教育的内容

一直以来，关于大学生思想政治教育具有群体特征的研究很多，尤其是以大学生为群体的研究。学术界通过大学生的特点，加上对社会实际情况的探究，找到了最适合大学生的思想政治教育内容。

（1）理想信念的教育

为了保证大学生在思想方向上的正确，高校在大学生中开展理想信念的教育，希望帮助他们树立远大的理想，成为一个有抱负、有责任感的青年。当然，这里的理想信念不止包括个人的"小"理想，还包括关于社会

① 邓演平.大学生思想政治教育论［M］.长沙:湖南大学出版社,2010:23.

的"大"理想。

第一，社会理想。社会理想教育是希望通过向大学生讲授马克思主义基本理论、国家的基本国情与政策等使他们了解自己国家的历史与前途命运，明确自己肩负的责任，要让大学生形成实现国家繁荣富强、民族复兴的使命感，树立自己与国家休戚与共的责任感，成为一个有担当的有志青年。

第二，个人理想。俗语说：志不立，天下无可成之事。这就是教育大学生要刻苦努力，勤奋上进，树立远大的理想。大学生只有拥抱理想，才能在生活学习中严格要求自己，鞭策自己，为实现心中的理想而不懈奋斗。我们教育学生树立远大的理性抱负，并不是要他们恃才傲物，而是要教给他们一种脚踏实地、矢志不渝的进取精神。

（2）道德规范的教育

长期以来，我国都重视和强调道德规范的教育。2001年，我国颁布了《公民道德建设实施纲要》，对引导大学生成为什么样的人作出了回答，即"爱国守法、明礼诚信、团结友善、勤俭自强、敬业奉献"[①]，指明了大学生的行为方向。当然，要想大学生成为这样的人，道德规范的教育不能缺位。2014年，社会主义核心价值观的提出对公民作出了要求——"爱国、敬业、诚信、友善"，这既是对公民的要求，当然也是作为中华民族未来希望的大学生应该努力去践行的。因此，对大学生进行道德规范教育很有必要，我们应该重视道德规范教育，积极引导大学生的行为。

开展大学生道德规范教育，一是要让大学生了解相关内容和要求，二是要大学生恪守准则，在社会活动中作出正确的价值选择。在教育过程中，我们要教给学生热爱自己祖国的情感，忠于自己职业的操守，教给他们诚实守信、诚诚恳恳的品质，教给他们相互关心、相互尊重的道理。大学生也要将这些应用于实际生活中，促进社会更好发展。

（3）全面发展的教育

在当今社会，人的全面发展已经成为时代的要求，需要大学生注重

---

① 中共中央宣传部宣传教育局组织编写.《公民道德建设实施纲要》学习读本 [M]. 北京: 学习出版社, 2001: 12.

自身的全方位发展，尤其是在德、智、体、美、劳等多方面实现发展。

第一，思想道德素质。我们应密切关注大学生的思想道德素质，一方面是为了提升他们自身的思想道德水平，另一方面是通过对大学生的教育而形成良好的道德风尚，实现良好的社会风气。我们通过教给大学生科学的世界观与方法论，教给他们更多的政治观点和符合要求的社会行为规范，促进大学生的全面发展。

第二，科学文化素质。大学生注重科学文化素质的提升能够帮助他们提高自身的科学文化水平，实现科学创新。科学文化素质的教育就是要教给大学生科学的文化知识，提高运用知识的能力，积极进行科学创新，以一种求真务实的心态面对知识。

第三，健康素质。随着认识的深入，大学生的健康越来越受到重视，提高身体素质也成为重中之重。当然，提高身体素质不仅要求大学生锻炼强健的体魄，实现生理健康，而且还要求大学生能够拥有较强的心理承受能力。具体来说，良好的身体素质能够保证日常生活和学习的正常进行，没有充沛的体力很难完成自己的工作。良好的心理素质，有益于大学生积极向上、乐观开朗的心态的形成，也能够帮助大学生调节生活和学习压力，有效进行心理调适。

（三）体育文化与大学生思想政治教育的关系

通过以上对相关概念进行梳理、分析，我们能够得出体育文化与大学生思想政治教育有着内在的关联性，主要体现为以下几点。

1. 目标的契合性

总的来说，体育文化与大学生思想政治教育都是一种育人的活动，就是要促进大学生身心健康，提高身体和道德素质，形成良好的精神风貌，促进全面发展，两者在目标上具有契合性。

首先，从促进身心健康的要求来看，大学生的思想政治教育主要通过心理疏导和交流沟通，缓解身心压力，促进身心健康。它强调教授学生心理调适的技巧，与他人互动等方法，实现心态平和。从这一点来看，体育也能够促进身心健康，减轻心理压力，这与大学生思想政治教育的目标不谋而合。有调查显示，大学生认为体育最重要的三个作用是促进身体健康、能排解心理压力、保持积极乐观的生活态度，由此，我们了解到大学生普遍承认体育能够舒缓心理压力。

其次，从形成良好的精神风貌来看，思想政治教育也倡导在大学生中形成积极健康的生活态度和精神风貌。良好的精神风貌，是"四有"新人内在的精神素质，只有拥有拼搏向上的精神状态，大学生才能勇于克服困境，才能努力学习，才能为实现理想而不懈奋斗。就这一点来说，体育文化有着与大学生思想政治教育一样的作用。体育倡导大学生走出宿舍，走出教室，亲近自然，积极锻炼，这对于丰富个体的社会文化生活、保持积极的生活态度有重要的作用。个体在工作和学习之余通过参加体育活动，能够获得身心愉悦，极大地丰富业余生活，养成健康、科学、文明的生活方式，这与大学生思想政治教育的目标一致。

最后，从促进人的全面发展的要求来看，大学生通过接受思想政治教育，一方面有益于提升自身的科学文化素质，能够了解国家的基本国情和党的基本政策，另一方面，它还对自身的思想道德素质和身体素质提出了高要求。就这一目标而言，体育不仅增强体质，增进健康，缓解紧张情绪，而且能够以文化的方式塑造积极、健康的人生观，其目标指向与大学生思想政治教育的目标指向有着内在的一致性。

2. 内容的相关性

体育的作用除了身体素质方面的提升外，在精神、思想层次上也有一定的影响，这些也可以说是与大学生思想政治教育的内容有相关性。其相关性主要体现在以下两方面。

一方面，体育能够帮助大学生树立良好的生活态度，在竞争日益激烈的现实社会中能够帮助大学生舒缓心理压力，减轻紧张情绪，实现心理平和，而这也是大学生思想政治教育的价值追求，其中的心理教育也正是希望对大学生进行心理疏导来达到平和心理的目的。

另一方面，大学生思想政治教育主要规定了大学生应该成为什么样的人，应该如何在社会中为人处事、待人接物，怎样才能成为符合社会要求的人。它的内容广泛，涉及多个方面，主要包括理想信念教育、道德规范教育、全面发展教育等。而体育也能够以一定的潜移默化的形式将这些教给每一个参与其中的大学生。例如，体育比赛的各种赛事规则要求大学生在规则的要求下从事体育活动，这对于大学生的法制规则意识的形成有很大的帮助。参与体育赛事能够使大学生明白社会活动并不是自由散漫的，而是有约束的，个人的活动不能超出社会规范的约束，否则会受到相应的惩罚。另外，体育有自己的道德规范，既要在竞争中保持竞争优势，又要公平竞争，胜不骄，败不馁，能够引导良好的体育道德风尚，这些也在一定程度上符合了思想政治教育的要求。

3. 实施路径的互补性

我国高校一直将体育放在与德育、智育、美育同等重要的位置，共同促进大学生全面发展。单从体育与大学生思想政治教育的关系而言，两者有互补性。具体来说，这种互补性体现在以下两点。

第一，理论与实践的互补。课堂上的思想政治教育教给大学生的是系统的、成体系的理论，并且希望通过理论教育告诉他们如何行事。而体育文化主要采取的是实践的形式，通过鼓励大学生参与体育活动，亲身经历，获得感悟，加深理解。

第二，室内与室外的互补。对于大学生思想政治教育所提倡的品质精神，理论课通过课堂教学的形式教给学生，是学生接受教育的主要形式。与此不同的是，体育倡导的是走出室外，亲近阳光和空气，在更为轻松的环境中接受教育，是一种潜移默化的影响。

4. 教育方式的互通性

当代中国体育文化的育人功能是通过榜样的树立来实现精神层面教育，思想政治教育也通过同样的教育方式来达到目的。体育文化的育人功能是通过体育精神和体育运动来实现的，在潜移默化中将抽象的体育精神内化为人的思想。人们在强身健体的同时，提高了思想觉悟，升华了道德和意志品质。为国争光的榜样能够激励大学生拼搏进取，敢于担当和热心投入社会主义现代化建设，实现了思想政治教育的目的。从两者的教育方式看，当代中国体育文化与思想政治教育是互通的。

二、体育文化的思想政治教育功能

前国际奥委会主席萨马兰奇说，离开了教育，奥林匹克主义就不可能达到其崇高的目标。奥林匹克运动代表着和平与友谊，是一种国际性、持续性的活动，融合了体育、教育、文化等各种因素，具有国际性的教育价值。除此之外，其他的各大体育赛事都具有其内在的思想教育价值。

大型体育赛事蕴含着丰富的思想政治教育资源，发挥着良好的实践育人作用，是大学生思想政治教育活动载体的重要组成部分。挖掘和利用大型体育赛事蕴含的思想政治教育资源，加强大学生思想政治教育，既符合大学生身心发展规律和兴趣特点，也利于丰富大学生思想政治教育内容和形式，增强大学生思想政治教育效果。凭借现代信息技术优势，科学谋划大型体育赛事在大学生中的传播，这对于充分发挥其思想政治教育作用，拓展大学生思想政治教育活动视野大有裨益。

通过大型国际体育赛事活动，利用体育文化载体为思想政治教育工作创造有利条件和环境，让人们同呼吸、共命运，像奥运健儿一样热泪盈眶，增强了国家集体荣誉感和民族凝聚力，此时，浓郁的爱国情怀不言而喻。这种潜移默化的思想政治教育功效，比任何书本范例、空洞说教来得都实际。这一刻，那一份民族责任，早已成为我们内心不可动摇的信念。体育界创造的精神教育文化载体已经成为整个国家体育精神文化的重要组成部分，通过形式多样的大众体育物质文化载体和有利的方式、手段为全社会的思想政治教育工作扩大了阵地。①

笔者纵观文献资料发现，当代中国体育文化的价值取向，不仅表现在当代中国体育文化的本身功能，还表现在意识形态功能和体育人文认知功能等方面。当代中国体育文化之思想政治教育功能表现在：一是当代中国体育文化结构中的体育精神文化，表现在体育道德和中华体育精神口号上，简而言之就是体现在凝聚功能和激励功能上。为国争光、无私奉献、科学求实、遵纪守法、团结协作、顽强拼搏等被概括为中华体育精神。中

---

① 何波，石方勇.论体育运动中的道德规范[J].科技信息(学术研究)，2007(10)：203-204.

华体育精神是体育精神源流和社会价值的高度概括与凝炼，是中华民族精神在体育文化中的反映，是当代中国体育文化内核的外在表现，极大地提高了民族的威望，增强了党和人民的凝聚力，激励了中华民族的自尊心、自信心和爱国热情。二是当代中国体育文化结构中的制度建设，即结合体育文化发展加强制度建设和相关法律、法规的配套文件出台，如《中华人民共和国体育法》《中共中央国务院关于进一步加强和改进新时期体育工作的意见》《反兴奋剂条例》《中共中央国务院关于进一步加强和改进大学生思想政治教育的意见》等的颁布实施。三是为引领世界更新体育价值观念和体育赛事举办理念提供中国方案。通过承办大型国际、国内体育赛事对全民进行中华优秀传统文化教育，突出中国文化元素的传承与发展。当代中国体育文化和思想政治教育的有机结合就是体育与德育的结合。两者之间可以相辅相成、相互促进。经过笔者前期的梳理、整合和提炼后，发现当代中国体育文化之思想政治教育功能突出表现为育人功能、激励功能、凝聚功能、引导功能。

（一）育人功能

当代中国体育文化的育人功能表现在：一是教育国民健全人格品质，促进人的全面发展。二是通过榜样的力量践行中华体育精神，教育国民树立国家利益至上的爱国主义情怀，激励着所有国民顽强拼搏、无私奉献、凝心聚力，为国家建设服务。三是培养国民在社会活动中遵纪守法、公平公正、诚实守信的规则意识和以规则为自己行动准绳的行为意识。

第一，践行中华体育精神是实现爱国主义教育的重要途径。为国争光、顽强拼搏等口号是当代中国体育文化的外在表现。中华体育精神是一个关联的有机体系，是党中央一贯倡导的无私奉献精神的集中反映，是中华民族精神在特定时期在社会主义核心价值观方面的丰富和发展，是中华民族精神在体育文化上的具体体现，激励着体育健儿在国际比赛中奋力拼搏、为国争光。另外，它丰富了社会主义精神文明建设的内容，使得中国人民的爱国主义热情和民族凝聚力得到空前加强与升华。

爱国主义精神代表强大的生命力、凝聚力及推动力，它是民族之魂，是支持国家发展的强大精神支柱。以爱国主义教育为核心是实现思想政治教育的必选、也是首选内容，体现了当代中国体育文化的思想政治教育的卓越功能。

中华体育精神的核心内容就是为国争光。爱国主义是人民对国家情感、思想、行为规范的统一，体现了人们对自己国家的深厚感情，体现了个人与祖国之间的依存关系，是个人对家园与文化等因素的感情依托与体现。它可以有效调节个人与祖国的关系，是思想政治教育的核心内容。国家利益至上的爱国主义情怀，激励着所有中华体育健儿顽强拼搏。

榜样的力量表现在人物载体和事迹上，抒发了国民强烈的爱国主义情怀，成为时代的楷模和强大的精神动力。新中国成立后，以中国乒乓球队、中国登山队以及陈镜开、郑风荣、容国团等为代表的中国运动员在"为国争光"的口号激励下，刻苦训练，顽强拼搏，为祖国争得了荣誉。改革开放以来，随着中国重返国际体坛，一代又一代中国体育健儿更是在"为国争光"的口号激励下，在奥运会和各种国际竞赛场上取得了举世公认的优异成绩。体育健儿用行动展示了当代中国体育文化的精神价值，不仅丰富了当代中国体育精神文化，而且创造了珍贵的精神财富，激发了全国人民投身加快建设体育强国的热情和信心。

中华民族的传统美德——"无私奉献"在体育赛场上表现为为集体荣誉的大无畏精神和自我牺牲精神。中国运动员在赛场上把国家和人民利益放在首位，将夺冠军、升国旗、奏国歌作为献身体育事业所追求的崇高价值目标。在新中国体育事业发展历程中，涌现出了可歌可颂无私奉献的人物和事迹。其中有老一辈运动员，如吴传玉、容国团、汤仙虎、王文教、黄健等，他们为了祖国，义无反顾地舍弃国外优越的生活条件回国效力，无怨无悔；除此之外，包括郎平、许海峰、李宁、高敏、王军霞、杨扬、邓亚萍、姚明、刘翔等在内的新一代优秀运动员挥洒汗水，甘于奉献，以常人难以想象的毅力和志向拼搏在训练场上；更有无数的幕后工作者无怨无悔地立于世界冠军的背后，共同烘托、支撑起这份荣耀。"祖国利益高于一切""听候祖国的召唤""荣誉代表人民，功勋属于祖国""为国而战，是我们的神圣职责"等话语不仅映射了体育运动员和体育工作者的崇高境界，而且具体体现了他们的人生价值和目标追求。

　　重大体育赛事都包含丰富的思想政治教育资源。通过承办奥运会和参与奥运会更能表现出体育文化的爱国主义功能。奥运会是集体育、教育、文化为一体的国际盛事，具有极强的教育价值。它将不同肤色、不同民族、不同文化内涵、不同政治制度、不同信仰的人们聚集在奥林匹克的五环旗之下，秉承和平、友谊、进步的共同理想。主办国举办的极具特色的开、闭幕式，展示着自己国家光辉灿烂的发展历程；精彩的体育赛事吸引着各国人民，呐喊助威只为国旗升起的那一刻。奥运健儿肩负着特殊使命，他们的成与败关系着国家的名誉，关系着国家综合实力发展的国际地位，他们取得的胜利代表全民族的共同胜利，每个人心中的那份民族责任感与爱国热情早已不可动摇。同时，运动员像一张代表自己国家的名片，通过赛场上的努力与拼搏展现一个国家的非凡实力与不凡气度。

　　第二，践行中华体育精神，立法建制、树立规矩意识。奥林匹克运动之父顾拜旦曾说过，体育代表着正义，可使人们获得合理公平。体育是一项提倡遵守规则、公平竞争的活动，"遵纪守法"是体育队伍保持和提高竞技水平的基本保证。体育文化不是孤立的存在物，其涵盖运动员、社会工作者或者可以说包括整个社会大众。在开展体育活动的过程中，需要用法律、规则或者社会公认的体育道德原则为尺度来约束人们的体育行为，协调人与人之间的关系，规范人们的行为，以保证体育活动的正常秩序和体育事业发展的整体利益。

　　遵纪守法、公平公正、诚实守信是思想政治教育的重要内容，也是每个公民的义务。规则意识是以规则为自己行动准绳的意识，是现代社会每个公民都必备的一种意识，是民主、法治得以实现的基础，更是一个人高尚道德品质的标志。法制观念与规则意识的形成和培养是一个不断教育、学习、自我提升的过程。当代中国体育文化之思想政治教育功能就体现在体育的立法建制上。运动员不但要在赛场上顽强拼搏，取得优异成绩，同时还要在遵纪守法上成为社会，尤其是广大青少年的楷模。具备法制观念与规则意识是体育参与者高尚道德品质的标志。

　　提升体育参与者的法制观念与规则意识也是思想政治教育的目的所在。体育在塑造强健体魄的同时，能够培养人们的规则意识和法律观念。

体育比赛必须在规则范围内进行，同时还得严格遵守相应的法律。在体育比赛中，规则既要求每个运动员要自觉遵守，也鼓励参赛者在公平竞争的前提下努力拼搏，有助于培养公平竞争、遵纪守法的意识。任何违反比赛规则的行为都会遭到惩罚与唾弃。

体育是一项积极健康、公正文明的事业，成为大众精神寄托和道德追求的特殊载体，是精神文明建设的重要组成部分。赛风赛纪的好坏不仅影响当代体育事业的可持续发展，还对社会风气有重要影响。在我国市场经济条件下，社会上一些陋习渗透到体育领域，出现了诸如假球黑哨，不尊重裁判，不尊重观众等不良现象。体育部门对这些现象高度重视，采取了一系列有效措施。国家体育总局提出了"教育、自律、制度、监督、惩处"的五个环节和10字方针，制定实施了一系列整顿赛风赛纪的措施：强化赛风赛纪责任制的落实，实行"谁主管谁负责"的工作责任制；并且建立责任追究办法；加强裁判员队伍管理；对裁判员进行严格培训，进行廉洁奉公，忠于职守的教育；加强对运动队的教育和管理，教育运动队树立正确的参赛观和胜负观，尊重裁判，正确对待误判、漏判、错判；坚决惩处违纪违规的行为，维护了公平、公正的原则。体育规则和法律的实施不仅规范了参与者自身的行为，而且无形当中内化了参与者的素质。

第三，有助于健全人格品质，促进人的全面发展。全面发展的人不仅需要过硬的政治和思想素质，还需要具有健全的人格。健全的人格是体育参与者的至高追求，也是思想政治教育的最终目的。当代体育文化与青年一代的健康成长息息相关，关系着民族的强盛和国家的未来，在培养全面发展的人才方面具有特殊而重要的作用。

通过体育运动，能够充分发挥当代中国体育文化在思想政治教育中的作用，让参与者感受体育运动带来的体育精神，竞争意识、审美观念等，在耳濡目染之中逐渐接受一定的思想和观念，教育人们"怎样做人""做怎样的人"，引导个体实现道德社会化，激发人们自觉地从事体育锻炼，提高道德践行自觉性，养成良好的道德行为，促进个性的发展，逐步凝练成社会需要的健全品质，形成正确的"三观"。

马克思在论述"人的全面发展"时，提到体育运动的美真正地体现了美的本质。体育的形式和内容的美都已直接融入了人的意识和行为，也不再是抽象的美，直接成为社会性的实践。体育是一种崇高自然的美感，一种由肢体创造的，从人的动作力量中折射出的美感，一种发自内心的光辉。体育文化中所体现的美对于促进人的全面发展有重要意义。

体育文化的外在美是通过线条、韵律、力量、速度、耐力、协调性等来体现的。体操、球类、花样滑冰、艺术体操等都以不同的方式给人以不同的感官体验。体育文化的内在美以它浓郁的理想色彩和顽强拼搏、胸怀祖国、无私奉献、团结协作等昂扬的精神面貌为世人所瞩目。这种寓思想政治教育于体育文化之中的行为，有助于引导国民积极参与体育活动，培养受教育者的审美意识，积极推进思想政治教育进程，使人们的情感体验更多样化，提高受教育者的基本素养，促进其德、智、体等协调、均衡发展。

（二）凝聚功能

列夫·托尔斯泰曾说过，个人属于社会，个人离开社会群体不可能得到幸福，正如植物被抛弃到干涸的荒漠里是无法生存的。一个国家也是如此：拥有一种能鼓舞人奋发进取的精神，依靠每个人的力量，才能够拥有强大的民族凝聚力。奥林匹克运动会备受瞩目的原因之一是它在很大程度上与一个国家或民族的凝聚力紧密相连。凝聚力是一种团结和凝聚着国家和民族情感、意志于一体的社会意识形态，是推动历史发展的强大精神力量。当代中国体育文化思想政治教育的凝聚功能表现在奥运会、世界杯等大型比赛中，体现出"团结协作"的体育精神。奥运会、世界杯等大型比赛的参与承载着全国、全民族的情感，参赛者不代表个人，只代表一个国家或某个民族。前国家体育总局局长刘鹏曾对运动员说："当你走上赛场，你只有一个名字——那便是中国。"从我国恢复奥运会的合法席位，到2008年成功举办北京夏季奥运会，再到获得2022年冬奥会的举办权，这是中国历史上一个又一个荣耀的时刻，这是国家综合国力提升的展现。中国人证明了国家综合实力的发展和对承办国际大型比赛的渴望，每一个中华儿女都为之心潮澎湃，都能够与之产生共鸣，激发出爱国热情。凝聚全国人民的力量，凝聚了全国人民的心，更能展现出当代中国体育文化强大的凝聚力。这种功能的展示，避开了空洞、冗杂的说教，将抽象、宏观的爱国主义精神与民族精神通过具体且鲜活的事例得以展现。由此，人们可以直观、真切地体验并进一步将其内化为自己的品质内涵，对于增强民族凝聚力有极强的推动作用。

早在20世纪50年代初，贺龙元帅从担任国家体委主任开始就一直强调运动队伍要团结友爱、互相帮助、取长补短，这些优秀传统为一代又一代体育工作者所继承和发展，多年来全国"一盘棋"，国内练兵，一致对外，已经成为中国体育文化的优良传统。20世纪60年代，国家处于物资极度匮乏时期，中国登山队不畏艰难险阻，完成了人类历史上从北坡攀登世界第一高峰珠穆朗玛峰的壮举。当五星红旗插在地球之巅的消息传出，在全国各行各业引起了巨大反响，勇登高峰的登山体育精神使全国人民团结一心，迸发出战胜困难的勇气。中国西藏登山队克服千难万险，不怕流血牺牲，从1992年至2007年胜利完成了攀登世界全部14座8000米以上高峰的艰巨任务，让五星红旗飘扬在世界各大洲的高峰，创造了世界登山史上的奇迹，在国际社会上引起了强烈的反响，再一次为国争光，成为中华民族的骄傲。2008年5月8日中国登山队携奥运火炬成功登顶珠穆朗玛峰，实现了奥运历史上火炬在珠峰的首次传递，五星红旗、国际奥委会五环旗同北京奥运会会旗一道飘扬在珠峰之巅，实现了中国政府在北京申奥时的庄严承诺，向奥林匹克运动献上一份厚礼，成为国际奥林匹克运动史和世界登山史上的壮举。

在赛场上，运动员实现人生价值，为祖国增光添彩。每一次成功的喜悦都会从体育场上传递到祖国，给全国人民以无尽的荣誉感和鼓舞，进而对整个民族凝聚力的整体提升有极大帮助。

（三）激励功能

在当今竞争激烈的社会大环境中，每一个社会个体都需要具备积极进取、坚不可摧的精神。这是促使人类进步的动力，也是实现自我价值的方式，更是自我生存发展所必备的一种精神品质。青少年是国家发展的未来，他们的健康、全面、协调发展直接关系到国家的未来。因此，要大力加强培养青少年的创新精神和进取意识，切实提高其竞争力。培养大学生坚忍不拔的意志、艰苦奋斗的精神，增强其适应社会的能力是高校思想政治教育的重要内容。发挥当代中国体育文化之思想政治教育功能，体育无疑是一种积极有效的载体，通过体育比赛实现教育目标具有极强的可行性，这是空洞的理论说教无法匹敌的。具有高难度与挑战性的体育项目，需要运动员具有不轻言放弃的意志品质与顽强执着的拼搏精神，在完成体育比赛的同时不知不觉地加强了其意志品质的培养并转化为内在精神。通过校园体育文化的激励功能对大学生开展思想政治教育，能拓宽教育途径，调动学习积极性，将教育目标潜移默化地转化为个人的奋斗目标，激发大学生养成良好的道德行为和拼搏进取的精神。

人生与弈棋、赛球并无二致，入局者，面对的就是一场志在必得的博弈。当今社会，在竞争日益激烈的大环境下，"物竞天择，适者生存"的理念要求每一个人必须具备勇往直前、不畏艰险、积极进取的精神品质，这是现如今思想政治教育的主要任务之一。不断进取的精神是为了自我价值的实现而积极努力，有目的、有计划地进行某种活动并伴随这一过程而产生的指导个人行为的特殊心理，是一个人生存发展所必需的一种精神品质。体育活动为参与者提供了充分表现自我的平台，同时也能够使观众被激烈的竞争氛围所感染。因此，竞争意识和不断进取的精神也是体育文化的天生属性，渗透在体育文化之中。奥林匹克运动会的口号是"更快、更高、更强"，激励着来自世界各地的奥运健儿战胜自我、实现价值，每一位参赛者的潜能都被充分挖掘出来。新中国成立以来，尤其是改革开放以来，我国体育界不断涌现英雄集体和个人，诸如中国乒乓球队、登山队、女排等优秀集体以及陈镜开、郎平、许海峰、邓亚萍、唐功红、刘翔、王濛、姚明等优秀运动员代表，他们都以卓越的技能和超凡的成绩不断激励着工作在各行各业的中国人。"顽强拼搏""人生能有几回搏""为中国争光""胸怀祖国，放眼世界""冲出亚洲，走向世界"等口号远远超出了体育的范畴，成为特定时代激励全中国人民自强不息、奋发图强的强大精神力量。

竞技体育既是技术、战术的对抗，也是心理和个人意志品质的较量。在世界赛场上，顽强拼搏精神通常是决定胜负的重要因素，尤其是在技术水平相当接近的情况下。在长期的实践中，"顽强拼搏"成为中国体育文化中的传统精神和克敌法宝。一代又一代体育人正是凭借着顽强拼搏的精神，在世界大赛上创造了辉煌的成绩。

中国女排是我国体育的光荣团队，顽强拼搏正是"女排精神"的核心内容。1981年在日本举行的第三届世界杯排球赛中，中国女排顽强拼搏，七战全胜，首次荣获世界冠军。此消息传回国内，极大鼓舞了全国人民，激发了全国人民的爱国主义热情。中国女排顽强拼搏，创造了辉煌，成为一个时代的象征。女排精神激励和影响了一代中国人，成为中华民族锐意进取、顽强拼搏的强大精神动力。

（四）引导功能

当代中国体育文化的思想政治教育功能之引导功能体现在引导政府部门形成"依法治体"观念，建立、健全中国特色社会主义体育法规体系；体现在国家治理过程中始终贯穿"创新、协调、绿色、开放、共享"五大发展理念，推进新时代中国特色社会主义事业"五位一体"总体布局，更新体育价值观念和体育赛事举办理念。

1. 树立"依法治体"观念，完善体育法规体系

"民主制度化、法制化"是党的十一届三中全会为开启中国特色社会主义法制建设现代化征程确立的一项重大方针。党的十九大以来，"依法治体"重新站到新高度，新起点。"依法治体"是引导建设中国特色社会主义法制体育国家方略，为当代中国体育文化建设指明了方向。

（1）体育法规文件的相继颁行

《中华人民共和国体育法》是我国体育事业不断发展和社会主义法制建设日益加强的必然产物，从1980年拟定草案到1995年10月1日的颁布实施，经历25次重大修改。为促进体育的健康和可持续发展，国务院相继配套颁布一些法规性文件：1981年下发《关于省、自治区、直辖市体委主任会议的几个问题的报告的通知》，1982年7月，下发新《国家体育锻炼标准》，1983年批转发《关于全国体育工作会议纪要的通知》《国务院批转国家体委关于进一步开创体育新局面的请示和通知》等。根据开展群众性体育锻炼的需要，国务院于1990年2月颁布《学校体育工作条例》。为了进

一步管理和发展国内外登山运动，1991年7月，国务院颁布了《外国人来华登山管理办法》。1995年国务院颁布《全民健身计划纲要》，1998年印发《国家体育总局职能配置、内设机构的人员编制规定》，2002年下发《关于进一步加强和改进新时期体育工作的意见》，2007年印发《关于加强青少年体育增强青少年体质的意见》。为维护在全民健身动中的合法权益，提高公民素质，2009年8月，国务院发布了《全民健身条例》，该条例是对全民健身科学系统规范，建立和完善全民健身公共服务体系。

（2）体育发展配套文件相继出台

为配合《体育法》实施，我国相继出台了大量的具体规章和各类规范性文件，立法的范围逐步涉及体育的各个领域，从此体育管理向社会服务方面发展。相继出台的相关文件有《关于深化体育改革的意见》（1993）、《2001—2010年体育改革与发展纲要》（2000）、《关于进一步推进体育职业教育改革与发展的意见》（2006）、《中国足球改革发展总体方案》（2015）等。这些规章和规范性文件给中国体育事业的发展确立了指导思想、基本原则和主要目标：强调坚持问题导向，改革创新体制，遵循体育发展规律，努力建立系统完备、法制健全、民主开放、保障有力的体制机制；要坚持立足中国国情，着眼长远，坚持创新重建与问题治理相结合的原则。国家体育发展规划的相继出台，特别是国家体育发展"十三五"规划，把体育文化建设纳入经济社会发展规划，在全社会培育健康的体育文化氛围。在群众体育与全民健身方面，除了与《全民健身计划纲要》配套的具体实施性文件之外，国家还有出台了《社会体育指导员国家职业标准》（2002）、《国民体质测定标准》（2003）、《关于加强县体育工作的意见》（1984）、《国家体委关于深化改革加快发展县级体育事业的意见》（1986）、《关于加强城市社区体育工作的意见》（1997）、《关于加强学校体育、卫生工作的通知》（1978）、《关于进一步加强学校体育工作的意见》（1983）、《学校体育工作条例》（1990）、《关于进一步加强学校体育工作，切实提高学生健康素质的意见》（2006）、《国民体质测定标准》（2003）、《社会体育指导员国家职业标准》（2001）等。国家关于加强赛风建设和赛纪管理的规范性文件，在竞技体育方面主要有：《国际反兴奋剂章程》（1988）、《奥运争光计划纲要》（1995）等；在体育科技教育与人才工作方面主要有：《国教体委关于深化体育科技体制改革的意见》（1990）和《1991—2000年体育与科技技术发展规划》；在体育经济与产业服务方面主要有：《体育产业发展纲要》（1995）、《关于进一步加强体育经营活动管理的通知》（1996）、《体育及相关产业分类（试行）2008》以及包括《关于加快发展体育产业的指导意见》（2010）在内的近20个文件，对规范和进一步推动我国体育产业健康发展影响深远。

　　（3）加快地方行业体育立法，逐步完善体育社会团体规章制度

　　《体育法》实施后，地方体育立法发展迅速，全国各省、市、自治区都制定了具有地方特色的体育法规和政府规章，部分地区已围绕体育改革发展的现实需要，着手进行体育法规和规章的修改，其中具有代表性的是成都在2007年3月颁布实施的地方性体育法规——《成都市体育条例》。1996年至今，全国省部级单位为体育改革并推进实施《体育法》相继颁布了配套的相关条例。关于全民健身，一些省市政府自1995年来陆续制定了相关文件；1999年以后，近20个省、市相继制定了全民健身或促进条例；此外还有地方为促进全民健身工作作了具体的规定。

　　在体育场地设施方面，《体育法》实施后，体育场地设施立法成为地方体育立法的重中之重。国内先后有12个省、市级的人大常委会通过了有关体育场地设施的条例，9个省市出台了相应的规章，有些地方先后制定了地方政府规章和相应的地方性法规；另有十多个省市陆续出台了关于体育设施管理与开放等方面的规章或文件。

　　在其他方面，从1995年开始，全国大部分省、市、自治区制定了体育竞赛管理的政府规章。在一些地方，有关登山或其他体育运动项目管理的地方性法规开始出台，在大多数省、市，关于运动员学习、培养、奖励等一系列工作开始有章可循。以北京奥运会的筹办为契机，从北京市开始，带动其他省市分别出台了一些有关奥运的专门性规定。

　　体育社会团体在管理过程中占据显著地位，这在很大程度上取决于体

育活动自身具有的行业系统性、民间自治性和高度国际一体化等一系列特质。《体育法》规定了各类体育社团一定的管理权限。全国性单项体育协会和各类体育社团随着我国体育体制机制的确立而推陈出新，在体育管理和发展中扮演着越发重要的角色。目前，我国正式注册的全国性单项体育协会已逾百个。体育社团内部的规范成型和逐步完善，推动协会和体育文化朝着健康、科学的方向顺利推进，对促进依法治国、依法治体具有重要作用。

（4）当代中国体育立法逐步科学化和系统化

我国当代体育立法工作正逐步走向科学化。为了提高制定体育规章的科学性、规范性，2005年，国家体育总局印发了《国家体育总局规章制定程序规定》。随后，全国各省级体育行政部门也制定了地方体育立法的程序规定。国家体育总局进行了多次清理、清查新中国成立以来的有关体育法规。我国现行有效的体育规章和规范性文件共一百多件，地方性体育法规文件共计二百多件。国家体育总局（原国家体委）又分别于1993年到2007年期间，先后六次对体育法规文件进行了分类、分级的整理出版和汇编工作。

2.引领国民更新体育价值观念和体育赛事举办理念

20世纪初，随着奥运会逐渐为国人所知晓，仁人志士提出中国何时派选手参加奥运会，中国体育何时能够在奥运会上排名靠前？中国何时承办奥运会变成实现？这几个问题反映了当时人们希望通过体育兴邦、强国。新中国成立后，中国的国际地位、国情等制约着人民的奥运梦想和承办国际大型赛事的期盼。改革开放以后，我国经济社会发展不断取得新的进步，中华民族的自信心、自豪感和凝聚力进一步增强，中国体育事业全面融入国际体育大家庭并得到了快速发展和壮大，从而为我国举办大规模的国际赛事打下了坚实的基础。

我国于1990年举办了第十一届亚运会。此次亚运会的成功举办使我国人民申奥的愿望愈发清晰，愈发热烈。有群众甚至在闭幕式打出了"亚运成功，众盼奥运"的横幅。港、澳、台同胞和海外侨胞也纷纷表示强烈支持、热切希望我国申奥。历经酝酿与沉淀，经国务院批准，北京市着手申办2000年奥运会。"开放的中国盼奥运"这一口号正是中国人民热切期盼奥运的形象表达。遗憾的是，1993年9月23日在蒙特卡洛举行的国际奥委会第101次会议上，北京以两票之差未能获得2000年第27届夏季奥运会的举办权。尽管首次申奥失利，但是极大地推动了"两个文明"建设，振奋了民族精神，增强了民族凝聚力；不仅宣传了中国悠久的历史和灿烂的文化，也向世界展示了我国改革开放以来取得的巨大成就。2001年7月13日，世界的目光聚焦莫斯科。在国际奥委会第112次会议上，经过两轮的投票，北京以较大优势战胜日本大阪、法国巴黎、加拿大多伦多和土耳其伊斯坦布尔，获得了2008年第29届夏季奥运会举办权。当喜讯传回北京，群众自发涌上街头，40万人在天安门广场，彻夜狂欢。党和国家领导人出席了在世纪坛为北京市申奥成功举行的盛大的庆祝仪式，与参加庆祝活动的各界群众共同高唱《歌唱祖国》。港、澳、台同胞和海外华人、华侨也为之欢欣鼓舞，自发举办了各种庆祝活动，尽情抒发爱国之情。2015年7月31日，中国北京-张家口获得2022年第24届冬季奥林匹克运动会主办权。这是中国第一次举办冬季奥运会，北京、张家口同为主办城市，北京成为奥运史上第一个举办过夏、冬奥林匹克运动会的首都城市，同时中国也成为第一个承办奥运会实现"大满贯"的国家。

促进体育价值观念的更新体现在"以人为本"的科学发展观上。北京奥运会是传播当代中国体育文化的重要载体，蕴含强烈的"以人为本"的色彩。奥运会的承办给当代中国体育文化的进步和传播提供了丰富的资源载体，为当代中国体育文化的发展提供了新思维。坚持以人为本，坚持可持续的发展观，实现了体育文化的协调发展。通过举办奥运会，体育文化的功能开发及运用也整合在了一起，拓展了我们对体育文化及其功能的认识。承办奥运会是全社会研习、发掘和应用当代中国体育文化功能的过程，有利于振兴中华民族的体育事业，推动了我国当代体育文化的发展。

办好北京奥运会和残奥会，是我国政府向国际社会作出的郑重承诺。中国在整个筹办和实施过程中贯穿了"创新、协调、绿色、开放、共享"五大发展理念。"同一个世界，同一个梦想"的奥运主题口号引起世界各国人民强烈共鸣，"绿色奥运、科技奥运、人文奥运"三大理念引领世界各国人民更新体育理念和创新方式，突出"有特色、高水平"得到国际奥委会主席罗格"无与伦比"的评价。这是贯彻落实科学发展观的体现，是当代中国体育文化的思想政治教育引导功能取得的显著成效。

北京奥运会、残奥会在会徽、口号、吉祥、奖牌等赛事物品设计中，融入了丰富的、极具中国文化特征的元素，开闭幕式更是突出了其鲜明的中国文化神韵。而北京申办冬奥会的标识以"冬"字为主体，将滑道和冰雪运动形态与中国独特的书法巧妙结合，表现出当代中国体育文化的独到之处。

三、体育文化在高校应用型人才培养中的独特性

（一）体育文化在高校应用型人才培养中具有独特地位

随着时代的变化、教学的改革，体验在教育中的地位越来越重要，它强调学生积极进行学习体验，在相应的情境中对所学到的知识进行感受和体悟。大学生思想政治教育也可以引入体验式的教学，通过丰富生活体验，更多地感受和领悟教学内容。在体验中，大学生会受到周围环境和内心感受的双重影响，会在内心形成自己对生活、对思想政治教育内容的认知。通过体验，大学生能够对思想政治理论课上所学到的知识有更加深入的理解，进而达到认同。在体验中达成的认同感会持续较长时间，并且会在生活实践中自觉地加以运用，以处理实际问题。就这一方面而言，体育文化对大学生思想政治教育中体验式教学的创新研究有很大的帮助。把运动健身等与大学生的思想政治教育内容有效融合起来，将学习知识与体育参与结合起来，具体表现在以下方面。

1.教学模式更具多样性

大学生思想政治教育的最终目标是实践能力的提升，而体育对这一目标的实现有着自身的独特性。这种独特性主要体现在：体育文化能够帮助积极探索"情与理""思与行"有机融合的大学生思想政治教育新模式。

一方面，体育文化融合"情与理"，对大学生思想政治教育有积极的促进作用。"情与理"是实现大学生思想政治教育不可忽视的两个方面，在这其中，知识的积淀是基础，情感的共融是前提，两者相互影响，相互

促进。传统的思想政治教育以短时间内向学生传授大量的知识为优势，不但提升了大学生思想认识的系统性，而且在帮助大学生辨别是与非、善与恶等方面发挥了重要的作用。虽然这是大学生理性认识提升的重要途径，但我们不能够只看到认知的发展，而忽视情感的作用。如果单纯地提高思想认识，是不能得到健康发展的，因此，我们还需要赋予感情，也就是说，我们要在情感的共融、师生之间的心灵沟通方面多做功课。体育文化教给人们的不仅是一种积极向上的生活方式，而且它还能够创造情境，使学生感受到人性化的教育，提高个人的精神品质和风貌；通过体育课程能够涵育真善美的精神，这与大学生思想政治教育的价值不谋而合。它还关注学生的快乐、喜悦、成功、自信和满足感等心理体验，倡导通过趣味化的方式实现大学生世界观、价值观、人生观的培养。当然，我们不能忽视知识的传播、认知的提升，我们需要做的仅仅是在传授过程中加入情感，倾注我们自己的热爱，才能保证认知更加深刻。

另一方面，体育文化融合"思与行"，对大学生思想政治教育有积极的促进作用。大学生的思想政治教育在传道授业的基础上，更需要大学生的积极参与和主动实践。就这一方面来说，体育文化能够弥补传统思想政治教育方式参与性普遍不足的劣势。体育文化所强调的这种参与能够使大学生在校期间获得更多的角色体验，能够更好地理解和思考大学生思想政治教育内容。

2. 教学内容更具直观性

大学生思想政治教育的内容非常广泛，包括理想信念教育、全面发展教育等。在传统的大学生思想政治教育过程中，更多地关注和强调内容的含义、具体表现以及宏观层面上的实施方案，这一过程为形成正确的道德观念和情感奠定了基础。但是，我们也要看到大学生思想政治教育内容的系统化、理论化，需要加以消化。加上大学生对理论的领悟程度各不相同，就容易出现认知偏差等诸多问题。从这一方面来看，体育文化能够使大学生思想政治教育的内容更加直观，能够在体验中使内容变得更加容易理解。

首先，体育文化能够对大学生思想政治教育的内容作出生动的阐释。

由于理论性很强，看上去高深莫测，这也成为思想政治理论课虽然在国家层面重点强调，但在高校大学生中受欢迎度并不高的重要原因。体育文化通过一种更为形象直观的方式为大学生思想政治教育内容的阐释找到了新的途径。例如，通过遵纪守法的教育，积极帮助人们对纪律加以认识和引导，但一句"加强纪律的引导"并不能形成深刻的理解，唯有当这一原则真正被施行时才能体现出对其的理解。而体育文化能够帮助大学生更好地去理解。体育竞赛项目都有自己不同的竞赛规则，只有运动员遵守比赛规则才能实现比赛公平公正的进行，一旦触犯了比赛规则就会受到惩罚。这一实例更便于大学生理解规则的作用和意义，并进而在社会中遵纪守法。

其次，体育文化为大学生思想政治教育内容的践行提供了行为框架。虽然践行是教育最终的目的，但是受现实条件的影响，大学生思想政治教育内容的践行有很大的局限性。就这一点而言，体育为这一目的提供了一个有效的框架。只要大学生参与体育活动的组织和实施，就能够找到践行的途径，使我们在课堂上学到的思想政治教育内容付诸行动。例如，大学生意志品质的培养在思想政治教育中很重要，但是只有付诸行动时，意志品质才能得到检验，得以培养。体育竞赛、课余体育锻炼等就是意志力培养的过程。在这一过程中，大学生每一次的坚持都是培养意志力的重要一步。

3.组织形式更具多样性

传统的大学生思想政治教育注重和强调的是教育内容的完整性和理论化，一般通过课堂教学，以教师的讲授和学生的学习为主要形式，以思想政治理论为主要教学内容，是一种理论性的教学活动。与传统的大学生思想政治教育形式不同的是，体育是一项实践性很强的教育活动，倡导和主张大学生积极参与，以更加轻松、体验式的方式把思想政治教育内容呈现给大学生，形成大学生思想政治教育的新形式。

体育文化使大学生思想政治教育的组织形式更加多样，不再拘泥于课堂——将思想政治教育内容运用于室外与自然空间中，运用于课余的体育活动中，将运动与感受、体验与学习等因素有机地融合起来，让学生充分地去感受运动的快乐和魅力，去体验更多的待人接物、为人处事的智慧。

例如，体育比赛是体育活动的组成部分，它本身就有助于大学生竞争意识的形成，这与以往的教科书区别很大。传统的教科书强调的是"竞争是什么""竞争与合作的关系"等理论知识，而体育竞赛则强调的是大学生积极投身和参与到活动中，在竞赛中了解竞争是什么，并且在参与中能够学到很多参与竞争的方法和如何合理地处理竞争与合作关系等。这与课堂讲解有很大差异，是大学生思想政治教育组织形式的创新和发展。

（二）体育文化可为大学生心理素质的提高奠定坚实基础

随着大学生思想政治教育内容的扩展，心理素质教育逐渐成为思想政治教育内容的组成部分之一。大学生心理素质的培养有助于大学生养成良好的心态，更好地适应社会生活，因此，提高大学生的心理素质很有必要。而体育作为一项社会实践活动，本身就具有健身和健心等多种作用，也就是说，提高大学生的心理素质，体育文化可以成为一种新的思路与方法。

体育文化为提高大学生的心理素质奠定坚实的基础，主要体现在大学生的心理适应、自信心和人际关系等方面。

第一，体育文化有助于提高大学生的心理适应能力。大学生的心理适应能力是指大学生对于周围环境的承受能力、适应能力，是走向社会需要具备的生存技能。提高大学生的心理适应能力更加有助于大学生走出社会，适应社会。体育文化为这一能力的提高找到了新的实现方法。体育比赛是锻炼大学生心理适应能力的重要手段。紧张的比赛氛围总是能够使大学生出现紧张、焦虑等情绪，总是会出现心理的波动。大学生通过不断地调整心态，不断地适应赛场环境，才能发挥出自己的正常水平，甚至可以超常发挥。因此，我们提倡大学生积极参加体育比赛，锻炼自己的心理适应能力。

第二，体育文化有助于提高大学生的自信心。大学生的自信心是一种心理体验，是大学生实现自我的重要表现。提高大学生的自信心，让他们以一种自信饱满的姿态面对社会，才能更好地适应社会。体育文化能够满足这一需求，体育比赛后获得胜利的喜悦能够带来自信心的提高。大学生能够在比赛过程中获得心理的满足，能够提升自信心。另外，对于培养应用型人才的目标来说，在真实的工作环境中对所学技能进行实践操作，除了要具备扎实的理论基础之外，还要具备一定的自信心。充足的自信心会消除初次实践的恐惧感，保持冷静的头脑，为顺利完成实践工作作准备。体育文化从不同方面为增强学生的自信心提供了有利条件。学生通过在体育课和课外体育活动中的刻苦练习，塑造出健美的体魄，增强自身体质；经过教师的指导，在掌握高难度的动作如跨栏、扣球等过程中体验超越自己的成功；在体育比赛中品尝战胜对手的喜悦，这些都会不断增强学生的自信心，为成功地步入职场打造基础。

第三，体育文化有助于提高大学生的人际交往能力。人际交往能力是现代人应具备的职业素质之一。通过校园体育文化环境培养和增强学生的人际交往能力，保持良好的人际关系是培养人才的过程中不可忽视的环节。在运动中，特别是在休闲娱乐运动中，人们通常是轻松而富有激情的，肾上腺素分泌速度的加快使大脑皮层处于兴奋状态，从而带来快乐的体验。这时，人的心理防备性处于低点，往往易消除陌生感，找到彼此的共同点，建立纯洁的友谊。社会人际关系是错综复杂的，人们需要用正确的方法和良好的心态来处理不同的人际关系，这也是大多数学生所苦恼的问题。校园体育文化环境中的体育运动形式多样，比赛过程曲折，比赛结果不确定，使得参与者不得不及时调整心态，具备随时应对突发事件的能力。另外，善于发挥集体力量、挖掘个人潜质、取长补短、团结协作，是现代企业对人才的要求之一。校园体育文化环境有助于培养学生的团队精神，易于形成互信、互助，共同奋斗的战友意识，使学生毕业后能更好地融入企业。

（三）体育文化为大学生提供了社会角色的体验

大学生思想政治教育不仅需要对大学生的思想意识进行引导，更需要使大学生的行为符合规范。它要求大学生建立责任感，关心社会热点，关注社会动态，还要求大学生具有强烈的使命感，积极践行社会责任。换句话说，这就要求大学生了解自己现在或将来的角色，并且能够积极践行自己的使命和责任。

另外，大学生由于个人领悟能力的差异，在社会生活中的表现也不尽相同，与社会对大学生的期待也各有差异。而这种差异往往会使大学生不能很好地完成从学生到社会人的转换，使大学生的社会角色行为与社会的期望相违背，加大了大学生的挫败感和社会对大学生的失望。因此，帮助大学生在校期间形成一种对社会角色的认知是很有必要的。

从这一角度来说，体育文化对于大学生的社会体验有很大帮助。这种帮助主要体现在以下两个方面。

第一，体育文化在帮助大学生进行社会角色的认知方面有着重要的意义。体育活动，尤其是团体项目，促使大学生在运动中各司其职，进行角色的学习。在此基础上，大学生获得角色经验，了解不同角色具有不同的职责。通过参加体育活动，获得角色体验能有效地增强自信心，提高适应能力，并懂得角色是构成群体和组织的基础。通过体育角色学习，有利于教育学生懂得"干什么，像什么"的实际意义，提高他们的社会适应能力，为他们将来步入社会，脚踏实地地做好本职工作，打下较好的思想基础。比如，在足球比赛中，每个队员位置不同，分工不同，其相应的任务也不同，当每个队员都各司其职，队员之间又互相配合、互相支持和互相信赖时，球队才可能获得较好的比赛成绩。

第二，体育文化在帮助大学生进行社会角色体验方面有着重要意义。通过扮演不同的角色，还可以使学生体会到，经过个人的努力拼搏是可以实现角色转换的，这一点尤为重要。在现代社会里，人的主观努力是改变自身社会地位并扮演不同角色的重要途径。在体育运动中，人们会比较容易发现自己在身体、技术、情绪、意志等方面存在的缺陷和不足，因此，如何正确面对现实，客观地认识自己，改进不足，提高长处，是每个参加者都要面临和解决的问题。

总之，体育文化将生理、心理、社会、人文、自然、组织行为等学科的知识融为一体，在培养学生身体素质的同时注重提高学生的心理素质、群体意识、集体主义精神和顽强拼搏、不屈不挠的坚强品质。另外，体育文化同时培养学生鉴赏美、表现美、创造美、热爱美的情感和能力，陶冶学生的美学情操，促进学生个性的发展，在高校应用型人才培养中具有独特的魅力与作用。

第三章　体育仪式的文化象征

当代社会，仪式无疑是拉近人与人之间关系，增强群体意识和维系族群凝聚力的最好办法，因为在仪式中，往往通过群聚活动，可以不断地强化人们的观念，使人们意识到是有共同体当作自我的信念观的。19世纪，"仪式"作为一个专门性词汇而出现，它被归类为"人类经验"的范畴，将其分为观念、行为、物质等三个层次，不论是涂尔干、戈尔茨还是特纳，都将"仪式"界定为"社会行为"，也就是社会生活的实践过程。而在现代汉语中，"仪式"绝大部分被视为社会结构内部关系的一种纽带，是日常生活以外的社会写照。

体育是一项严肃认真的竞技运动。在仪式和技能的选择之间，技能显然是最适合的体育概念。"仪式"概念在学术界经常被"稀释"，直接导致体育运动的刻板印象——表演和混乱。正是因为仪式性未规范其价值，导致各大体育赛事的仪式性表演越来越形式化、边缘化，观看人数持续减少。在体育运动中，仪式成为"不同文化"的闹剧和表演；在大众体育中，与工作无关的随意性使得体育与仪式成为广场舞和晚餐后休闲的代名词。人们对体育的看法存在偏差，很难接受仪式信仰和意识的熏陶。顾拜旦认为："体育之美在于仪式。"仪式被"异化""弱化""角色化"，这直接导致神圣、纯洁和高尚的体育精神被认为是"愚人化""强迫化"和"架子化"。

仪式是体育中"最富有生命力的一翼"。体育为生命的延续保驾护航，而仪式能让人们产生认同感和归属感。两者的完美结合，可以让体育与仪式在实践中为健康护航、在功能上为信仰保驾。体育是国家、民族的事业，仪式是信念、情感和声望上的归宿。只有两者结合才能让体育强国梦成为一个自觉的、整体的范式记忆和传承。本章从体育仪式的概念界定入手，探寻体育仪式的理论源流与历史变迁，并从游戏、竞赛、媒体三个维度阐述体育仪式文化的多样性，在此基础上，重点论述通过体育仪式活动展现体育文化背后的意义和历史价值。

一、体育仪式相关概述

（一）体育仪式的概念界定

1. 仪式

仪式是人类历史上最古老、最常见的社会和文化现象之一。在过去的一百年里，由于"仪式"是一个复杂的概念，在定义其基本内容时有很多观点存在。因此，想要对其进行全面的总结是相当困难的。研究仪式理论的学者们在他们认为"适当"的方面相互竞争，从而扩大了"仪式"的范围，从不同学科出发，形成了不同的范本、不同的方法和示例研究成果。笔者在前人研究的基础上，从宗教仪式、身体仪式和象征仪式等三个角度对"仪式是什么"进行探讨。

（1）宗教仪式

宗教的两个最基本方面是宗教信仰系统和宗教仪式系统。仪式作为一种宗教习俗和一种宗教信仰，是宗教建立的基本条件，在宗教中起着极其重要的作用。没有仪式就没有宗教信仰。早期的仪式研究基本上都处于宗教研究的范畴。维基百科对此有如下定义：仪式，是对具有宗教或传统象征意义的活动的总称。宗教是一个巨大的话题，它包含语言、指喻、存在、天神和实践的各种范畴。就历史发展来讲，它不仅关乎着朝代的更迭、政治的纠纷、阶级的斗争及信仰崇拜的日常化……，包含社会崇拜的方方面面。就祭祀而言，它是超自然的、神秘的与神产生交互的关系，并且带有隐秘的、看不见的力量和秘术，因宗教信仰一般与大多数仪式联合在一起而有着不可质疑的力量。正如基督教的教义、信仰体系等内容，它们不仅传授道义，还传播积极向上的思想。虽然基督教是一种宗教，但它基于人们的日常生活，成为信徒生活中不可或缺的一部分，同时把基督教的教义通过日常生活中的习俗（如晨起祷告）、传统加以宗教性的神圣解释，让其一直在历史的源流中生生不息。

　　仪式在中国社会亦是一种独特的文化现象，以血缘为主的宗法家族（氏族）体制和富有传奇色彩的巫术传统是中国文明最为重要的两大特征。宗法家族体制体现的是对祖先的崇拜，巫术传统则是对天神的崇拜，巫术乃是仪式的最早体现。不管是新石器时代的祖先崇拜，还是殷商时期的天神崇拜，虽然它们两者有不同的意见，虽然两者所谓的"神族合一"体现着并不相同的多种形态，但两者的紧密相连确实被学者们所公认。正如后来陈梦家所说的："祖先崇拜与天神崇拜逐渐接近、混合，已为殷以后的中国宗教树立了规模，即祖先崇拜压倒了天神崇拜。"[①]现今的祭祖大于祭神，从中可以得出祖先（首领、皇帝）生前为人、死后为神或半神，无论生或死都一直在庇护族民，让宗族、国家保持兴盛和延续。更为重要的是，这种生、死没有明显的界限，它们是相关联为一体的，并且在远古时期有着具体、实际的用途。在经历了一个漫长且复杂的演变过程之后，子承父业的王权日益压倒神权并取缔神权，慢慢变为"巫君合一"[②]，与先祖崇拜、天神崇拜合为一体，这使得尧、舜、禹、武、周、汤等都成了集王权与神权为一体的"大巫"。后人也由巫术的操作发展出来各种的术数、技艺、饮食、药理等专门之学。

　　（2）身体仪式

　　仪式是一种很神奇的现象：仪式是那么的渺小和伟大；仪式是那么的物质和感性；仪式的"身体"是那么自然和迷人；仪式的精神是那么高远和令人亢奋。人类社会就这样把原始和文明交融，把矛盾着的仪式和身体建立成趋于完美的融合体。在学术界，"仪式"呈现一种百花齐放的状态，不同流派对其都有着近乎完美却极具主观性的、千差万别的解析，如：汉语词典中把"仪式"解释为举行典礼的程序、形式，《大英百科全书》中的"rite"是指国家庆祝神圣的宗教礼仪的特别方式；神话-仪式学派认为"仪式"是描述宗教问题的手段；社会功能学派则认为"仪式"是用来分析社会和社会现象的本质；人类学派则认为"仪式"是观察人情

---

① 　陈梦家. 殷虚卜辞综述 [M]. 北京：中华书局，2008：562.

② 　苏秉琦. 华人·龙的传人·中国人 [M]. 沈阳：辽宁大学出版社，2014：249.

绪、情感及经验意义的体验；心理学家认为"仪式"是人的一种潜在冲动，是一种身体的强迫行为。由此可见，仪式不仅是一种庆祝的方式、统治者统治社会的手段、更是一种"格式塔"（这里指体育的现代表现形式及象征意义的整体），是思维和存在当中的一种"共情体验"。在仪式中，人类总能很智慧地运用身体实践，比如古希腊祭祀的裸体化身，阿细祭火①仪式上的裸体彩绘、裸体运动。在学界，貌似自立山门的身体，却十足地让人琢磨不透，人类的身体成为一个神秘而奥妙的谜。多层次、多广度的身体既是自然也是自身，随着生理结构和生理年龄的不同而变化。仪式的身体之所以那么受人欢迎是因为来自于好奇。纵观19世纪的哲学观点：身体是短暂的，灵魂是不朽的；身体导致恶，灵魂通达善；身体是可见的，灵魂是不可见的，可以看出身体受到伦理道德的压制。而今，思想及社会文化共同的作用使身体和世界的联系更加紧密并成为身体发展的桥梁，人们通过了解身体、获取情报并将它传递给世人，这样人将世界转变成自己熟悉的成果，为同样的身体文化体系提供了资源共享。

关于身体的讨论始于20世纪70年代，而后学者们从人类学等学科出发，关于身体的研究如雨后春笋般层出不穷，女权、文学、宗教、哲学、心理学……都涉及身体。身体是仪式活动身心和肉体的承载，它控制着人的活动、打扮、身材、保养，决定了在自我实现中的社会价值。身体是随着社会变化而出现的客观存在。对人身体分析的加深，不难发现"身体—仪式—共情"是身体仪式中须解决的问题，因为身体是一切文化、政治、竞技的载体。由于身体要受日常生产、生存、生活的束缚，所以人们经常会把肉体与之混为一谈。肉体不仅受身体的制约而且还受社会的约束。不管是道格拉斯的"两个身体论"②还是斯盖普-休斯的"三个身体"概念或者是奥尼尔的"身体五态"，都是基于实体身体、现象身体、宇宙身体之上，对事实存在的身体作一个自然的规定支撑，使客观存在的身体在概念上变得愈发清晰。奥林匹克运动会上的庆典、阿细人"密祭摩"中的生殖

---

① 参见路芳. 祭火仪式的绘身与叙事—— 以弥勒阿细祭火仪式为例 ［J］. 民族文学研究, 2010 （02）: 170-175.

② 参见方红.《道格拉斯自述》: 双声身体叙事研究［J］. 外国文学, 2016（02）: 125-132.

器装扮、相扑、射礼等对身体的关注，无不显示着身体仪式的重要性，通过身体仪式能给人带来共情体验。

（3）符号仪式

列维-斯特劳斯（Levi-Strauss. C.）将人类的社会和文化现象视为一种象征系统，并认为身体仪式的结构是从无序的社会和文化现象中找到的。从这个角度来看，身体仪式由各种符号组成，符号是身体仪式的基本单位。记录仪式的形式多种多样，从远古时代的打绳结到文字记录乃至现今的大数据影像记录，不管是口口相传的神话记忆还是各具特色的民间展演，都涌现出大量的工具、语言，这些都是附着于人身上最佳的能动状态。作为叙事表达的身体，大量的仪式证明了身体实践的历史记忆，一旦走进仪式世界，了解身体仪式，就可以打开仪式符号性转换的表达——隐喻。体育赛事内容中的"相互理解、友谊长存、长期团结、公平竞争"隐喻着世界和平、团结友谊的美好愿景。人的现实本质决定生命的宽度，生命的宽度决定友谊的限度，友谊的限度决定运动的长度，运动的长度反映出团结的欲求，团结的欲求决定竞争公平，竞争公平是超越自我的实现。如果说奥林匹克是以人的友谊和竞争为契机，那么，奥林匹克的隐喻就是人对自身友谊性问题与竞争性问题的探索所产生的"现象"或"本质"的体现，即"相互理解、友谊长存、团结一致、公平竞争"的友谊精神和竞争精神。[①]在开幕式上，通过运动员、裁判员的宣誓来达到实现公平精神和团结精神的目的，通过宣誓、开（闭）幕式、颁奖仪式等来鼓励和维护这些精神。

我们从符号载体、所指对象、符号与解释项之间的关系对仪式符号进行探索，不难发现身体是仪式符号最重要的工具。它的客观属性给仪式符号赋予了光明，能够让生命恒久载入史册。身体是一切物质文化的来源，身体经过仪式化的加工、处理被赋予灵动、温暖的社会意义。同时其他仪式符号所投射出的隐喻，在一定程度上体现了结构规范的制度社会。正如金牌只有夺冠者才能获得，它宣示了竞技取胜的体育之美。金牌从一块牌

---

① 参见卫才胜. 现代体育赛事会技术的社会建构研究［J］. 武汉体育学院学报, 2019（01）: 18-23.

子（符号）转变为冠军的象征（隐喻）。

2. 体育仪式

学界探讨"仪式"和"体育"的概念呈现出越来越复杂的趋势。"仪式"在不同流派中都有着令人瞠目却极具渗透性的解析，而作为身体教育的"体育"，时常会将两者割裂开，这种复杂的割裂使得真正研究"仪式"和"体育"的本质出现困难。"体育"变成有时"仪式"，有时又"非仪式"，其特点、作用、形式和观点时常混淆，使得真正的概念、内涵被悬置了。彭兆荣在《人类学仪式的理论与实践》中指出，上至宇宙的认知，下至集体的实践行为都离不开仪式。①仪式一旦变得神圣，就竞技项目而言，它就能获得持续的演进，并不会因为社会的需求而变得去神圣化。对于这一理论问题，人们在思想上并没有达成一致性，于是观点的随意表达时常可见。"仪式理论"可以开发成哲学家在思维体系构建中的重要组成部分，并且只有辩证的哲学观点才能更好地在"体育哲学"研究中发掘仪式观，使之成为解决现实困惑的依据。

（二）体育仪式的理论源流

1. 宗教庆典仪式中的体育

宗教在人类漫长的历史中占有重要地位，特别是当原始人缺乏对超自然力量的科学认识时，在维护社会秩序和继承早期非理性的原始人类传统方面发挥着重要作用。宗教仪式是宗教行为，甚至被视为整个宗教的基本内容。在古希腊神话和考古发掘中均可发现宗教与仪式相结合并含有竞技体育的内容。宗教仪式占据竞技体育的一定位置，无论是在古代体育赛事和现代体育赛事中，尤其是在古希腊，为宗教仪式提供了有竞争力的游戏服务。使宗教仪式也达到了高潮，其中存在着一整套向神致意的礼节。

由于宗教的诞生与人类相随相伴，原始人的安全感是伴随着恐惧和宗教的变化而变化的，由此不可避免地导致宗教定义的变化。但从广义上讲，宗教是一种神秘而真实的社会、文化和历史现象。"宗教是一种社会文化的历史现象，与超自然力量的信仰相容。"②宗教起源于人与自然之间

---

① 参见彭兆荣.人类学仪式的理论与实践[M].北京：民族出版社.2007：103-107.

② 龚学曾主编.宗教问题概论[M]成都：四川人民出版，2011：3.

以及人与人之间不合理或不平衡的关系，没有理性和科学的归因。巫术仪式中内含竞技体育的雏型，这是原始宗教仪式的原型。古时，葬礼上有类似的竞技体育活动，如通过表演摔跤以取悦祖先；印度的瑜伽是为寺庙进行舞蹈表演而发明的；同样在古印度宗教仪式中，人们参加跳高比赛以期增加土地的肥力。人们利用竞技体育进行祭祀、图腾崇拜和其他活动，那时，竞技体育是宗教仪式的一部分。竞技体育以原始宗教仪式为基础，培养了人们生活的理想，同时强调精神和身体，和谐的身心。上帝与所有生物平等的概念是古代体育赛事兴起的先决条件。在举办古代体育赛事的整个过程中，古希腊人似乎有一些宗教内涵。在为期五天的节日期间，每天都有宗教仪式。获奖者的颁奖典礼也具有浓厚的宗教色彩。橄榄枝的花冠是纯粹的希腊血统少年（必须父母健在、思想健康）使用金色镰刀，在宙斯神庙后面的神圣橄榄林中切割和手工制作的，神职人员作为上帝的化身用橄榄枝庄严地为获奖者颁奖。

2. 神话仪式中的体育

顾拜旦曾经说过："像古代田径运动一样，现代田径运动构成了一种崇拜和宗教，它引发了一场激情澎湃的高潮，可以使这项运动升华为英雄主义。"[①]体育需要神话，它自然地树立榜样，用奥林匹克体育迷的话来说，它可以成为所有宗教的基础。体育在某种程度上已经成为一种新的宗教。竞技体育的精彩重播将电视观众直接带入"神话"，这是一个"让观众感到兴奋和融合的神话"[②]。文化人类学家弗雷兹认为，宗教及其神化源于人类对权力的崇拜，而宗教中的上帝则是权力的代表。事实上，体育创造了一个真实的、象征性的传奇，建立了一个神化的世界，如篮球之王——乔丹、中国篮球的"king"刘玉栋等绰号纷纷涌现。在追求力量的过程中，体育在本质上追求着神话和传说。宗教仪式和体育创造了一个充满榜样、英雄神话和伟大成就的世界。体育比赛展示了建造英雄殿堂的独

---

① 转引自Matthew P. Llewellyn. Rule Britannia: Nationalism, Identity and the Modern Olympic Games [N]. Taylor and Francis: 2014-06-11.

② [法]乔治·维加雷洛. 从古老的游戏到体育的表演: 一个神话的诞生 [M]. 乔咪加译. 北京: 中国人民大学出版社, 2007: 36.

特方式，并讲述其独特的传说和神话。

3. 现代"功能—结构"仪式中的体育

法国社会学家和宗教人类学家迪尔科姆·涂尔干（É. Durkheim）是提出仪式功能理论的早期学者之一。他将仪式作为一种实践过程，是人们社会生活的结构隐喻。他认为，仪式过程中神圣或世俗的双重对立是社会的基本分类和结构要素。在研究非西方文明中的"原始人"时，涂尔干发现仪式在其社会生活中具有明显的集体利益。通过仪式内涵和表现以及他们与神话的历史联系，我们可以在古代找到仪式的一些证据和基础。涂尔干维持社会结构和仪式秩序的功能延伸了其对礼仪结构和神圣或世俗分类原则的基本要素分析。这种双重结构分类原则后来成为人类学仪式研究的重要基础。涂尔干指出，整个世界可以分为两个主要领域，一个是神圣、另一个是世俗，而仪式是一种独立区分人的能力。在神话的人类学研究中，涂尔干认为神话属于宗教，它主要用人类语言表达，而仪式是人们行为的象征性表达。神话和仪式具有反映和维持社会结构的功能。神话通过符号语言叙事反映了某种社会结构，传达了某种社会信息和社会价值。涂尔干将宗教分为两类：信仰和仪式。他认为，信仰是人们的思想和观点，仪式是信仰的形式和模式。因此，他将仪式和信仰作为人类经验的分类体系，并明确指出仪式是信仰的基础及其在人类社会生活中的综合作用。涂尔干认为，仪式本质上是对人类社会结构的戏剧性表达。正是通过一系列的人使用相关符号急剧地繁殖和加强了社会关系，才使我们能够更好地理解：社会是"结构化"通过一个高度集中的"礼"的微符号而构成的。

"仪式在满足人们的心理需求方面也发挥着重要作用，特别是在人类生活中一些不可预测的事物，如疾病，危险，生活变化等，仪式可以发挥心理作用，舒缓，消解等效果。"[①]在人类社会的早期，由于社会生产力水平极低，缺乏科学技术的发展，我们的祖先无法在理性层面或心理层面解释和适应大自然的威慑，所以他们在仪式上增加了一些情感。在现实生活中，虽然大量的巫术行为并没有达到人们的预期，但总有一群人相信并热

① 彭兆荣. 人类学仪式的理论与实践［M］. 北京: 民族出版社, 2007: 28.

爱世代相传的巫术。可以说，巫术仪式至少满足了当时人们的一些心理或精神需求。事实上，这种"心理或精神需求"也是一种需求，此时仪式的作用类似于现代精神病学和心理学中的心理治疗。即使在科学和技术已经很发达的现代社会中，由于人类理性和认知能力的有限，在许多情况下，人们仍然需要通过某些仪式来表达某些心理或精神需求。

虽然功能性人类学仪式研究在讨论仪式的基本功能方面能够满足人类的某些需求，但它无法解释原始或本土思维模式的内部结构和叙事语法。在这个问题上，法国结构人类学大师列维–斯特劳斯侧重于人类思维的二元对立结构研究。他试图通过同一类别的内部结构和不同文化系统中不同的仪式形式的共性来找出人类共同的心理结构。列维–斯特劳斯认为，人类不同社会和文化系统中所包含的各种仪式现象都具有可互操作的"语法结构"。关于所谓的"未开垦的人类"仪式和其中所体现的"初步思考"特征，他认为，从外部来看，仪式的繁文缛节似乎毫无意义。事实上，它们可以被称为一种解释"微调"事物的关注点：不使任何一个生物、物体或特征缺失，使它们在某个类别系统中占据各自的位置。①

（三）体育仪式的文化变迁

1. 体育仪式中的文化兴起

当今的体育活动规模都较为庞大、参与人数较多，且多由官方主导，调集全民等公共资源，如深受民众喜爱的马拉松、奥运会等。而在未开启全球化之前，中国的民俗体育也是如此，它将生活的、模式化的、仪式化的、传统的文化融合在一起，通过体育表现出来。如福建省永安市青水乡的"打黑狮"，又称武狮、武戏、黑狮舞蹈，民间称为"征狮"和"降狮"，是基于神话传说而被建构起来的民间仪式体育活动，这种传说与畲族的英雄祖先联系在一起。在仪式的展演中，英雄祖先的形象被不断记忆和传颂，使得畲族后裔更加确信这种运动的源起传说，这种展演更加直观地映照了畲族先民的生存境遇。打黑狮队伍一般由20至50人组成，并配以各种乐器，有大狮、小狮和多狮表演。大黑狮由3人装扮而成，由18个勇士

---

① ［法］列维–斯特劳斯. 野性的思维［M］. 李幼燕译. 北京：商务印书馆, 1987：22.

轮流与狮打斗，最后降服黑狮，得胜而归。"打黑狮"运动仪式的内容包括舞狮和武术两个部分。整个仪式过程分为三个部分，分别包括仪式前的准备、仪式中的展演及仪式的谢幕等三个环节。仪式中所使用的道具是武术中常用的十八般兵器以及狮头、相关乐器等，在族祭和一般性表演中所配备的仪式服装各有差异，在体现本民族特色的情形下，凸显畲族和汉族的融合。据专家考证，"打黑狮"与我国春秋战国时期的傩仪——"乡人傩"有很深的渊源关系，是具有神秘和浓烈的宗教祭祀仪式韵味的表演形式。

几百年来，"打黑狮"已成为青水民间必不可少的一项重要文化活动，它具有勇猛、正义、吉祥、喜庆等多种含义。每逢新春佳节、祭奠祖先、颂扬先祖功德、祈福迎祥、寿诞庆丰、民俗庙会，"打黑狮"就会隆重登场，遂成为民间避邪镇恶、驱魔逐疫、祈求吉祥平安的象征。

在我国内容丰富的传统民族体育中，舞龙占据了重要的地位，传承至今，已成为中华民族的标志，无论走到哪儿，只要有中国人的地方，就会有舞龙。龙是中华民族的图腾和象征，舞龙也正是伴随着中华民族对于龙的崇拜而形成发展的。从生命起源来看，龙是一种尊祖的生命图腾符号，它代表某一氏族部落或某一族群有着共同的祖先和文化起源。从生存需求来看，人类为解释种种自然现象和自然规律，把生存的需求和美好生活的向往寄托在神灵上。龙是人们想象出来的、掌管雨水的神灵，舞龙则是为了取悦神灵，表达崇拜之情，以祈求风调雨顺，获得丰收的美好愿望。随着氏族社会的瓦解与封建社会的建立，龙逐渐演变成了皇权的象征，统治者以"天子"自称，将自身与龙的形象紧密联系在一起，借助人们对龙的崇拜来宣扬"君权神授"思想，使人们自觉或不自觉地接受"皇权即天命"的观念。随着社会生活的丰富，对于平民百姓而言，对龙的尊崇除了包含对祖先、神灵的崇拜以及对权力的追求之外，还有着更丰富更美好的内涵。在人们集体欢庆的民族传统节日中，总少不了舞龙，并伴随着人们认识的丰富出现了"火龙""板凳龙""荷花龙""稻草龙"等丰富多样的表现形式，寄托着不同地区人们的不同文化心理需求和情感表达。龙的形象从出现到不断丰富发展，已经不仅仅只是图腾，亦成为人们心中 崇拜的神灵。生活中庆贺舞动的实物，承载着民族的信仰及其内心诉求，反映着民族的文化意识形态。舞龙的形成与发展正是伴随着人们对龙的崇拜而发生的，并经历从"娱神"的原始舞蹈活动到"娱人"的喜庆娱乐活动的转变。无论是对神灵的崇拜还是对祖先的崇拜，都体现了人们内心的信仰，而信仰最直观的表达方式就是仪式的举行。舞龙传承了千年，一直承载着丰富的民间信仰，亦承载着人们丰富的情感，是汇聚民族凝聚力的重要载体。

叶榭"舞草龙"是传统舞龙的代表。据《叶榭镇志》记载：早在西汉时期，叶榭就已有舞龙活动，而后的两千余年里，当地的人们又根据宗教传说及生产实践中的经验，创作出了各种模拟灯舞，先后编制了"草龙舞""水族舞""马灯舞""手狮舞""采菱灯舞"等，在年会及庙会上集灯表演，引万民争观。[①]"草龙舞"的衍生是历史上叶榭人农耕文明的产物，是当地人古时生活样式的反映，"舞草龙"是求雨仪式中重要的展演内容，这种民俗活动以身体运动的形式传承了千年，承载着当地人们的历史记忆和情感价值追求，包含着丰富的民间信仰和社会发展变迁的印记。

叶榭"舞草龙"起源于蕴含丰富民间信仰的祭龙求雨仪式。相传在唐贞元（790年），叶榭境内遭受了一场特大旱灾，禾苗枯萎，百姓们设坛点香叩拜，祈求苍天降雨，依然烈日炎炎。适逢出生于叶榭敬花园村的八仙之一韩湘子途经，为救家乡父老脱离苦难，即吹起神箫，召来东海蛟龙于境内盘绕飞舞，顿时乌云密布，雷声大作，大雨倾盆而下，久旱禾苗逢甘霖，喜获丰收。自此以后，每年村民们就用丰收的稻草扎成草龙，在祭祀求雨仪式中，舞动草龙以表达对韩湘子的感恩之情。[②]"舞草龙"逐渐演变为当地的民俗，也成为叶榭人民表达内心诉求和价值情感重要途径，展现叶榭人民社会规则和人际关系的重要窗口。2008年，叶榭"舞草龙"仪式被列入国家非物质文化遗产名录，成为叶榭的文化品牌，从而使得"舞草龙"也在更大的范围内得到开展，成为人们愉悦身心的重要方式和学校传统文化教育课程的重要内容。在叶榭镇文体部门的组织下，当地成立了

① 参见叶榭镇志编纂委员会.叶榭镇志[M].上海：上海辞书出版社，2012：710–715.

② 叶榭镇志编纂委员会.叶榭镇志[M].上海：上海辞书出版社，2012：711–712.

"舞草龙"队伍，积极参加各项文体活动，并在叶榭镇社区文化活动中心定期举行免费培训。同时在相关部门的组织下，人们将同属于当地传统灯舞中的"水族舞""滚灯舞"与"舞草龙"进行了融合，结合时代发展，形成具有当地传统特色的现代舞蹈形式，使"舞草龙"这项民间运动更多地出现在人们的视野中，更加贴近人们的生活，其健身娱心的功能也得到了更好的体现，为全民健身注入更多活力。

2. 体育中仪式的历史变迁

通过追溯体育发展的历史，不难发现，体育运动中经常出现的各种仪式，比如宗教仪式、神话仪式和祭祀仪式，这在人类的生命中扮演着不同的角色，并在人类社会的早期得以发展。体育曾经是主体或仪式活动的重要组成部分。这是人类表达自己信仰的一个重要的社会实践。"在原始社会，人们经常跑、跳、投掷、摔跤甚至玩到他们的宗教仪式或庆典。"[①]在古希腊神圣的宗教仪式中，各种体育比赛通常被视为对神的最高敬意。在印度的宗教仪式中，一些模仿游戏，如玩陀螺仪式，是崇拜、娱乐和祈祷的重要仪式。在体育发展过程中，一些体育运动逐渐脱离了原有的宗教仪式和文化内涵，逐渐演变为现代体育的世俗本质和追求记录的本质。体育的另一部分仍然在各种神圣仪式中发挥着重要作用，在历史记忆的保存和传承中发挥着不可替代的作用。它们可以被称为"礼仪运动"，因为它们有不同的礼仪功能（如规范性、象征性、周期性等）。根据"礼仪"的定义，礼仪的运动可以被定义为象征性的动作或在特定的时间和地点固定的团体组织的展览功能，并根据社会和文化传统规定程序。

我们纪念时代变迁的方法有很多种，如现在的电视、媒体，古代的书简、无文字时代的口述以及各种节庆仪式。与语言记录相比，继承体育之变迁的是口传心授和竞赛仪式。一般体育仪式的研究汇总都会选择一个地区的案例进行，首先因为这种案例是体育仪式的典型代表，其次因为这种体育仪式会整合当地的神话、传说、节庆习俗，在文化和历史传承中发挥着不可替代的作用。

---

① ［美］阿伦·古特曼. 从仪式到记录——现代体育的本质［M］. 花勇民，蔡芳乐，译. 北京：北京体育大学出版社.2012：69.

　　由于长期沉浸在仪式的变迁中，体育竞赛逐渐成为个人记忆的重要组成部分。通过仪式的"集体庆祝"和社会建构，成员以独特的仪式实践形式分享他们的记忆，并在族群中继承和保存。康诺顿认为，仪式是一种身体的"表演语言"。①这种"表演语言"与记录体育记忆的"竞技"有关。与记录体育竞技的各种文献相比，我们可以发现，相当一大部分的仪式都是用特定的身体行为或身体表现，保存和继承了自己民族的历史和文化实践。

　　3.体育中仪式的精神颂扬

　　仪式以体育为载体和沟通渠道。古人利用体育进行集体祈祷，舞蹈，庆典和举行其他仪式活动，以获得精神上的安慰、身份和群体认同。仪式逐渐被视为一套正式的、表演性的、象征性的精神文化，这是沟通和维护族群活动的重要方式。它是有组织的象征性活动和仪式活动，用于界定和表达特殊时刻、事件或变化的社会和文化。体育中的仪式，就是大多数观众参与共同活动并最终形成了象征性互动或象征符号的过程。现今，互联网已经连接起世界，形成麦克卢汉（M.McLuhan）称为"后部落时代"的"地球村"，体育中的原始仪式也具有了新的实现方式。网络的互动性不仅使人们成为被动的观察者，而且可以讨论和评估仪式。他们还可以通过现场参与或观看视频、录像等，成为真正的参与者。网络大大降低了观众的仪式参与成本，但同时也削弱了仪式的神圣性，加快了仪式的世俗化和观众的参与感，能让观众直接感受到体育精神的传播。

　　体育中的仪式强化了人类追求归属感的本能，使人们的情绪得到极大的满足。涂尔干指出："为形成统一的延续的基本行为机理在于仪式的设置，从而集中人们的注意力，激发他们的感情。"②虽然体育赛事的性能和商业性日益蚕食着仪式的严肃性，但人类的追求内涵和归属感使他们最容易集成和互动。当人们观看体育赛事时，他们有共同的情感需求。他们使用相同的符号来表达共同的关注和情感，并最终为这些符号产生正义感。

① 参见王海洲.后现代视域中的政治仪式——一项基于戏剧隐喻的考察[J].南京大学学报（哲学.人文科学.社会科学版），2010（02）：148-157，160.

② 转引自李猛."社会"的构成：自然法与现代社会理论的基础[J].中国社会科学，2012（10）：92.

例如，我们能感受到团队失败的共同羞辱，我们为出色的成绩感到自豪，我们也对不公平竞争感到愤怒，等等。人们的情感获得将会非常完满，在身份所有权和意义的展现方面获得了正义感。

竞技体育仪式中还蕴含丰富的审美因素和精神文化价值。当代中国竞技体育在不断进步、永攀世界之巅的过程中，形成了以国家至上、艰苦奋斗、勇于拼搏、敢于创新、百折不挠为内涵的精神文化。通过体育精神的颂扬，建设当代中国体育精神文化，为实现中华民族伟大复兴中国梦提供不竭的精神动力。

二、体育仪式的文化象征

（一）游戏的多元指引

作为发展文化和创造人类文明的重要一环，体育的地位不可撼动。作为不可拆分的统一体，游戏和体育在人类不同的文化领域内相互融合，例如：语言、诗歌、艺术、音乐甚至战争和法律等方面都有密切关系。[①]体育的不同文化形式中均能添加不少游戏的种类。体育文化中所表现的游戏种类不能单一，而是要和事件起源的文化相结合。例如，彝族的"跳绳"、苗族的"爬梯"和彝族的"斗鸡"等都包括游戏、体育与仪式。体育的现代文化与体育赛事文化、体育赛事结合，形成了现代体育赛事。然而，文化必须有一定程度的排斥，因为他们的信徒有异同。可以看出，许多体育运动不属于奥林匹克运动项目，这可以说是文化冲突而不是游戏冲突。文化中的游戏因素逐渐独立于文化元素之外，所呈现的形式也独具一格，如民族性体育活动和桥牌等。

参与体育活动不仅有意义，而且也和游戏体验或宗教行为中的"过渡仪式"有相似之处，所以，游戏行为可能就是所谓的"过渡状态"。因此，除了项目起源的精神核心和自我精神核心之外，我们可以认为游戏构成了体育活动的另一个精神核心。可以看出，体育活动不仅是游戏，也是精神的升华和重建，甚至是各个方面的渗透。

---

① 参见［荷］约翰·赫伊津哈. 游戏的人：文化中的游戏成分的研究［M］. 何道宽译. 广州：花城出版社，2007：3-25.

1. 传统武术的文化价值

武术是我国传统的体育项目，在漫长的发展历程中，充分吸收了我国传统文化的精华，逐步成为东方文化和东方文明的里程碑，孕育了中华民族千年传诵不衰的尚武精神；同时吸纳了哲学、医学、美学等学科知识，饱含深厚的传统文化底蕴，而且形成了多种多样的运动形式，融健身、娱乐、观赏、表演等多种价值功能于一体。武术以其竞技、表演、健身等丰富多彩的表现形式和浓厚的文化内涵以及神奇的养生保健功效，受到了众多国家和人民的关注。今天的中华武术已经成为世界人民喜闻乐见的民族传统体育项目。由于武术富有深厚的传统文化内涵及特有的价值功能，武术一直作为学校体育教学的重要内容，被编入教学大纲、列入教学课程。

（1）中华武术的物质文化特征

物质文化以一种有形的文化资源形态而存在。中华武术文化的物质文化特征涉及武术的政治、经济、文化功能。武术文化的社会性体现在：第一，生存的需要。由中华武术的起源来看，武术首先是人们为了生存的需要，如捕食、狩猎、防卫等。第二，政治经济——上层建筑的需要。武术逐渐扩展成熟，体现了氏族组织、社会管理、国家治理等，秦汉以降，兴起汉唐之风气，至明清时期，武术的拳路、器械、技艺等被运用到军事领域，保家卫国，彰显政治军事文化色彩。第三，文化品牌宣传的社会发展需要。武术文化的宣传形式丰富多彩，其中最具盛名的是《少林寺》的国际化传播，使得武术的影响遍及世界，中国功夫一时家喻户晓。另外还有著名的影视作品《蛇形刁手》《醉拳》等，在观众中留下深刻印象，而且掀起了一轮习武热潮，许多爱武人士及年轻人都学习蛇形刁手和醉拳。以武术为题材的影视作品在网络媒体的传播下，极大地推动了健身俱乐部、武术学校、商业表演的发展。

另一方面，中华武术物质文化方面的体现还在于武术技法。武术在身体上讲"三节""四梢""五行"，在技术要领上讲"明三节、统四梢、合五行"，讲"三尖相照""内、外三合"，讲"四击、八法、十二型"，讲"拳无空出、掌无空回、动静有法"，讲"远则拳打脚踢，近则擒拿跌摔"，"高来则挑托，平来则拦格，低来则砍切"，讲"力起于脚，发于腿，主宰于腰，形于手指"；在进阶层次上讲"着熟、懂劲、神明"，讲"明劲、暗劲、化劲"，讲"易骨、易筋、易髓"，讲"练精化气、炼气化神、炼神还虚"。如八卦掌的"具三形备三势"："三形"指"行走如龙，动转若猴、换转似鹰"，"三势"指"行步若趟泥，两臂似拧绳，走转如推磨"。总之，中华武术物质文化的体现始终围绕着人的身体（己身和彼身）而展开攻防技艺的思考，构成武术的技法，也是中华武术传统文化构成的一个重要方面。中华武术不仅区别于一般文化，而且也区别于世界其他同类项目的根本要素所在：武术文化的创造主体——武术人的真正智慧结晶就沉淀在这上面，同时也是武术文化对中国文化的一个补充和丰富。①

（2）中华武术的精神文化特征

相对于物质文化，中华武术的精神文化在于一种无形的存在，体现出一种精神引领。中华武术文化的灵魂基础在于其内在的精神内涵，蕴含传统的哲学、伦理道德、宗教、价值观念等，其中的武术价值观念是中华传统武术精神文化的核心所在。

第一，传统哲学思想的考量。中华传统文化受儒家思想影响较为深远，如仁、义、礼、智、信之"五常"，礼义廉耻等行为范式。中华武术的精神文化在儒家哲学思想的影响下，开启"仁爱"治国方略，形成了仁义之国、礼仪之邦等民族特征。

第二，坚毅刚健、自强不息的民族精神，如"天行健，君子以自强不息""三军可夺帅也，匹夫不可夺其志"等民族气节。

第三，天人合一、和而不同的和谐精神。武术文化的核心内容包括追道求理、德艺双修以及规范、引导完美人生这两个大的方面，其中的武德观念注重对人的品德修为的培养，奠定完美的人生发展道路。通过学习传统武德，例如尊师重道、见义勇为、公平竞争等美德，有助于当今社会人格的培养，对精神品质的提高具有指导作用。中华文化一脉相承、息息相通，与中华民族的精神品质有极高的契合度，因此，中华武术文化的无形

---

① 冯友兰.中国哲学简史［M］.北京：新世界出版社，2004：213.

存在，也是一种独特的存在状态，凝结在中华传统文化之中，对传统武术的保护和传承能增强各族人民的自信心和自豪感。

（3）中华武术的制度文化特征

立足于文化学视角来看，制度文化是介于物质文化和精神文化之间的一种现实形态，将两者有效联系起来，使得中华武术逐渐完善，如各种武术套路的演变、武术套路与武术器械的结合运用、各家拳法的世代相传等，均体现出了不同时代背景下武术发展的多元化特性。

第一，政治制度的需要。制度文化特征受不同社会形态的影响，原始社会、奴隶社会在于生存和组织防御的需要；汉唐兴起习武之风，用于国家选材，如众人皆知的武状元；还有基于国家防卫的需要，如北宋的杨家将，南宋的岳家军，明朝抗击倭寇而形成的戚家军，等等。

第二，社会制度的影响。古代民间盛行的武会、打擂等武术比赛形式，深入人心，增强了社会的影响力。

第三，宗教派系的萌蘖、生发乃至成熟。佛教的少林派、道家的武当派以及峨眉派、华山派等按地域划分的派系，不同派别之间又形成了独具特色的制度文化，武术的发展能否顺利传承和广泛传播与制度文化息息相关。

（4）中华武术的行为文化特征

以文化学理念为基础，行为文化是建立在物质和精神文化基础上的，以一种具体化的实现形式，既有个体表现，又有群体形态的演艺，其关键在于人的发展。武术作为传统文化的载体，也是对人的行为的一种塑造。

第一，个体的行为方式和人格理念。武术文化中的核心内容就是武德——习武先习德。传统武德随着中国历史的发展，作为一种文化象征不断渗透到社会生活的方方面面，成为人们为人处事的行为准则。武术文化强调思想引领下的人们行为方式的修养。它通过形成良好的思维认识，确立正确的人生观、价值观来指导和约束人们的行为。习武者在学习武德的过程中，潜移默化地受其影响，形成正确的价值观念，并运用这些观念去解决生活中的各种问题，以适应社会的发展。

第二，武术的传承。在行为方面表现在武术技艺、功法、规范等，囊括了地缘的传承关系，如山西的短打、南拳北腿、回族查拳、河南嵩山少林拳、武当太极拳等。血缘传承在于家族式的传承关系，如太极拳中的陈氏太极、杨氏太极、吴氏太极等；师徒传承，这是最为普遍的传承关系。中华武术之所以延绵不断就在于这些特殊的传承关系。还有业缘传承关系，在于武术界相关行业内部的切磋与交流，不断更新完善，取长补短，进而形成各种武术社团组织，扩大了武术的影响力。

第三，中华传统武术的目的就是强化人的内在和外在。外在就是身体，内在就是人的精神世界，传统武术注重内在世界的"精气神"。长期学习传统武术的人和普通人有一个明显的区别——保持了"精气神"的充沛，机体的新陈代谢不容易出问题，还可以促进德智体美协调发展。习练传统武术并长期坚持，可以使人体保持旺盛的生命力，长此以往，为人类的进化提供了最好的途径。

2. 大众体育中的"多元"路径

我国的体育理论界一般把我国的体育按对象划分为竞技体育、学校体育和群众体育等三种形态。计划经济时期，我国群众体育一直是由集体、单位、行业和系统组织开展的，这是由我国长期以来存在的"单位社会化"现象所致。单位职能的无限扩大，承担了许多原本属于社会的职能。群众体育的开展情况完全取决于单位工作的部署和领导的好恶。一段时间内，体育成为单位工作的重点，群众体育就能得到较好地开展，就会看到轰轰烈烈的健身操、长跑、太极拳、运动会等群体参加的体育活动。之后，随着单位工作重心的转移，群众体育又会变得冷冷清清。这种群体性和随之带来的"一过性"使得群众体育没有深入到群众的实际生活，也没有立足于群众中每个个体对体育的需求和爱好，这种忽视个体的群众体育难以得到广泛而深入的开展。20世纪80年代以后，经济的发展使得人们的物质生活极大丰富，生产方式的改变使得人们的闲暇时间增多，人们对精神生活有了更高的要求。追求积极健康的生活方式、渴望生活质量的改善和提高逐渐成为时代的主题。人们对体育的多元价值有了更为清晰的认识，体育也逐步融入人们的生活，成为人们改善生活质量的重要选择。群众体育的功能和特点逐渐有了新的变化。体育在劳动力衍生中的重要性下降，而在个人健康生活中的地位提升，体育已经显示出被遏制已久的人文精神，突显出它的文化内涵，满足人们深层次的需要。随着改革开放的不断深入和经济社会的发展，我国群众体育的发展越来越呈现多元化态势。

（1）公共体育服务需求表现多元化

马斯洛（Abraham Maslow）在其著作《人类激励理论》中提出了著名的需要层次理论，他把人类的需求分成了生理需求、安全需求、社交需求、尊重需求和自我实现需求五类[①]，五种需求像阶梯一样依次从低到时高，按层次逐级递升，某层需要满足后，另一层需要才出现，较高层次的需要以较低层次的满足为基础。

随着我国市场经济的迅速发展和居民收入水平的不断提高，人们的生理需要、安全需要已经得到基本满足，而社交需要、尊重需要和自我实现需要逐渐成为我国城乡居民需要的主流。就公共体育服务需求而言，在我国群众体育不断发展的基础上，城乡居民对公共体育服务的需求不再仅仅局限于体育基础设施的满足。学者对上海市的调查发现，在被调查者中，71.0%的人希望"为居民提供体质健康检测服务"，56.1%的人希望"组织社区体育活动"，50.3%的人希望"定期举办科学健身知识讲座"，49.9%的人希望"提供体育健身指导"，42.4%的人希望"定期提供科学健身咨询服务"。[②]

目前，我国公共体育服务需求呈现多元化趋势，在不同经济发展水平下，多元化的需求又表现出一定的差异，如无锡、镇江、宿迁、南京、徐州、连云港等城市居民在公共体育服务的体育组织、体育信息、体育活动、体育指导以及体育设施等维度的满意度存在显著差异。[③]除了地区经济发展水平的差异影响以外，受居民个人收入、文化、年龄等因素的影响，公共体育服务需求多元化的表现则更加明显。

---

① 转引自阎海峰，郭毅. 组织行为学［M］. 北京：高等教育出版社，2005：73.

② 中共上海市科技教育工作委员会课题组. 完善公共服务体系研究［Z］.2007：490.

③ 参见张清华，刘海辉，樊炳有. 江苏省城镇居民体育公共服务满意度调查［J］. 山东体育学院学报，2010（03）：8–12.

（2）大众体育建设路径多元化

①娱乐休闲型建设路径

随着我国全民健身运动的蓬勃发展，娱乐休闲体育作为一种新的锻炼方式正逐步被人们所接受。所谓休闲娱乐体育，是指人们在闲暇时间进行的、以求轻松愉快的情感体验为目标，从而在心理上得到满足、身体上得到一定活动的身心锻炼形式，这种活动具有强烈的娱乐色彩。在北京举办奥运会后，大众媒体的宣传力量空前强大，体育事业作为构建社会主义和谐社会的一部分，需要更全面地发挥自己的作用。我国在实现体育强国目标的同时，也要把视野扩展到大众体育中去，宣传一些人们喜闻乐见的民族传统体育、社区体育、农村体育等内容，设置一个专门播报大众体育新闻、大众体育健身知识的栏目。①这样不仅可以提高人们对大众体育的认知度，获得正确的体育锻炼方式，形成正确的体育价值观、消费观，还有利于大众终身体育意识的形成，从而促进我国大众体育民生化。

随着人们思想观念的转变，健身意识的增强，体育人口和体育消费的增加，各种全民健身锻炼路径（单位体育、社区体育、俱乐部体育、娱乐休闲体育等模式）随着时代的发展逐渐呈现出来，并形成多元共存的状态。

②单位团体型建设路径

单位体育是我国最早的大规模的、有组织、有计划的群众性体育锻炼模式，是为了提高员工的健康水平和工作效率，树立单位形象，促进单位文化建设，增强员工凝聚力，在单位内、行业内或特定区域内单位间开展的各种体育活动的总称。②单位体育具有强烈的行政色彩、功利色彩以及福利色彩。高度的组织化在一定的历史阶段对维持社会稳定发挥了重要作用。随着社会经济的转型，导致单位制度变革和单位功能角色转换，企事业单位原来承担的一些社会生活职能正在逐渐分离给社区，单位功能的弱化，不能满足员工多元化的体育文化需求，社会功能的外溢又使人们的职业生活和社会生活、工作空间与生活空间分离，在单位以外参与体育活动

①　陈兴，张剑利. 北京奥运会后我国大众体育的发展路径[J]. 山东体育科技, 2009（03）: 30.

②　李建国. 社会体育[M]. 北京: 人民体育出版社, 2004: 116.

的人数不断增多，逐步向居住地所在社区转移，单位体育与社区体育必将结合。

③社区体育型建设路径

社区体育是继单位体育之后出现的一种新的体育形态。从实践和国家政策法规上来看，社区体育模式正日益被确定为大众体育的主要形式。从1995年的《全民健身计划纲要》提出"积极发展社区体育"到2002年的《中共中央国务院关于进一步加强和改进新时期体育工作的意见》中明确提出的"城市体育以社区为重点"，都表明政府对社区体育在大众体育中应该扮演的角色的重视。我国较系统地提出并实施社区体育，但由于在管理上重培训、审批，轻服务、监管，大部分社会体育指导员处于一种自发、封闭、盲目的工作状态，效益和作用的发挥很不理想，造成大批社会体育指导员退出。目前，我国社区体育模式尚不能承担起独立发展大众体育的重任。这是因为社区体育模式在发展过程中还存在着许多亟待解决的问题，主要集中在以下几个方面：缺乏资金、缺乏体育场所设施、缺乏社会体育指导员培训、缺乏群众体育管理法规、缺乏管理力量等。社区体育虽然是城市大众体育发展的一个重要路径，但是要成为主导的发展路径还需要很长的时间。

随着社区文化圈的形成，社区体育会形成以社会体育指导站（俱乐部等）为中心，以家庭体育为基础，以区属及驻区各单位为依托，逐步形成社区体育网络系统。社区体育活动将向体育、文化、娱乐一体化方向发展，以家庭体育为重点，注重老人与少儿体育，带动社区体育整体发展。

④俱乐部型建设路径

随着人们经济水平的提高，健康意识的转变——"花钱买健康"，促进了俱乐部体育的发展，已经成为我国大众体育的一个重要发展路径。"社区化俱乐部模式"是一个更加细化的经营网络，它将成为俱乐部连锁经营的延伸及今后多元化发展的方向。同时，随着市场经济的不断发展，企业的不断健全，俱乐部的组织运行机制会逐渐向股份制转变。

相对来说，单位体育比社区体育的参与者相对更容易集中一些，俱乐部体育和娱乐休闲体育的活动时间比单位体育更具弹性化。单位体育相对其他三种模式而言，参与率更高，但难以经常化。就活动内容而言，单位体育和社区体育的活动内容相对传统，俱乐部体育和娱乐休闲体育的活动内容则更加与时俱进，更加休闲化、娱乐化，但娱乐休闲体育活动的组织策划工作的难度和工作量比其他几种更大。单位体育、俱乐部体育以及娱乐休闲体育对锻炼场地、器械的要求比较高，只有社区体育的场地是非正规场地，以公园、街道居委会场地和街头巷尾为主，具有很强的自由性。相对而言，娱乐休闲体育与电视媒体合作，宣传效果更好，传播范围更广，是一种直线性、单向性的传播过程。从运行机制看，娱乐休闲体育相对于其他几种而言是一种短期的一次性活动。从经费来源来看，单位体育的来源渠道虽然相对比较单一，但更加稳定。

（二）竞赛的庆典程式

任何一种仪式都演绎着一个时代的兴亡，任何一种符号都传递着一段文明的辉煌。记得哲学家马克斯·舍勒曾在一本运动心理学著作的序中写到："如今几乎没有哪一种国际现象能像体育这样值得学者做深入的社会学、心理学研究。"[①]至此，体育的地位在无限地扩大，但是体育的内涵却缺少支撑，鲜有人重视。现如今全民大健康、大体育热潮迭起，体育的锻炼价值在无限地扩大，而体育真正的内涵却被忽视得"点滴不剩"。那么被人遗忘的体育仪式价值又是什么？它与语言、肉体、身体及教育又是什么样的关系呢？笔者从体育竞赛的庆典仪式出发，阐释延续千年的仪式在当代社会的大背景下与体育如何更好地融合。

1.动作实践传承

体育中的仪式被人称为经典文化的活化石，因为它能将公元前2000多年前的体育通过仪式化的舞蹈、技艺传承保存到今天，并且它传递的不仅仅是一套程序，连文化的要义都被很好地继承下来，这不单单是一种信仰，更是一种文化的逻辑性践行！不管是阿细人的文化还是古希腊的文化，能够流传到今天，都是通过英雄传说、记忆延续、族群文化、身体演绎……在这种以身体为寄托的实践中得到传承和记忆。

---

① 转引自［美］阿伦·古特曼著.从仪式到纪录现代体育的本质［M］.花勇民译.北京:北京体育大学出版社, 2012.

在体育仪式实践过程中，还存在隐性的教育作用[①]，把最简单的道理以最直白的方式直接传递给人本身。仪式的教育价值，聚集来自社会的思想道德观念和家庭生活仪式，并对其加以表达，形成了现有的知识体系；并且仪式的教育价值是直接通过人的五官（眼、耳、鼻、舌、口）直接获得的，体育仪式中所用到的物品、表达方式等让人体通过感官接受其意义。符号显示的目的不是呈现事物，而是体悟超越对象之外的意义。仪式以这种隐性教育的方式表达了它们的意义。

体育仪式是人们通过象征性的重构过去发生的事情而开展的一种社会活动[②]，是特定程序下的身体活动，它贯穿整个人类历史。通过古代奥林匹克运动会、通过阿细人祭火仪式，从起源到发展再到传承，仪式的张力在身体实践这个强大的载体中，因为许多人的以身作则，让我们享受着身体仪式带来的超越体验。例如，奥运会开幕式通过入场仪式、升旗、致辞、宣誓、点燃圣火、焰火文艺表演等，与往昔建立起了联系，把参与的时间、地点、环境结合起来，形成了仪式化的实践表达。

奥林匹克运动会是四年一届的体育人的大型盛会和体育迷的狂欢，无论是在人类历史，还是世界文明中都占据着重要的位置。世界上的所有国家无不以成功申办奥运会为荣耀，一旦申办成功，主办国都会费尽心思地进行紧张的筹备工作。而奥运会开幕式作为奥运会整个赛程中最令人瞩目的开场，成为展示东道主国家形象的最初窗口，成为再现主办国灿烂文明的重要机会。每一届奥运会开幕式的节目都精彩纷呈，而每一个节目的背后又都蕴藏着厚重的文化内涵，诉说着这个国家的历史变迁。大部分奥运会主办国都会展示本国的哲人圣贤、英雄人物、历史建筑、对人类文明的贡献等；也有固定的节目版块，如运动员入场、点火仪式等。所有节目呈现的精彩程度、感染程度都可以从侧面反映一个国家的文化软实力，这种软实力会向其他国家、其他种族的人民产生一种潜移默化的吸引力。这是与政治、军事等相对的一种力量，在世界快速发展的今天，软实力的作用

① 赵鹏. 意义·符号·互动[D]. 安徽大学, 2014: 87.

② 郭军, 仇军, 田恩庆. 仪式体育与社会记忆的保存和传递——康纳顿社会记忆理论的视角[J]. 武汉体育学院学报, 2015(05): 46.

越来越不容忽视。在此，笔者以近四届奥运会开幕式上所展示的具有民族特色的运动项目来阐释体育仪式的实践传承。

（1）希腊的特色运动项目

2004年雅典奥运会开幕式展现了古希腊的竞技场和古希腊奥运会的接力赛跑、掷铁饼、掷标枪、击剑、马拉松等运动项目，希腊人强壮健美的体魄也给人留下深刻印象。接力赛跑源于几内亚湾，最初是当地人的一种游戏：一个人抱着空坛向50米外盛满水的坛子跑去，并舀水入空坛，拿着坛子跑回交给第二个人，这样依次跑下去，直到全组跑完，最先到达终点者获胜。葡萄牙人将这种游戏传入欧洲，后来就演变成了田径中的接力赛。掷铁饼在古希腊就是竞赛项目之一，当时不仅比掷得远，还比掷得准，这说明早期的铁饼仍然具有某种武器性质。掷标枪运动源于人类的狩猎与战争，考古学家证实标枪是古罗马人作战的武器之一。1908年，第四届奥运会将男子掷标枪列为正式比赛项目。击剑约产生在公元前1190年，在埃及卢克索附近所建的马地纳特哈布庙中，就有表现击剑比赛的浮雕作品。现代击剑运动源于欧洲。马拉松是田径中超长距离的赛跑项目，起源于古希腊。公元前490年，波斯与雅典在亚提加半岛东北部的一个名为"马拉松平原"的地方交战，因力量悬殊，雅典派士兵菲力比斯跑去斯巴达请求支援，但斯巴达正值宗教节日，拒绝救援。最终雅典军队统帅指挥正确，以少胜多，又派这名士兵从马拉松平原跑去雅典议会报喜。他在几个小时内跑了26英里385码（约42公里），到达雅典议会后，便因过度疲劳当场死亡。为了纪念马拉松战役的胜利和菲力比斯的壮举，在第一届奥运会举办前，法国的一位希腊语言学家建议运动会增设一项从马拉松镇到雅典的赛跑，大会组委会接受了他的建议，并定名为马拉松赛跑，一直延续至今，且慢慢变成了全民健身的热门运动。

（2）中国的特色运动项目

2008年北京奥运会开幕式展示了中华民族特有的气功、太极拳、武术等民族传统体育项目，还有放风筝等民俗体育活动。气功、太极拳、武术在中国传统养生文化中占有重要地位。"气功"一词最早出现于晋代许逊写的《净明宗教录》，是我国特有的一种健身术，主要用于医疗保健，有吐纳、行气、导引、炼丹、玄功、静功、修道、禅定、真气运行等几十种方法。太极拳在中国传统养生文化中占有重要地位。据考证，太极拳为明末清初河南温县陈王廷所创，讲究"天人合一、以柔克刚、避实击虚、后发制人"，后来也逐渐成为中国人的处世哲学。武术产生于古代人类的劳动实践，这一词始见于南朝《文选》第20卷《皇太子释奠会作诗一首》，诗中的"武术"泛指军事。经过演变，现代的武术主要是按照攻守进退、动作疾徐、刚柔虚实等矛盾的相互变化规律，进行格斗，或编成徒手和器械的各种套路，进行演练的民族形式的体育项目。风筝最早称为"纸鸢"，是一种用绳或线牵引、借风放上天空的纸糊或绢制的玩具，放风筝是我国人民在春天时备受喜爱的一项休闲体育运动。

（3）英国的特色运动项目

2012年伦敦奥运会开幕式展示了英式足球、英式橄榄球、自行车、摩托艇等户外体育运动项目。英国人认为足球源于英格兰。公元1041年至1042年，丹麦人入侵英格兰，一个英格兰人挖战壕的时候挖到一个丹麦人的骷髅头，为了泄愤，他将这个骷髅头当球来踢，同时也感觉很有趣味，过路人都停下来好奇观望并有很多人加入进来，踢得时间长了，人们想到将牛胆充上气来踢，于是，英国人成为现代足球的创始人。橄榄球也源于英国，从足球运动中派生出来，原名拉各比足球，因球形酷似橄榄而被称为橄榄球。拉格比足球是为纪念一位名叫埃利斯的的球员的"勇敢"行动，在1823年的一次校内足球比赛中，他不顾当时足球规则的规定，用手抱球向前跑去，以后在该校的足球比赛中抱球跑的情况频频发生。这虽然是犯规动作却给人以新的启示，久而久之，竟逐渐被人们视为合理行为，此后人们称这项运动为拉格比足球。

（4）巴西的特色运动项目

2016年里约奥运会开幕式向世界各国展现了一些刺激的户外运动项目，如跑酷、滑板等，这些运动不受地点限制，是巴西的街头文化，是巴西少年表达个性和强烈情感的方式，而跑酷、攀岩这两项运动也在2020年的东京奥运会被正式列入比赛项目。

在历届奥运会开幕式上，每个国家都展示了本国所重视、所崇尚、所特有的体育运动项目，正是因为所处的文化环境不同，因此价值选择也就各不相同，于是也就产生了不同的体育偏好、文化偏好。也正因为各主办国所呈现的不同价值观念主导下的节目和内容，才更能发挥出文化的吸引力和软实力的作用。

2.语言表达观念

人身体所表达的仪式是体育象征的基本符号，而语言文字就是基本象征符号的观念流露，体育与仪式的语言表达更像是情感的流露，通过文字和其他类型符号的相互配合来表达象征的意义。笔者以近四届奥运会主办国所展示的奥林匹克文化来阐释体育仪式中的语言表达观念。

（1）奥运主题的差异

在奥运会开幕式上，每个主办国都需完成国际奥委会规定的展示奥林匹克文化的节目，每个国家的文化特点不同，表现的方式也各不一样，但都力求展现本国的文化特色。

希腊：欢迎回家。希腊在1896年于雅典举行了第一届现代奥林匹克运动会，作为西方文化的起源，奥林匹克运动的发源地，自古是智慧的摇篮，注重人文关怀。2004年的雅典奥运会在100多年后重回故乡，因此口号是"欢迎回家"，既体现了作为第一届奥运会主办国和当时的东道主国家的自豪感，又用朴实的话语体现了对世界其他国家运动员的欢迎，充满人文关怀又极具亲切感，表现了一种文化亲和力。

中国：同一个世界，同一个梦想。文简意深，平实之中具有广阔的想象空间，不仅表达了奥林匹克精神，还表达了人类追求的长远目标，展现了当代中国人博大开放的胸怀；深刻反映了北京奥运会三大理念的核心——"人文奥运"所蕴含的和谐价值观，展现中华文明的和谐、包容和博爱的哲学理念；同时也表明了这届奥运会既是中国的，也是世界的，表达了中国人民与世界各国人民共有美好家园，同享文明成果，携手共创未来的崇高理想。其中"同一"的表达，使"全人类同属一个世界，全人类共同追求美好梦想"的主题更加突出。国际奥委会委员、北京奥组委顾问何振梁表示，这个口号突破了区域限制，从全球视野出发提出了人类共同的理想和目标，又充分体现了中国文化的精髓，如"天人合一""和为贵"等和谐发展的思想。

英国：激励一代人。相比之下，伦敦奥运会的口号大走亲民路线，现实又简练实用，既体现了官方强悍的勇气和决心，又表现了对年轻一代的鼓励和希望。直白的话像是一句人生格言，具有活力，又让人充满力量感。罗格说："举办奥运会是一项团队努力，在未来的100天里，来自世界各地的各界人士将发挥自己的作用，帮助2012年伦敦奥运会成为一届激励一代人的奥运会。"①

巴西：一个新的世界。随着社会的发展，新的社会问题、环境问题尽显，世界需要改变、需要进步。因此，里约奥运会适时提出了"一个新的世界"的美好构想，希望所有的人贡献自己的一小份力量，让世界变得更加美好，后续在开幕式中以环保为主题的节目也让人耳目一新。巴赫在揭幕仪式上说："这就是奥林匹克运动的全部意义所在，让世界变得更美好。"②

（2）奥运开幕式倒计时

希腊：体育场内的大屏幕从数字28开始倒数时，简单明了地诉说着当年是第28届奥运会，百年之后重回奥运会的故乡。随着场内的灯光渐渐昏暗，几百名鼓手在悠扬的希腊音乐衬托下，用震天的鼓声宣告雅典奥运会开幕式表演的正式开始。

中国：在2008个人组成的巨型缶阵中，鼓手们有韵律地击缶，形成光影数字，进行倒数。缶是中华民族古老的乐器之一，用它与现代科技集合来进行开幕表演，既展现出中华民族风情，又体现了"科技奥运"的理念。

① 激励一代人! 距离2012伦敦奥运会只有100天的路程. http://translate. sogoucdn.com/pcvtsnapshot? url=http%3A%2F%2Fwww. dailymail. co. uk%2Fsport%2Folympics%2Farticle-2131405%2FLondon-2012-Inspire-Generation-Olympic-slogan-revealed. html&from=en&to=zh-CHS&tfr=englishpc&domain Type=sogou.
② 2016年里约奥运会揭幕奥运口号: 新世界. http://translate. sogoucdn.com/pcvtsnapshot? url=http%3A%2F%2Friotimesonline.com%2Fbrazil-news%2Frio-sports%2Frio-2016-games-unveils-olympic-slogan-a-new-world%2F&from=en&to=zh-CHS&tfr=englishpc&domainType=sogou.

英国：大屏幕从60开始倒数，每一个数字都是通过人们熟悉的日常生活元素呈现，如门牌号、价格、球员号码，公交汽车号等，最后十秒由场内的孩子们手持气球依次倒数。节目的呈现同样是亲近生活，就好像是在你我身边，同时最后由孩子们倒数，从侧面反映了英国的儿童文学的昌盛。

巴西：里约奥运会在经费紧张的情况下，演员们手拿充气的袋子，形成绵延的波浪，运用高超的投影技术倒计时。

（3）奥运五环的展示

希腊：对于希腊这个国家而言，爱琴海、古希腊神话都是他们最为骄傲的宝贵文化遗产，他们认为爱琴海象征着古希腊人生活的开始。在古希腊文化中，火象征心灵和精神、知识和力量，因此他们在五环展示上融入爱琴海的元素，一束彗星状的火焰射入体育场内的人造爱琴海中，瞬间点燃巨型五环。

中国：展示五环时，全场犹如浩瀚的星河，美丽的飞天在繁星中飞舞，闪烁梦幻星光的五环从体育场中央缓缓升起，逐步升空，浪漫而又美好。

英国：由滚烫的铁水铸就的金色五环，飞向空中，聚成五环。这滚烫铁水制成的五环是由钢铁工人反复敲打、锻造而成，代表了英国的工业革命。

巴西：里约的奥运五环展示最具特色，是由每一个运动员在5根大型圆柱上亲手种下种子，旋即长成大树，构成绿色的五环，既回应了巴西想向世界传达的"一个新的世界"的美好愿望，又反映了现在全球所面临的环境问题不容忽视。

（4）运动员出场方式

希腊：希腊作为奥运会的发祥地，按照以往的国际惯例，在每一届奥运会开幕式上运动员入场时，都享有第一个出场的殊荣。此次奥运会回到了故乡，因此第一个出场的是由希腊国旗作为代表，希腊代表队作为东道主压轴出场，其他国家和地区的运动队出场顺序根据国家名称的希腊首字母顺序依次出场。在进行队名播报时，运用了3种语言，分别是法语、英语和希腊语，而每一支队伍前面的引导员都穿着具有古希腊壁画风格的特色服装，将当地特色融为一体。

中国：运动员入场时，顺序按照队名简化汉字的笔画数而定，中国队最后出场。队名用了3种语言进行介绍，分别是法语、英语和汉语；而队伍前面的引导牌也极具中国特色，是一副长卷画，国家名字则是由中国书法毛笔字书写。

英国：运动员入场时，语言播报只有两种：法语和英语，因为英国的官方语言本就是英语。运动员的出场顺序则是按国家名称的英文首字母顺序而定，英国队压轴出场，特色之处表现在每支队伍前面都有一个少年捧着铜质的花瓣，花瓣上刻有这个国家的名字以及入场顺序，最后由这些花瓣汇成主火炬。

巴西：用3种语言进行国家名称播报，依次是法语、英语、葡萄牙语，运动员入场顺序按国家名称的葡萄牙语的首字母顺次进行。每支队伍前面的引导员骑着自行车，上面放着色彩绚烂的塑料花，这些也是巴西街头文化、海滩文化的特色；在旁边还有一个捧着树苗的小孩，象征着绿色的希望。

（5）奥运火炬的点火仪式

希腊：雅典奥运会的点火仪式颇具人性色彩，主火炬倾斜、靠近火炬手，又慢慢立起。点火仪式表现了天与地、物质与精神的连通。

中国：北京奥运会在点火仪式上充分运用了代表古代文明的卷轴、画卷，以及充满美好寓意的祥云。中国20世纪80年代著名体操运动员李宁在空中沿鸟巢跑步一周，象征着人类的攀登、探索，在呈现为卷起的画卷的主火炬台上点燃了圣火。

英国：伦敦奥运会则以工业革命为线索，7位年轻人轮流传递火炬，点燃了花瓣火炬，升起、形成主火炬，正好呼应了"激励一代人"的主题。

巴西：里约奥运会则是由巴西马拉松名将点燃主火炬盆，火盆升空，由立体几何构成的火盆沿多轴旋转，再现了巴西有运用几何元素进行艺术创作的传统。

（6）放飞和平鸽形式

放飞和平鸽是自第一届奥运会开始的固定节目，因为它象征着和平、友爱、团结，传递着全人类追求和平的共同心声，但1988年首尔（汉城）

奥运会开幕式上发生鸽子被火烧死的事件之后，国际奥委会决定采用艺术的表现形式来代替真正的和平鸽，自此以后放飞和平鸽节目成为每届开幕式上值得期待的亮点。雅典奥运会是由烟火演变成和平鸽，唯美浪漫。北京奥运会上100名身着白衣的少女带领着全场运动员、演员和观众，一起用双手舞动出和平鸽的形象，鸟巢的膜结构——"碗边"则变成了大屏幕，播放着全世界各种肤色的人们和平鸽的画面，接着由演员身着发光衣服，通过队形变换放飞和平鸽。用人去演绎和平的象征，使奥运会的和平理念更加彰显。伦敦奥运会是由演员们骑着自行车，装扮成和平鸽入场，轻巧灵动。据组织者介绍，"神奇的自行车——鸟类混合动力"是受美国博物学家路易斯·赫勒的启发："骑自行车是我所知道的最接近鸟类飞行的近似物。"[1]里约奥运会则是由小孩们奔跑着、放着和平鸽风筝，展现着纯真美好的景象。

（7）奥运吉祥物

希腊：雅典奥运会的吉祥物源于古希腊神话，名字叫费沃斯和雅典娜，创意来自古希腊的陶土雕塑玩偶，雅典娜是智慧女神，费沃斯是光明与音乐之神。

中国：北京奥运会的吉祥物是五个福娃，分别来源于人们喜爱的动物形象，它们的原型和头饰蕴含着与海洋、森林、火、大地和天空的联系，主色调与奥运五环相似，名字富有寓意，连在一起表达"北京欢迎你"，表明中国热情开放的心态。

英国：伦敦奥运会的吉祥物叫文洛克（Wenlock），以激情的萨罗普羊为原型，名字源于马齐·文洛克的施罗普希尔村。在那里，曾经举办过文洛克奥林匹克运动会，而这项古老的赛事正是现代奥运之父顾拜旦创造现代奥林匹克运动会的灵感来源之一。

巴西：里约奥运会的吉祥物是维尼休斯和汤姆，它们是从巴西著名的

---

[1] Opening Ceremony: The secrets behind the 'dove bikes' – a speedometer and a blackout zone for anybreakdowns. http://www. telegraph. co. uk/sport/olympics/london-2012/9434411/Opening-Ceremony-The-secrets-behnd-the-dove-bikes-a-speedometer-and-a-blackout-zone-for-any-breakdowns. html.

音乐风格 bossa-nova 的两个创始人 Vini-Cius de Moraes 和 Tom Jobim 名字得来的，表明这是巴西的骄傲。主色调为黄色的吉祥物代表了巴西的动物，蓝色的代表着热带雨林植物。

通过对比可以看出：最近四届奥运会开幕式在奥林匹克文化主题方面，每个主办国在完成国际奥林匹克宪章所要求的表演同时，又融入了自己本国特有的文化元素，使之富有鲜明的文化性、艺术性，产生了文化吸引力，不断地向世界展现着自己独特的奥运理念。

第四章 体育仪式的精神价值

体育让参与者进入了世界之中，通过不断回溯起源的神圣维度，寻找自然之初的智慧性，寻找人的自然生命存在的潜在意义和秩序。生命就是人类精神探索的永恒起点，敬畏生命、追寻生命的意义就是人类意义和价值位序的根基。因此，体育仪式的精神价值是以身体仪式规范体育行为和守则，以符号仪式凝聚体育情感和群体，以体育仪式传承体育精神和文化，是对自然法则的认识和敬畏，是将人的生命价值作为最高价值来对待。

本章具体从中国竞技体育的精神价值、民族传统体育的精神价值和中国体育精神的内涵与功能来解读体育仪式的精神价值，从而促进体育仪式的文化凝聚力与高等教育的融合，提高高校应用型人才培养的实效性。

一、竞技体育的精神价值

竞技体育运动有着悠久的历史，早在史前时代的人类生活中就已出现以争取胜利为特点的原始、朴素的体育比赛形式，历经长期发展，内容更加丰富多彩，为竞技体育运动打下了坚实基础。当今竞技体育运动不断发展、演进，在世界范围内的影响力巨大，承载的政治、经济、文化等意义越发凸显。竞技体育在激励人类自我奋斗、满足社会观赏需要、促进社会大众参与体育运动、促进社会和经济的迅速发展、排遣社会成员的压力等方面彰显出的社会价值愈加明显，竞技体育实力已成为衡量国家软实力的重要指标。

新中国成立之初，各项事业百废待兴，中国迫切需要取得一定成就来树立国际新形象，竞技体育所具备的政治交往、文化交流的外延社会性功能迎合了我国提升国家实力、树立国际新形象的诉求。中国竞技体育在基础设施缺失、专业知识匮乏、运动员不足等不利条件下艰难起步，正是各种艰难与不利激发着我国竞技体育从业者奋勇向前。从新中国成立时体育事业百废待兴，到1984年洛杉矶奥运会实现金牌的零突破，到1988年"兵败汉城"、2000年悉尼奥运会金牌总数位居第三、2004年雅典奥运会金牌总数位居第二，再到2008年北京奥运会和残奥会高居金牌榜首位，我国的竞技体育在半个多世纪内，在艰难的道路上，从基础差、底子薄跃升至世界"第一集团"，彻底洗刷了中国竞技体育的屈辱，所取得的伟大成就有目共睹；同时铸就了以国家至上、勇于拼搏、敢于创新、艰苦奋斗、百折不挠为主要内涵的竞技体育精神。

（一）国家至上精神

国家至上精神从内涵上讲，它是我国竞技体育从业者对国家的绝对忠诚、热爱，以牺牲自我的实际行动争取优胜来献身国家的一种大无畏精神；从产生的条件上来讲，它源于新中国成立之初所面临的严峻的国内外环境，源于我国人民急于追赶的社会心态；在表现形式上因年代不同而异，如20世纪50年代的"海归现象"、60年代"不想拿金牌就别进国家队大门""为国家荣誉而战"等，根本上都是甘愿为国家竞技体育事业而牺牲自我。

从内涵上来讲，爱国主义是人们忠诚、热爱、报效祖国的一种集情感、思想、意志于一体的社会意识形态，是在人类社会进程中形成、发展、巩固起来的一种团结凝聚国家和民族、推动历史发展的强大精神力量，也是调节个人与国家民族关系的基本政治、道德和人生价值规范。[①]从本质上来讲，爱国主义和国家至上精神都是对国家的一种感情，爱国精神有感性层面和理性层面的，国家至上精神则是一种以实际行动来践行的高尚情怀。关于国家至上精神虽然没有权威的定义，部分学者只是以爱国主义来定义当代中国竞技体育从业者献身国家的行动，笔者认为这是欠妥的。基于爱国主义的一般定义，笔者认为，国家至上精神是竞技体育从业

---

① 教育部思想政治工作司组编.思想道德修养（第二版）[M].北京:高等教育出版社,1995:128.

者在严峻的国内外社会背景下，我国竞技体育承担的历史责任促使竞技体育从业者形成了急于追赶的心态，并促成极度忠诚、热爱、甘愿牺牲自我而献身竞技体育事业的崇高价值取向。国家至上精神是当代中国竞技体育精神中一面鲜艳的旗帜，地位上处于最高层面，同时又是"勇于拼搏精神""敢于创新精神""艰苦奋斗精神""百折不挠精神"产生的坚实基础，在当代中国竞技体育精神中又起着统领性的作用。

社会心态是一定社会群体对他们共同面临的生活境遇的共同心理体验和心理感受，也是某一特定时期一定社会群体的心灵世界和精神面貌。[①]社会心态必然受社会心理结构的影响、制约和支配，有什么样的社会心理结构，就会有相应的社会心态表现；而社会心理又必须通过和表现为对各种具体事件的反应，即社会心态实现自己由潜在向实在的转化。[②]从产生的原因上来看，自从被帝国主义列强的坚船利炮"打"入近代以来，我国就被迫签订了一系列丧权辱国的条约，在长达近百年的战争煎熬后，最终推翻了"三座大山"取得新民主主义革命的胜利，建立了中华人民共和国。中国人民对刚成立的新中国的各项事业有着清醒的认知，在对社会认知的基础上形成了社会本位的价值观念或价值取向。此外，由于中国的社会物质较为匮乏，大部分努力都遭受失败，国民内心大都会积压并弥漫于社会的焦虑、无奈、怨恨，社会本位价值观就会形成一种"急于追赶"的社会心态。社会心态的思想系统包括人们的价值观念、目标追求、认知能力和思维方式等。[③]在"急于追赶"的社会心态下，国民形成"誓死强国"的思想或精神或意识形态，因为作为个体的中国人，深切体会到国家的强大对于个人乃至整个中华民族的重要意义。近百年的屈辱史告诉每个中国人一个真理：只有国家强大了，个人才会有最基本的安全保障。国家至上精神在新中国成立以来的很长一段时间内占据社会文化的主流思想层面，它是支撑我国工业化和现代化建设的精神支柱。虽然作为共性层面的国家至上精神，并非我国竞技体育领域所独有，但我国竞技体育从业者以实际行动对

① 马守亮. 大转折时期的社会心态[M]. 杭州：浙江人民出版社，1996：11.

② 胡红生. 社会心态论[D]. 武汉大学，2004：25.

③ 胡红生. 社会心态论[D]. 武汉大学，2004：29.

国家至上精神的诠释是十分明了的。

在"急于追赶"的社会心态基础上，各运动队的思想政治工作对国家至上精神的形成也十分重要。新中国成立七十多年来，在我国社会主义建设的各个时期，许多优秀运动队都十分注重思想政治工作，根据社会主义现代化建设的要求，结合训练和竞赛的实际情况，通过与时俱进的思想政治工作，使运动员成为"有理想、有道德、有文化、有纪律"的优秀人才，在"爱国、拼搏、成才、奉献"的道路上勤学苦练，为国争光。[1]1964年8月国家颁布的《运动队思想政治条例》，对运动队思想政治工作的意义、目标和任务作出明确阐述：政治是灵魂，是统帅。思想政治工作是我国竞技体育工作的"生命线"，思想政治工作应贯穿、渗透到运动员的训练竞赛等各项工作中去，也是做好训练工作的根本保障。如1981年国家体委印发的《关于授予中国女子排球队永攀高峰运动队称号和向女排学习的决定》指出，学习中国女排爱国主义思想和勇攀世界高峰的雄心壮志，从本项目实际出发，严格训练、严格自律、严格管理。

基于"急于追赶"的社会心态，我国竞技体育自新中国成立初期就承担着四万万中国人民渴望迫切甩掉"东亚病夫"称号的重任，承担着证明社会主义中国强在哪里等重任，而完成这些重任的最直接体现就是我国运动员在国际赛场上的表现，而支撑赛场上表现的是场下的精心备战。当代中国竞技体育是在旧中国的废墟上艰难起步的，基础差、起点低，竞技体育从业者必须付出比他人更多的心血才能站在世界领奖台上。

在20世纪50年代我国竞技体育的建设中，海外华人作出了巨大贡献，除捐助巨资帮助国家建设一大批体育场馆外，还有大批具有发展潜质的优秀青年放弃海外优厚的生活条件，回来报效祖国，例如，从印尼回国的羽毛球名将王文教、陈福寿、汤仙虎、游泳名将吴传玉等。这一时期，在加强与苏联东欧国家体育交流过程中，被派遣到国外的体育健儿虚心好学，刻苦训练、专心比赛，积累了宝贵的训练知识和比赛经验；教练员集中精力认真观察、认真总结，回国后倾尽心血将基本技战术传授给更多教练员

---

① 国家体育总局政策法规司. 国家体育总局体育哲学社会科学研究成果汇编（竞技体育卷2001—2006）[M]. 北京：人民体育出版社，2009：444.

和运动员。在国际赛场上我国体育健儿也表现出为国家荣誉而奋斗的坚定决心。1954年，我国体操队第一次在波兰华沙参加国际比赛，运动员既不懂赛前热身，也不知晓比赛秩序。比赛中，有的裁判对我国运动员的表现不屑一顾，一边喝着汽水，一边看其他国家运动员的比赛，结束后随便打个分。这深深伤害了我国运动员的自尊，他们含泪立誓：不拿世界冠军，死不瞑目！20世纪60年代，中国体育健儿坚持从难、从严、从实战出发、大运动量的"三从一大"训练原则和思想过硬、身体过硬、技术过硬、训练过硬、比赛过硬的"五过硬"作风；我国乒乓球队秉持"不想当世界冠军，就别进国家队大门""祖国荣誉高于一切""胸怀祖国，放眼世界""冲出亚洲，冲向世界"理念，指导实际训练。20世纪70年代，在国内政治环境影响下，我国体育从业者面对困境，始终秉持为国家利益而献身体育事业的大无畏精神，坚持训练；80年代，我国竞技体育从业者以国家利益为最高奋斗目标，在坚持"国内练兵，一致对外"原则下，认真贯彻"思想一盘棋、组织一条龙、训练一贯制"要求。此外，我国登山队独自登顶珠峰、以乒乓球交流为契机创造了震惊世界的"乒乓外交"、经过长期不懈努力终于恢复了国际奥委会的合法席位、足球队的"志行风格"等都为国家赢得了荣誉，深得人民的赞赏。为实现我国奥运金牌零的突破。我国跳水队为国家荣誉而"冲出亚洲，走向世界"、中国女排为捍卫荣誉而奋力拼搏。90年代为实现"奥运争光计划""为国争光"成为一面旗帜，斗志昂扬地实现了"三连冠""五连冠"。1992年在巴塞罗那奥运会上，我国夺得16枚金牌的好成绩；时隔四年，在亚特兰大奥运会上又取得了16金的举世成就，稳固了我国在世界体坛的地位。

国家至上精神是我国竞技体育从业者不畏艰难险阻、克服各种不利条件、誓死为国家而献身、奋斗的独特精神，它在为国家赢得尊严的同时，鼓励了人民投身到社会主义现代化建设之中，为巩固中国在世界的地位提供了坚实保障。国家至上精神虽然是特殊历史环境下的特殊产物，但它一直在影响着一代又一代人，激励着一批又一批有志之士为社会主义各项事业的不断前行贡献积极力量，它在当今我国竞技体育文化建设当中仍具有重大意义。

（二）勇于拼搏精神

勇于拼搏精神是指我国竞技体育从业者在竞赛训练中、竞赛过程中面对各种不利条件，能够顽强坚持或充分发挥自身主观能动性，用毅力、聪明才智来激励自己向极限冲击，以争取优胜的勇敢表现。竞技体育的根本目的在于向人类极限挑战，竞争性作为竞技体育的内在属性，决定了提高竞争力就必须不断去挑战自我、全力竞争、努力拼搏、不断进步。我国竞技体育的发展基础薄弱、道路艰难、任务艰巨、科学技术落后，必须尽力去拼搏，唯有如此才能完成历史重任。下面笔者从乒乓球、举重、体操、跳水、女排这五大项目的曲折发展和应对之策、我国体育健儿的高光表现来等方面分别加以阐述。

从乒乓球这一项目上看，当代中国乒乓健儿创造了无数经典战例和神话，涌现出一批又一批"人生能有几回搏"的英雄人物，是对勇于拼搏精神的最好诠释。我国乒乓球运动的发展历经了艰难险阻，总结起来大致是：艰难起步—崭露头角—站稳脚步—处于巅峰—跌落峰顶—再攀巅峰的螺旋式发展。正是乒乓健儿的勇于拼搏，我国乒乓球才能在艰难的条件下一步一步稳步前行，在低谷之后又能再一次站在世界之巅。1953年3月，组建不到半年的中国乒乓球队首次亮相第20届罗马尼亚世乒赛，男队成绩只是排名世界甲级第10名，女队排名乙级第3名。在1963年第27届布拉格（捷克斯洛伐克首都）世乒赛和1965年南斯拉夫卢步尔28届世乒赛上，我国乒乓球水平达到第一个巅峰。在"文化大革命"中，我国竞技体育遭受极其严重的摧残和破坏，相当一部分体育科研机构被撤销，大量体育设施荒废，我国竞技体育处于严重的停滞状态。"文化大革命"给原本正在蓬勃发展的乒乓球当头一棒，我国因"文化大革命"无缘第29届和第30届世乒赛，也拉大了与世界顶尖球队的差距。在1971年日本名古屋世乒赛上，我国仅取得了男团、女单、女双三枚金牌。1979年第35届世乒赛男队失利，引来了社会各界的口诛笔伐，面对巨大压力，我国乒乓球队"知耻而后勇"并于1981年顺利实现了打翻身仗的愿望。20世纪80年代，我国几乎称霸了世界乒坛，但在末期以瑞典为代表的新兴力量对我国乒乓球世界第一的地位发起了挑战，起源于欧洲的横拍弧圈球打法逐渐成为世界乒坛的主流，我国传统直拍快攻的劣势也暴露出来。在第40届多特蒙德世乒赛上我国失去了世界乒坛霸主地位。从失去霸主地位后到1996年亚特兰大奥运会、2000年悉尼奥运会包揽金牌，再到2004年雅典奥运会夺得三金和2008年北京奥运会包揽全部金牌，我国乒乓球再次稳居世界第一。这期间我国乒乓球队除了面对大球的不利因素外，还面对国际乒联针对我国的乒乓球赛制改革（如21分制改为11分制、发球无遮挡）等，但乒乓健儿都勇敢地克服了它们。我国乒乓球队多年经历的风雨艰辛是难以想象的，也正是这些艰难险阻，积淀了我国乒乓健儿勇于拼搏的精神。

从举重这一项目上看，国家举重队（指男队，女队是20世纪80年代起步的）成立于1955年，当时运动员人数较少且偏大龄化，规模较小。1956—1966年，是我国举重队赶超世界先进水平的11年。在这11年里，我国运动员先后有10人30次打破5个级别10个单项的世界举重纪录，中国队还先后战胜过来华访问的世界劲旅——日本、埃及、波兰举重队，表明当时的举重运动就已经达到了世界先进水平。[1]我国举重队的奥运历程曲折坎坷，简单从金牌数量上来看就足以证明，1984年4金、1988年0金、1992年0金、1996年2金、2000年5金、2004年5金、2008年8金。从0到2到5再到8不过是简单的显性的量化增加，而隐性的不可量化的是鲜血、汗水、眼泪中饱含的竞技体育精神，它是一种不怕困难、面对困难勇于攀登的勇敢拼搏精神。

从体操项目来看，我国体操队的发展是在"有几个项目不懂，器械什么样不懂，怎么比赛不懂、怎么培养队员不懂，规则也不懂"的"五不懂"的条件下起步的。我国最早的体操器械是苏联体操队于1953年访华时赠送的。当时正值向苏联学习时期，正是借助这个良好契机，我国体操队员才详细地了解体操运动。从"五不懂"开始起步，1954年国家体操队成立，1955年派遣部分队员到莫斯科学习、部分队员参加波兰华沙第二届国际体操比赛。正当我国体操运动员苦练技术动作正酣之时，体操队却在"文化大革命"期间被解散，难以想象，士气正旺的体操队突然解散对我

---

[1] 许敏熊.竞技体育强国之路[M].北京:光明日报出版社,2012:31.

国体操队体是何种致命的打击？凭借着对体操能登顶世界的坚定信念，一些体操从业者还是克服了多重艰难困苦，坚持训练，这也保证了我国体操项目基础雄厚而没有呈现出凋敝之势。由于体操运动比较适合中国人的生理特征，"文化大革命"后期体操就作为振奋民族精神的首选项目来夺金摘银，我国体操从业者重获生机，刻苦训练的积极性空前高涨，秉承着"难、新、稳、美"[①]为主的训练指导思想，由此开始攀登世界之巅的曲折而光辉的征程。

从跳水项目上来看，20世纪六七十年代我国跳水项目还处于站在木板上练习的初始状态，直到改革开放后国家才开始重点投入，开始学习国外技术，引进国外先进器材。如何在起步晚、技术条件受限于他人等劣势下去超越，是摆在我国跳水队面前的迫切难题。他们也明白解决这些难题必须需要比他人付出更多，就是要在长期训练中十分刻苦加十分勤奋。面对不利条件，我国跳水队从难度高、压水花方面实现突破，这成为我国跳水运动取得胜利的秘诀，为我国赢得了许许多多的国际大赛冠军。1984年洛杉矶奥运会上，我国跳水队获得了第一枚奥运金牌，由此便开始了跳水项目的辉煌征程。1988年汉城奥运会上我国突破性地获得了两枚金牌，此后三年里，快速培育出了一批在难度、稳定性、美感方面优势明显，具有绝对夺冠优势的年轻小将。1992年巴塞罗那奥运会上，新秀伏明霞、朱金红不负众望，携手老队员夺得4枚跳水金牌中的3枚，奠定了我国跳水队在世界的领先地位。1996年亚特兰大奥运会实现了"奥运家庭"的大团圆，是竞争最为激烈的一届奥运会。中国队在困难重重的情况下，充分发挥主观能动性，专研出了一套科学严密的训练体系，制订了详细的训练计划，实现了高难度动作的稳定、准确、美感，中国队再次获得4枚金牌中的3枚。2000年悉尼奥运会的跳水项目金牌由4枚增加至8枚，我国体育健儿奋力拼搏，收获了5枚金牌，再次巩固了我国跳水队在世界上的领先地位，在此后的历届奥运会上，我国跳水队都一直处于绝对优势地位。历经多年磨炼，我国跳水队逐步发展壮大，进而长居世界之巅。我国跳水健儿在成长和进

---

① 许敏熊.竞技体育强国之路[M].北京:光明日报出版社,2012:220.

步中为我国竞技体育事业作出了巨大贡献。

从女排项目上来讲，作为中国唯一一项在世界各种顶级赛事中颇具影响力的大球项目，于我国恢复国际奥委会席位后两年的1981年日本世界杯上就以7战全胜的骄人战绩问鼎世界之巅，1982年在秘鲁世锦赛上再度夺冠，1984年在美国洛杉矶奥运会上夺得冠军，1985年、1986年又连续拿下两届世界杯冠军。神奇的"五连冠"在中国竞技体育发展历史中是绝无仅有的，由此焕发出来的"女排精神"举国推崇。"女排精神"当时也被竞技体育运动员视为刻苦训练和努力拼搏的座右铭，鼓舞着他们，激发着他们的热情。2004年雅典奥运会上，我国女排在主力赵蕊蕊伤退的困境下，越战越勇，最终以总比分3比2完成逆转，夺得冠军。2016年里约奥运会上我国女排时隔12年再度拿到奥运金牌，郎平教练在被问及到取得成功的关键时，她说："靠的就是去拼，什么都不管了就是一点一点地去拼。"面对艰苦条件，我国竞技体育从业者努力去克服，在竞赛场上去争、去拼以赢得奖牌。奖牌背后凝聚的是训练中、生活中的血、泪、汗及所有努力，更是一种执着的勇敢拼搏。勇于拼搏精神是我国竞技体育从业者追求极限的动力，在我国竞技体育事业腾飞过程中起着重要的支撑作用。

（三）敢于创新精神

创新是指以现有的思维模式，提出有别于常规或常人思路与见解为导向，利用现有的知识和物质在特定的环境中，本着理想化需要或为满足社会需求，而改进或创造新的事物、方法、元素、环境等获得一定效益的行为。[①]竞技体育本质上是通过对人类极限的挑战以促使人类不断前进的求新求变，只有不断创新才能合乎竞技体育发展的根本要求。我国竞技体育是在国力较弱、竞技体育项目非本土化的空白基础上发展起来。我国竞技体育从业者肩负着全国人民基于追赶心态的历史重任，这就决定了竞技体育从业者需要不断学习、不断创新属于自己的技术特点。模仿他国也只是跟着别人走，唯有创新出合乎自身的动作技术方可取得好成绩。

创新是我国举重运动长盛不衰的秘诀之一。在举重项目发展过程中，

---

① 宏宾.论创新与发展[J].人才资源开发，2014（08）：91.

我国有自己独特的创新。1961年的"含胸式发力上推"和"屈髋上推"技术的运用对我国举重界发展产生了历史性的影响。在抓举技术上，我国研究人员提出了高臀化提铃、充分发挥腰背肌和伸髋肌群力量，保持发力前合理前倾角及保持上拉的合理路线，改进杠铃的运动方向，促进了抓举成绩的提高，形成了鲜明的中国特色。2008年国家体育总局为我国举重队设立了2008年北京奥运会"男子举重的科研攻关和科研服务"的课题，其中包括赛前速降体重的方法与降重期间的营养保证的子课题，起到了预防伤病、提高运动员身体机能的作用。而通过生物力学分析手段，对运动员成功与失败动作参数进行对比，对运动员成绩的提高起到了事半功倍的效果。科研工作走在前面，为我国举重在世界上保持领先地位提供了技术支持。

中国体操队为了攀登世界巅峰，李宁在教练细心指导下大胆创新，刻苦攻坚高难度动作。他创造了鞍马"托马斯"全旋接倒立和跳转，并大胆将其运用到自由体操中，将鞍马交叉动作创造成倒立转体式，使平面化的鞍马动作变成了立体化，后来被命名为"李宁交叉"。李宁开创了鞍马项目发展的新思路，他也成为中国首位以个人名字命名体操动作的运动员。为了使体操在世界体坛长盛不衰，我国体操队掀起"创难新"热潮，如鞍马的立体下马、单杠的"盖浪"技术都是中国队首创，但当时并没有得到国际体操联合会的肯定，不过后来这些动作被世界各地运动员普遍采用，充分说明了我国体操项目的创新能力。我国为世界体操技术的发展作出杰出贡献，自1984年实行难新动作评比开始到1987年止，中国运动员先后创造和引进了161个难新体操动作。值得骄傲的是，目前共有34个以中国运动员名字命名的动作，其中女子16个，男子18个。[①]这些体操动作，是对中国运动员为世界体操所作重大贡献的高度肯定。中国体操在发展过程中，依靠大胆创新逐渐形成了以难、新、稳、美为主导训练思想，走出了一条与中国国情和特点相适应的发展道路，取得举世瞩目的成就，造就了一段体坛神话。

---

① 许敏熊. 竞技体育强国之路[M]. 北京: 光明日报出版社, 2012: 223.

　　自1952年中国乒乓球协会成立以来，一代代中国乒乓人用自己的智慧和汗水为祖国赢得了无数荣耀，使乒乓球成为国球，让中国乒乓球在世界范围内独占鳌头。面对困境，大胆进行训练方法和技战术创新是中国乒乓球队取得制胜的关键因素。为备战1961年第26届北京世乒赛，针对日本选手发明的弧圈球，国家体委和研究人员通过分析研究和模仿实验，使中国队终于对弧圈球有了深入了解，主力队员适应了弧圈球，最终以东道主的身份获得期盼九年的斯韦斯林杯。在第35届世乒赛上，男团的失利，引来不少非议，面对尖锐批评，中国乒乓球队将压力化动力。针对自身弱点，中国乒协作了积极调整，在加大训练密度和强度的同时，男团教练还特别注意加强难度和实践结合，以期从难度变化上击败对手。在20世纪70年代世乒赛上中国只赢得混双冠军，而80年代的世乒赛上，中国男队一无所获。以此为鉴，中国乒乓球队意识到，一直奉为"杀手锏"的直拍近台快攻技术落后了，在欧洲两面弧圈结合快攻的大力"围剿"下，只有创新方能有出路，才能继续中国队的辉煌。中国乒乓球队堪称一部创新史。近一个世纪以来，世界乒乓球技术、器材创新最突出的成就共有46项，我国原创的有27项，占创新总数的58.7%。这些技术打法的创新，是中国队克敌制胜的十八般武艺，均先后为中国队夺冠立下汗马功劳。[①]

　　在竞技体育发展模式上也能体现创新精神，无论是20世纪五六十年代计划经济时期下的举国体制还是改革开放后以竞技体育训练、竞赛体制为重点，以社会化、市场化为突破口的改革，以及90年代对竞技体育发展过分依赖国家和主要依靠行政手段的高度集中体制的改革，每一次改革都是对原有体制的革新或补充，都是为了适应我国竞技体育发展规律和社会发展需要所作的具有前瞻性的变革。另外，纵观新中国竞技体育的发展道路，每次竞技体育事业的飞跃性发展，都是改革的直接结果。不难看出，我国竞技体育正是在不断变革体制、运动队、训练方法、动作技术等一系列措施中艰难起步、稳步发展、登峰造极。可以说，每一次变革都是立足于国内外现实，对我国竞技体育发展作出的具有高瞻远瞩性的创新。改

---

① 谢琼桓. 星光为何这般灿烂·守望体坛［M］. 北京：人民体育出版社，2003：11.

革，是我国竞技体育发展的根本动力，是我国竞技体育取得不断前进的重要法宝。

（四）艰苦奋斗精神

艰苦奋斗精神和实践密切联系，艰苦奋斗精神从本质上讲是一种实践精神。艰苦奋斗精神指为实现既定的目标和理想而在自己的行为中表现出来的用于克服艰难困苦、百折不挠、顽强拼搏、自强不息的精神。[①]艰苦奋斗精神包括物质层面和精神层面，物质层面是一个生活标准，就是要求人们的物质消费水平要与生产力发展状况相适应，其实质是珍惜劳动创造的物质财富，节俭朴素，反对铺张浪费、奢侈挥霍；从精神层面讲，奋斗主要表现为不畏艰难、坚忍不拔、奋发图强、拼搏创业的精神状态。[②]艰苦奋斗精神应该是指在艰苦条件下为实现既定目标而奋力进取的精神，艰苦指物质条件匮乏、条件艰苦，它是艰苦奋斗精神的基础。艰苦奋斗精神在我国竞技体育发展过程中体现鲜明，因为新中国成立之初基础条件极差，决定了竞技体育从业者只有努力奋斗才能实现既定目标。我国竞技体育发展之初就承担着增强国力、提高国际地位的重要任务。国内物质匮乏、国外环境恶劣都成为发展竞技体育的阻碍。

从国内看，现代体育运动传入我国时，正是中华民族遭受巨大屈辱和失败的年代，中国的体育事业在很大程度上寄托了民族的忧患意识，体育比赛被看作是民族精神、国势强弱的象征。新中国成立之初，我国各项事业百废待兴、物质条件极其匮乏。当代中国竞技体育正是在竞技水平低下、竞技体育专业人员严重不足、运动场馆和硬件设施落后、优秀教练员和专业教练严重匮乏、无体育组织机构等制约下艰难起步的。在"普及与提高相结合"的基本方针指导下，我国在军队中大力开展竞技体育运动以充实体育队伍，通过建立体育行政管理组织机构、建立竞技体育训练体制、建立单项体育协会机构、建立体育场馆等完成了竞技体育体制的初建。建立这些竞技体育基础设施对新中国来讲无疑都是极其艰难的，正如有学者指出：国家体委为了参加1956年墨尔本奥运会，斥资200万元修建了

① 谢鑫.艰苦奋斗精神的哲学解读[J].湖南文理学院学报(社会科学版)，2008(03)：18.

② 柳礼泉.论坚持艰苦奋斗与实现远大理想的统一[J].社会科学主义，2008(01)：88.

中国第一个现代化体育训练基地——广州二沙群岛体育训练基地，这对于当时吃一顿饭只需6分钱的中国人来说，真是一个天文数字。①

从国外看，新中国成立之初就面对相当恶劣的国际环境。为了打破国际敌对势力对新中国的封锁，争取有利的国际环境以树立新中国形象，迅速提高新中国的国际威望，亮相国际赛场成为主要办法之一。由于我国自身没有发展竞技体育的经验，因此必须向国外学习，借鉴他国发展经验。当时运动员的交流学习主要被派往苏联以及东欧等社会主义国家，从1953—1956年，我国先后派出游泳、足球、举重、排球、体操等项目运动员到苏联等国家培训，我国竞技体育水平有所提高。然而好景不长，1960年中苏关系的分歧逐渐公开化，苏联政府撤走全部在华专家，撕毁数百个合同，停止供应我国急需的设备，使250多个建设项目处于停顿、半停顿状态。1960年5月，在苏联撕毁合作协议，缺少设备和技术的情况下，年轻的中国登山队以大无畏的战斗精神和科学求实的态度独自攀登珠穆朗玛峰，最终王富洲、贡布、屈银华三人成功登顶。

面对新中国成立初国内外基础设施差、环境恶劣的客观条件，我国竞技体育从业者并未退缩，而是积极充分发挥主观能动性，以高目标指导工作，努力克服困难，奋力向前。根据我国优秀运动队的实际状况，结合专业特点，吸取国外先进经验，经过多年摸索，从训练实践中总结出的"从难、从严、从实战出发，进行大运动量训练"的"三从一大"为核心的训练原则，不怕苦、不怕累、不拍难的"三不怕"和思想过硬、身体过硬、技术过硬、训练过硬、比赛过硬的"五过硬"的作风，是竞技体育从业者艰苦奋斗精神的现实写照。

（五）百折不挠精神

百折不挠是人们面对困难的一种坚强表现，更是一种战无不胜的力量。②当代中国竞技体育从业者在竞技体育的发展道路和奋斗征程中，经受了极其严重的挫折和考验。他们认真分析失败原因、采取应对措施，制定正确的发展路线、方针、政策，指导当代中国竞技体育事业走向辉煌。面

① 许敏熊. 竞技体育强国之路 [M]. 北京：光明日报出版社，2012：27.
② 华瑞兴. 大力弘扬不畏艰险、不折不挠的精神 [J]. 群众，2008（10）：94.

对巨大的挫折、打击与磨炼，竞技体育从业者没有被击垮、击溃，这在世界竞技体育发展史上是罕见的。总体而言，当代中国竞技体育发展史就是一部百折不挠的奋进史。

从国内来看，在竞技体育发展的大趋势上，我国自发展竞技体育开始就面临着人、财、物等基本物质条件匮乏的困境，发展过程中历经"大跃进""文化大革命""兵败汉城"等严重创伤，导致我国竞技体育发展严重受挫乃至处于半瘫痪状态。1958年制定的《体育运动十年规划》中提出的"主要运动项目迅速赶上世界先进水平"的口号，要求过急，不尊重科学，运动量增加过快，造成运动员伤病严重，严重影响了后备运动员的训练。1961年10月底，国家体委直属运动队的691名运动员中，伤病共408人，占总人数的59%，其中受伤308人，占总人数的50.3%，伤病较重不能参加训练的占22.3%。一些较为严重的班、队，伤病人数竟达到总人数的90%以至100%。[1]在项目成绩上，经历了从亮相到登顶、到低迷、再攀登的曲折发展。1959年起，我国连续三年遭受严重的自然灾害，加上苏联停止对我国的经济援助并撤走专家、催逼还贷，致使1959年至1962年期间国民经济陷入极其困难的境地。在此期间，我国竞技体育事业受到了严重制约和影响。专业运动队由于粮食不足导致营养不良，训练量减少、训练时间缩短，竞技体育前进的步伐开始减缓。自1966年"文化大革命"开始，竞技体育受到严重冲击。新中国成立以来确定的一整套竞技体育管理制度被废止，整个训练和竞赛体系完全崩溃，各项专业运动队被迫解散。作为攀登世界体坛高峰突出代表的中国乒乓球队，首先成为被打击的对象，被禁止参赛，使国家队被迫与世界失去联系，甚至部分教练员、运动员被批斗致死。此外，据统计，仅足球一项，就有47支省市足球队被解散，有1124名优秀足球运动员和115名专职足球教练离开了球场。[2]由于训练和竞赛场馆的被迫关闭，比赛和训练器材由于无人管理而遭到严重破坏，室外训练场上杂草丛生、荒芜凄凉，整个竞技体育工作完全处于瘫痪状态。

从国外来看，我国竞技体育发展之初就遭到西方国家干预，利用"中

---

① 梁晓龙，鲍晓春等. 举国体制［M］. 北京：人民体育出版社，2006：20.

② 熊晓正、钟秉枢. 新中国体育60年［M］. 北京：北京体育大学出版社，2010：142.

华全国总会"加入国际奥委会来搞"两个中国"的分裂，阻碍我国加入各种国际体育组织，阻断我国与国际奥委会的联系长达28年之久；借"人权""民主"等反华论题攻击北京初次申奥，向我国施压，迫使我国申奥面临严峻、复杂的国际形势，乃至败下阵来。1993年9月15日英国《泰晤士报》发表了题为《北京不应该主办千禧年奥运会》的文章，说曼彻斯特失败，北京也不应该成功。在比赛过程中对我国选手进行不公平判罚乃至人格上的歧视，在中国队比赛的时候，裁判常常连看都不看，只顾低头喝着汽水，等中国队员完成动作时，随手打个低分。他们的轻视，激起了中国体操队奋勇向前的斗志。2002年韩国釜山亚运会的乒乓球比赛开始实行大球（将比赛用球改为直径40毫米）、11分制和发球无遮挡等三项新规则。尽管国际乒联主席沙拉拉一再强调改革不是针对中国队，但新规则对我国选手还是产生了很多不利影响。在此届亚运会和同年11月中国南京世界杯赛上，我国乒乓球队都接连失利，规则的改变使我国乒乓球队又要接受新的考验，面临着攻克新堡垒的挑战。

二、民族传统体育文化的精神价值

民族传统体育文化是生活在中华大地上的先民们，对日常劳动生活的经验总结，是智慧的结晶，是历史发展的产物。民族传统体育不仅是体育文化的重要形式，而且充分体现了人类在体育中的共同价值观，是一种特殊的身体文化，蕴含着丰富的精神价值。

（一）民族传统体育文化的精神价值

1. 导向价值

民族传统体育文化的精神导向价值在于通过有效的民族传统体育活动引导参与者的思想和行为，让参与者通过活动了解民族精神，感受活动指导人们向善、团结、友爱的力量，不仅注意人与人之间的关系，更重要的是要注意人与自然之间，让人们树立远大的志向，并为之奋斗终身。通过让人们参与民族传统体育活动，感受民族传统体育文化，这种亲身参与的体验让学生置身民族文化中，与民族精神融合在一起，这是培养民族精神的一种非常有效的形式。例如，赛龙舟、拔河、舞龙舞狮等活动要求参与者在比赛中协同工作。集体荣誉感是集体的胜负关系到个人荣辱的一种价值导向。藏族的"抱石头"、钱塘江竞渡等活动要求运动员有超强的意志力，不害怕失败，并在失败后继续竞争，这已经塑造了民族自强不息的精神。

2. 交往价值

民族传统体育的开展伴随着人与人之间的交往，民族传统体育侧重于个人身心的调节，注重人与自然的和谐，重视对参与者的教化。在开展民族传统体育活动的过程中，理解概念其实不是那么重要，转变观念也是其次的，每个人对于民族传统体育来讲，更重要的意义是加强人与人之间的互动。在交往的过程的中，学习各种文化，要在民族传统体育活动中培养人们的竞争意识，在参与过程中体验情感，磨砺意志，建立信仰和追求，继承和发扬民族传统文化。通过参与民族传统体育活动，达到人们之间交流，培养参与者的社会适应能力，同时在这个过程中增强人际交往能力，增强人参与活动的竞争意识和对社会的情感。

3. 发展价值

我国民族传统体育文化在寓教于乐的同时，也塑造参与者的"三观"，深刻地影响参与者的身心发展，这是其他文化难以代替的。文化对人的发展价值不能凭空产生，必须通过参与民族传统体育活动，进而在活动中创造个人辉煌的成绩，发展个人的价值，然后才能提升全社会和参与个体的发展价值。民族传统体育不只是体育活动，项目本身就有着丰富的哲学道理和道德教育的价值。如武术不仅是一项体育运动，还渗透了对练习者的道德教育，武德是练习者进行自我规范的形式；既达到身体锻炼的效果，还使道德升华，促进个体发展。

4. 理想价值

人类追求理想促进社会的发展可以持续几千年。一个人的理想是他的精神追求。创造和追求理想的人格是每个人存在的意义所在，追求理想的过程有助于个人全面发展，同时也有助于促进社会更好的发展。在民族精神里，榜样的作用是巨大的，人们格外注重民族英雄人物的社会效益和历史作用，有助于支持人们树立坚定的信念。民族传统体育的起源和发展不仅是地域和历史等原因的影响，与民族英雄也有密切关系的地方。藏族的赛马激励着每一个藏族青年，以格萨尔王为榜样，保家卫国。畲族的"赛海马"表达对民族英雄的缅怀，体现畲族民众的爱国情怀。建立崇高的理想目标，可以引导人们在实现理想的过程中提高自己的素养，并且崇高的理想可以让人们对生活充满希望。

（二）民族传统体育文化精神价值的体现

不管什么文化，精神价值都是核心内容，民族传统体育也不例外，精神是支持当前生存和发展的基础，也是在未来能够更好地生存和发展的前提，精神价值是文化结构的核心层面。民族传统体育还影响着其他文化的发展，其精神价值对人们产生的深远影响，不仅体现在生产生活和社会实践，更体现在思维方式和行为方式上，对人们是后知后觉的影响。一方面，它可以反映一个人精力充沛、自强不息的性格。另一方面，它不仅可以促进人与人的和谐发展，而且可以促进人与自然之间的和谐共处。促进民族与民族的相互团结，相互学习。友谊和互助是重要的精神价值。因为民族之间、人与人之间的友谊和互助不仅可以提高社会的整体文化水平、促进社会和谐，而且对民族传统体育的发展和传承意义深远。

乔凤杰认为，任何运动都是人的运动，任何人都是一个国家、地区、民族的人，任何国家、地区、民族不可能只有一种社会实践，因此，每一种运动在其实践过程中的一定会受到主流文化或某些强大的文化影响。[①]儒学由孔子创立、孟子拓展，刘彻施行了"罢黜百家，独尊儒术"的政治方针，使儒学在中国占据主导地位。直到今天，儒家思想已渗透到中国人民的精神中，成为民族精神的一部分。

斯塔夫里阿诺斯（L. S. Stavrianos）认为，古代中国的朝代尽管在变化，少数民族建立政权或外国侵略，他们总是能吸收或驱逐入侵者，由于其人数的优越和文化，他们可以选择改变外国文化的某些方面，来适应自己的传统文化的发展需要。[②]儒家思想也影响着民族传统体育。它的起源、

---

① 参见乔凤杰.符号视角的诠释：运动，与文化何干？[J].体育文化导刊，2016（06）：192-197.

② ［美］斯塔夫里阿诺斯.全球通史：第7版（修订版）[M].吴象婴，等，译.北京：北京大学出版社，2006：360.

形成、发展和传承符合儒家文化的精神内涵。

1. 思维方式

孔子强调学思，强调"学而不思则罔，思而不学则殆"。孟子提出了"心之官则思"的思想，并主张"思则得之，不思则不得也"。他曾经说过："盖必析之有以极其精而不乱，然后合之有以尽其大而不余。"这是为了强调分析和综合。

中国所提倡的整体的、流动的、现在性的体悟方法，是获得觉悟的方法，这与处理现象的方法有很大的不同。由于长期在儒家文化影响下生长生存，导致了中国人的思维方式极具儒家文化的特点——辩证思维和直觉思维。辩证思维强调整体、过程、动态平衡等。中国哲学家观察宇宙和生命的方式是"统观"和"会通"，即对天、地、人和心的关注处于不同的系统或"场之中"。肯定所有要素之间相互依存的关系。人体和宇宙都是一个有机的整体。①

中国古代哲学认为，我们不能依靠语言和概念来掌握宇宙本身，而只能依靠直觉和洞察力。在中国哲学的研究中，"直觉"有时被称为"体悟"。这种直觉被认为是中国哲学的基本特征，也被认为是中国人独特的思维方式。中国古代哲学是在人们的实际生活中提炼总结出来的，是一种针对社会实践的具体的哲学。

例如，武术文化由来已久，和中华文化共生共存，很好地吸收了中国优秀传统文化的精髓，不断内化成为自己的文化，在此基础上形成了与其他格斗技术不同的文化特征。武术本身也渗透着中国文化的内倾性特征，在身体运动中追求"内外统一"。中国传统武术的实践是一个从技艺到力量再到"神"明的过程，即从生手到熟练，对武术的理解是以身心哲学为基础的。对同一武术技法的理解不是一成不变的，而是随着时间推移，练习者对于这种技术的理解会达到更加深刻的一种认识。这也解释了为什么人们称武术为"功夫"。时间的推移能够使技艺在更高层次逐渐转化，武术家需要从技术和原理的角度对自己所运用的技术有深刻的理解。没有这

---

① 冯友兰. 中国哲学简史 [M]. 北京: 北京大学出版社, 1996: 8.

个理解的过程，武术的本质意义就无法被认识，最终也只是停留在初级阶段。在武术训练的过程中，除了外在表现为练习者对身体的"工作"，更重要的是对练习者内心和本性的磨炼和塑造。习武者以武术为媒介，实现自我体认、人性感知和参悟"道"的修炼的目的。如果把武术从身心的哲学基础中分离出来，这一切都是不可能的。武术将成为一个没有"心"的空壳，就像"行尸走肉"一样。[①] 此外，对武术体悟的实现是主体与客体的结合。武术起源于古代先民们的劳动生活、生产实践等，在其发展过程中受到传统文化的影响，逐渐融入中国传统文化，在产生后与生产实践分离。武术在实践中是一种身体实践的再生产。在武术的社会实践和生产生活中，实践者具有实践主体和实践对象的双重作用，体现了主客体的统一。武术实践者在"学而时习之"的过程中意识到自身的进步和变化。武术修炼的过程也是整体认识的过程。如果缺乏体悟，是不完美的实践，是身心不对等、貌合神离，甚至是对立的修炼。武术实践者的一切经验、心得和成就都是建立在身心统一、主客体统一的基础上的。[②] 通过直觉的思维和认知，认识武术所蕴含的优秀传统文化，是实现民族文化自觉、文化自信、传播中华文化的最佳途径。

2. 价值取向

价值取向属于价值哲学范畴，它指的是面对各种矛盾关系时主体的地位、态度和价值取向。随着新时代的到来，社会矛盾发生转变，人们开始追求精神世界的多样化。民族传统体育文化是在中华优秀传统文化的土壤中塑造和发展起来的。

从个人层面来说，爱国主义是中华民族高举的伟大旗帜，爱国主义精神是中国公民一切社会素质和美德中最基本的要求。回顾中华民族的近代史，实际上是坚强的国民表现出来的爱国主义的发展史。无数文人撞柱阶下，无数战士战死沙场，无数爱国志士无畏牺牲，才实现了和平。其中学校教育起着不可磨灭的指导作用。学校教育在培养人才方面的特殊性，使其爱国思想的培养最为突出。学校教育应当以"捐躯赴国难，视死忽如

---

① 李小进，赵光圣. 论中国武术的体悟认知方式[J]. 体育文化导刊，2017（07）：76.

② 参见李小进. 武术体悟教学研究[D]. 上海体育学院，2018.

归"的爱国主义精神为指导思想，倡导崇高的爱国主义精神。社会主义事业的建设不能局限于口头，需要引导各行各业去履行自己的职责，因此，敬业奉献精神是实现社会主义事业的手段。严格的道德标准教育学生从经典论争到敬业乐群，学校教育以"习者当立志"以及"恒为贵"等格言培养学生勤奋的职业品质。诚实是社会道德的基本规范。我国社会公民道德建设的重点突出的是"诚实守信"。民族传统体育重视生活中的诚信教育，古代人尊崇"自古皆有死，人无信不立"的原则，学校教育应以诚实守信的理念为基础。友善意味着友谊和善良，这是公民道德的价值标准。学校教育引导学生善待他人，这体现了中华民族深厚的道德基础，教育学生行善助人，让助人为乐的优秀品质成为一种社会公民的普遍的做法。

3. 伦理观念

中国历史上的历代封建统治者一直比较重视体育运动、风俗习惯和政治利益之间的关系。孔子提出，这种思想必须建立在"德、仁"的道德基础之上。例如，在竞争活动中，其激烈的竞争性质将不可避免地与绅士的文雅发生冲突，孔子找到了解决矛盾的方法，将运动与礼仪统一起来，即所谓的"君子之争"。他说："君子无所争，必也射乎！揖让而升，下而饮，其争也君子。"射礼的要求是："内志正，外体直"；投壶要求"不使之过，亦不使之不及，不使之偏颇流散。中正，道之根底也"。蹴鞠应以"仁义"为主。等级观念在此得到了最大的渗透。

中国伦理思想一方面受社会关系的发展影响，另一方面体现在其内在原理和发展逻辑上。在中国传统的道德体系中，既有时代和阶级的内涵，也有普遍性和民族性的因素。封建主义与民族的区别是把握和理解中国伦理思想的关键。儒家伦理思想在中国占主导地位的原因当然与统治阶级的使用和推动是分不开的，而统治阶级的原则，在很大程度上是因为它反映了我们民族的特点，适合中国传统社会，体现民族性。因此，它构成了中国特色的伦理思想，具有的普遍性和合理性。

4. 审美情趣

在各种运动中限制性规则的出现之后，最初的自然形态转化为具有规范意义的行为。这样，整个人体的美得到了展现，人们的精神价值取向得到了升华。这种审美心理体现在以下几个方面。

（1）勇猛

在追求勇敢的方面，所有民族群体普遍认为，不屈不挠的勇猛是一个人的重要品质。在许多民族传统体育活动中，首先要求参赛者要勇敢，在勇敢中突出独创性的技巧。

（2）机智

要在资源有限的环境中竞争，不仅需要非凡的勇气和胆识，更需要聪明的头脑。在民族传统体育运动中，运用智慧在短时间内巧妙地击败对手，通过各种智慧进行精细的运动是非常重要的，这也体现了民族独特的审美情趣。

（3）悦情

在传统体育活动中，各族人民不仅把希望寄托在力量和智慧上，而且把希望寄托在让体育运动的参与者和观众都能享受体育运动带来的乐趣上。体育文化特有的审美心理，通过人体的变化和比赛方式的变化，诱发人的身心审美感受。①

民族传统体育活动不追求不和谐的激烈斗争。运动的最高水平是能够跟随自己的意愿，允许身体以一种正式的形式自由阅读。掌握、理解和应用自然规律，在愉快的气氛中，熟练地运用，产生观赏价值和娱乐效果，更有利于那种美感的自由创造。民族传统体育的审美强调善良是最重要的，强调美与善的统一。美学始终与人的精神品质联系在一起。例如，在评价古代舞蹈时，子谓《韶》："尽美矣，又尽善也。"善良，总是在第一位。这是古典美学的特征，"不战而屈人之兵，善之善者也"，在发生冲突的时候，战胜对手不是目的，能教化人，而不伤人，被认为是大师。美与善、德与艺的统一在中国武术中

---

① 参见胡小明，黎文坛. 论民族体育的审美价值 [J]. 北京体育大学学报，2011（10）：1-4.

具有很高的审美价值，是中华文明的宗旨。古典美学的独特术语，如"道""意""韵""神""气""趣""律"等，这些内容基本上来源于直观的体验，这与西方美学的表达方式有着明显的不同。即使是看起来很简单的打陀螺和踢毽子也有同样的味道和内容。中国古典美学强调"写一时之义，止一时之意"，以达到"立象以尽意"的境界。例如，中华民族独特的舞狮、舞龙活动表达的是主观情感，而不是对客观对象的真实再现，促进了动作的虚拟化和程式化。"形"与"神"在民族传统体育中是对立的，但又兼有二者。在体育美学中，"形"被视为"形体美"，"神"被视为"人文美"，表现出独特的魅力。从"熊经鸟申"到"五禽戏"，都是模仿"形"，以满足"神"的审美需要。中华民族传统体育中的几乎任何演练套路，都需要从运动者的身体或肢体和技术动作来体现运动的风度和气质，在运动中传达出内在的神韵美。

5. 理想人格

民族传统体育体现了自我和社会团结的精神，强调个人的"修身养性"和"自我完善"，注重群体和社会的利益。《中庸》曰："成己，仁也。成物，知也。""成己"必须"成物"。虽然两者都有内分和外分，但其方式是一体的。民族传统体育发展在这种影响下发展，个人的命运与民族和国家的命运相连，它还塑造了我们的世界观。也正因为如此，在中国体育事业的崛起中，是无数运动员放弃了自己的利益，在艰难的环境中坚持信念。与此同时，他们背后是全社会的支持和鼓励。当第一枚奥运金牌挂在许海峰的胸前时，当刘翔在雅典奥运会上刮起"中国风"时，五星红旗飘扬在国际赛场是亿万中国人在向世人展示引以为豪的民族精神。民族文化创造的独特精神也使个人和群体融为一体，促进了社会和谐。只有把个人价值转化为社会价值，才更有意义。

例如，北京奥运会弘扬"和而不同，天下一家"的伟大精神，向世界证明了中国的"海纳百川"。通过体育的窗口，世界了解中国的开放、宽容、个性和创新。在继承和发扬民族文化的同时，中国体育没有故步自封、闭门造车，而是将民族文化传播到世界。中国体育的发展，就是要通过体育"强世人之身、健世人之体、育世人之心"，为建设和谐的世界努力。北京奥运会实实在在地以绿色发展视为己任，实践了和平与发展的使命，发扬了"和而不同，天下一家"的精神。

三、中华体育精神的内涵与功能

中华体育精神是中国精神的重要组成部分，是中国体育的灵魂，是中国体育人和中国人的精神引领。它不仅根植于悠久的中华民族文化之中，而且还代表了中国体育人的整体面貌和独有特色，反映了中国体育人的理想信念和道德水准，具有强大的感染力和凝聚力。中华体育精神自提出以来，在中国一直发挥着独特的引领作用，受到了党、政府和社会各界的广泛认同和赞赏。

习近平在党的十九大报告中指出：中国特色社会主义文化是激励全党全国各族人民奋勇前进的强大精神力量。而中华体育精神，作为中国特色社会主义道路中产生的中国特色社会主义文化，具有不可小觑的力量，能够滋养中华人民尤其是中国体育人的精神世界，促使国人坚定文化自信，建设文化强国；同时，对引领、激励国人和体育人奋勇前进具有重要作用，能够使国人尤其是体育人及时、有效地汲取精神养分，改变当前社会和体育领域存在的一些不良风气，对推动健康中国、体育强国建设，培育和践行社会主义核心价值观，促进现代化强国建设具有重要推动作用。

（一）中华体育精神的内涵

精神文化主要是指价值观、道德观、审美观、思想观、宗教内涵、民族情怀等形式的主观价值文化。中国的体育文化要建立在传统民俗文化的土壤中，不断地吸取优秀文化成果，建立具有中国特色的体育文化体系。从体育文化的定义来分析，中国的体育精神应当包含中国传统的精神内涵，这些精神内涵曾激励着中国的运动健儿们取得辉煌的成绩，例如爱国、无私、奋发、顽强、自信等民族精神应当被纳入中华体育精神的范畴。

1. 爱国主义精神

中华民族几千年的传统文化，形成了比较系统的爱国主义精神，爱国主义精神主要体现在：民族自信心、自尊心、自豪感、富国强民的伟大梦想、国家昌盛的愿望、热爱忠于祖国的情感。在体育实践中，强烈的责任感、历史使命感体现的就是一种强烈的爱国主义精神。亚当·斯密（A. Smith）在研究中指出，西方人在宗教信仰的过程中，衍生出了责任感、使命感。西方人之所以积极履行自身的义务，完成自身的责任，其动机来自造物主，履行造物主的使命是西方人的责任。[①]"上帝安排任务"已经根深蒂固于西方人的观念中，把完成上帝安排的任务当作一种终生使命，从此产生了西方人的社会责任感和历史使命感。中国人多年以来受儒家文化的影响，对宗教的影响并不敏感，因此中国传统文化，成为中国人社会责任感、历史使命感的主要来源。托克维尔（A. de Tocqueville）对此进行高度评价：中国人心目中的荣誉，来自于更为古老的、神圣的行为规范。[②]

中华体育精神的核心是爱国主义精神，中国的体育文化当中最重要的一项精神内涵就是爱国主义。在体育竞技当中，运动员代表的不仅是个人的成绩，更是国家的实力，因此运动员的内心往往充斥着强烈的爱国情怀，将胜利看得无比重要和珍贵。20世纪50年代，为了国家建设和国防安全，我国体育强调"发展体育运动，增强人民体质"；60年代，强调争创体育界的大国；70年代，体育作为建交的纽带，因此提倡友谊第一的理念；80年代，目标是征战奥运；90年代，我国开展体育改革。体育事业的发展与国家实力紧密相关，因此中华体育精神始终强调爱国主义的核心思想。

2. 乐观自信精神

乐观自信精神主要源于传统文化，也受到外来文化的影响。在中国的传统文化中，非常重视民族气节，把民族气节看作民族的骄傲，许多仁人志士矢志不渝地坚守民族气节和情操，甚至用生命去捍卫国家的尊严和荣誉。"三军可夺帅也，匹夫不可夺志也。"孔子认为，即便是失败投降，也不能失了气节，特别是民族气节，什么时候都不能够失去。孟子强调，无论身处任何境地，都要保持自尊自信的人格，都要有尊严——"富贵不能淫，贫贱不能移，威武不能屈。"也就是说，任何条件下，都不能丧失

① ［英］亚当·斯密.道德情操论［M］.蒋自强等，译.北京：商务印书馆，2009：209.
② ［法］托克维尔.论美国的民主（下）［M］.北京：商务印书馆，2003：775.

个人气节，都要坚守自身高尚情操。儒家学者认为，生活越是困苦，越要自强不息，越要出淤泥而不染，"穷且益坚"。正是几千年的民族传统文化，才塑造了当前中国体育的自尊自信自强。中华民族是坚忍不拔、积极向上的民族。罗素（B. A. W. Russell）曾经高度评价：中华民族的忍耐性在世界上无人能及。中华民族积极向上、开拓进取，曾经在历史上创造了无数的辉煌。中华民族也久经忧患，但是在艰难困苦之中，一直保持乐观的态度，通过不折不挠的斗争迎来最终的胜利。[①]中国传统文化认为人生充满了酸甜苦辣，艰难困苦、挫折是人生的必备课程，只有在困苦中才能磨炼意志，才能彰显个人的价值。孟子提出："天将降大任于斯人也，必先苦其心志……"，充分说明了中国人对于人生道路上的困苦认识得非常清晰，已经做好了充分的心理准备，在逆境中仍然不屈不挠地为之奋斗。

乐观自信的精神是体育健儿们执着态度的体现。他们在比赛当中从不气馁，从不妥协，不断地追求金牌的突破和自我实力的突破。在艰苦的锻炼过程中，乐观自信的进取精神不断地激励着他们，他们无惧泪水和汗水。过去的运动员们拼的是体力和经验，在一次次的锻炼或者失败中取得进步，现在的运动员拼的是技术和方法，在科学的备战计划中提高自己的成绩。不论什么时期，乐观自信的态度都是体育竞技者不断取得优异成绩的精神动力。

3. 科学求实精神

传统文化蕴含着深刻的科学道理，凝聚成了科学求实精神。早在几千年前，老子就明确指出，任何事物都存在着对立转化，不可能一成不变。"祸兮福之所倚，福兮祸之所伏。"阴阳平衡、阴阳之道是中国传统易学的核心内容，在中国传统的辩证思想中，认为矛盾双方互为前提、互为补充、互相渗透，并不是一成不变的绝对，也不是静止的关系，矛盾双方总是在动态发展过程中实现平衡。[②]在体育战略上，科学求实精神主要体现在奥运争光战略、全民健身战略，两者就是在不断的发展过程中，实现动态平衡。两个战略只有实现平衡和协调发展，才能真正体现出中国体育战略

① ［英］伯特兰·罗素. 中国人的性格［M］. 北京: 中国工人出版社, 1993: 26.

② 张岱年, 方克立. 中国文化概论［M］. 王正平译. 北京: 北京师范大学出版社, 1994: 339-340.

要求。

科学求实精神源于传统的"行"文化，其具有几千年的历史，是从儒家文化中衍生而来。"君子欲讷于言，而敏于行。"孔子很早就指出，决定社会发展的是行动，而不是言论、思辨。儒家思想作为中国的传统思想，一直以来对待现实生活的态度极其冷静清醒、客观。这种思想体现在中华体育精神方面，重实用、重行动，用行动说话，用行动来展示中华民族的坚韧不屈。体育是一项严谨的学科，十分重视实践的意义以及理性分析的态度。体育文化应当重视专业人才队伍的组建，让他们在实践中理性分析并总结经验，帮助运动员更提高成绩。例如，从20世纪50年代至今，我国培育了一批批叱咤风云的乒坛人物，对中国体育意义深远，依靠的就是坚持科学求实的精神，把中国人的身体条件、技术特点与世界乒乓球发展的趋势相结合，不断探索竞技制胜规律，不断进行技术创新，使中国乒乓球长盛不衰。再如，刘翔的110米栏世界纪录，打破了"亚洲人不可能在田径短跑上获胜"的论断，他的成功是中国体育科学求实精神的典范，是建立在科学训练和实践竞赛的基础上，通过科学总结和反复练习，造就了赛场上的辉煌。

4. 公平竞赛精神

公平竞争精神主要源于西方。体育史专家认为，西方体育主要通过三种途径进入中国，其中对中国体育影响最为深远的就是公平竞争精神。社会学家费孝通先生明确指出，公平竞争精神在传统文化中没有体现出来，因为传统文化重视门第、等级观念非常深远，论资排辈是一贯的做法，平等公平观念在传统文化中受到批判，传统文化要求人与人之间的谦让，反对公开激烈竞争。从思想渊源方面来分析，随着人性和进化理论的发展，西方思想家提出了公平竞争精神。[1]早在古希腊时代，学者就提出了公正及斗争的观念。霍布斯认为，竞争是人类生存的基础，是人的本性。[2]西方社会民主思想逐渐的萌发和凝聚，平等观念越来越强烈。古希腊的修昔底德就明确指出，只有实施民主政治，才能够让人人都平等。柏拉图为人类

---

[1]　吴灿新. 当代中国伦理精神——市场经济与伦理精神 [M]. 广东：广东人民出版社, 2001: 89.

[2]　转引自陈会昌. 竞争：社会—文化—心理透视 [M]. 北京：北京师范大学出版社, 2002: 11.

构建了一个理想国，在这个理想国中，人人平等，一视同仁，没有任何特权。亚里士多德明确指出，遵守平等原则，才能构建一个平民政体。几千年的文化，凝聚成西方平等思想，贯穿于西方社会发展的整个过程。上帝面前人人平等的观念根深蒂固，影响非常深远。著名的学者洛克、卢梭分别阐述了人人平等的思想，他们认为，人权平等是天赋思想，一切罪恶的源泉就在于不平等，只有回归平等才能消除所有的罪恶。[①]文艺复兴时期，很多文学家、艺术家通过不同的形式倡导人人平等，受多种因素的影响，人人平等思想在西方社会已经根深蒂固，广为传播，并深入人心。体育是遵守规则、公平竞争的活动，遵纪守法是体育队伍保持和提高战斗力的基本保证。同时，体育也是大众精神寄托与道德追求的特殊载体，是精神文明建设的重要组成部分，承担着重要的社会教育功能。

5. 集体主义精神

集体主义精神主要源于传统文化和西方文化。首先，儒家文化是整体本命的家族文化。社会和国家是由无数个家庭组成，一个家庭就是一个完整的小团体，多个家庭组成了一个家族，家族继续向外扩展，就形成了国家。国家代表着最大利益、最高价值。小团队和大团队都必须具有互助协作的团队精神。在儒家文化中，追求团队协作，追求整体利益，个人利益必须服从于整体利益。整体利益优先原则在团队精神中非常突出。一直以来，血缘和亲缘关系是儒家文化的核心，儒家文化所倡导的集体主义则不是建立在此基础上，是社会道德的基本原则。集体主义是社会主义道德的核心内容，个人、集体利益如果发生冲突，集体主义强调的是集体的利益、整体利益，有必要的情况下，要牺牲个人利益，实现集体利益的最大化。个人服从团队、团队利益优先的原则，实际上就是从儒家文化所倡导的集体主义精神演变而来。儒家文化倡导家族主义，中国体育倡导团队精神，两者虽然具有异曲同工之处，但是仍然存在着差别，后者带有明显的西方体育文化特点，这是前者所不具备的。在体育团队中，每个队员的位置和目标非常明确，各有各的职责，各有各的任务，不能够逾越、混淆。

---

① 唐士其. 西方政治思想史 [M]. 北京: 北京大学出版社, 2004: 290.

中国传统文化倡导的家族主义，职责、任务、目标比较模糊，界限不清。中国体育精神深受西方文化影响，注重独特性、个性和差异性，这是传统文化所不具备的。传统文化体现了统一的思想，要求步调一致，人人认同，差异性和独特性往往被当作标新立异。团队协作既是一种战术，也是一种集体精神的体现。在竞技体育的团队作战过程中，要严格地按照协调、互动和配合原则，为实现共同的目标而努力奋斗。

6.英雄主义精神

中国传统文化在民族大义方面，体现为舍生取义、自强不息、坚忍不拔，形成了中华民族英雄主义精神。这种精神反映到体育界，塑造了中国体育的英雄主义精神。儒家思想中的生死观集中体现在舍生取义，为了义可以流血牺牲，充分彰显了大无畏的英雄主义气概。义在儒家思想中就是正义和集体的利益，舍生取义，就是为了实现集体的利益，为了实现正义，个人的生命可以牺牲。"舍生取义"出自《孟子》："生，我所欲也；义，亦我所欲也。二者不可得兼，舍生而取义者也。""天行健，君子以自强不息。"儒家文化几千年来源源不断、生生不息，原因就在于倡导的是一种自强不息、见义勇为的精神。鼓励人们能够在艰难困苦中不折不挠，克服重重艰继续向前奋斗，争取最后的胜利。①这种生生不息的精神，强调了个体要积极努力、不懈奋斗。英雄主义精神就建立在儒家刚健自强的精神之上。中国体育的拼搏精神和上述精神具有高度的契合，存在着密切的联系。传统民族英雄主义精神体现在体育运动中，就是拼搏精神。中国体育健儿的拼搏精神，实际上是再现了中华民族的英雄主义传统，在体育运动中，这种民族英雄主义精神都有了充分的释放，在世界各民族面前展示，发扬光大了民族英雄主义精神。传统文化的深层次影响，是塑造中国体育英雄主义精神的重要因素。这种英雄主义精神对中国体育的影响非常深远。

自强不息的中华民族精神造就了中国体育的顽强拼搏传统，缔造了一个个体育英雄人物，故此，英雄主义精神应当纳入中国的体育文化内涵当

---

① 张岱年.文化与价值[M].北京:新华出版社,2004:216.

中。中国自古就有英雄情怀，作为一种强大的内在精神，能够激励人们不畏艰险，勇往直前。运动员做更难、更累的训练，从而实现更高水平的成绩，成功体现了我国体育健儿不怕挫折的英雄主义精神。例如，2017年的平昌冬奥会中，武大靖在优势项目被判罚出局的情况下，突破场内外的不利因素，在短道速滑500米决赛中取得中国男子冰上竞速项目金牌零的突破，并打破世界纪录，为祖国夺得了至高无上的荣誉！

（二）中华体育精神的功能

1. 有效凝聚民族共识，有效增强国家认同

（1）有效凝聚民族共识

中华体育精神作为体育人在长期实践中产生的精神产物，对体育人和国人的行动具有直接指导意义，能够有效凝聚民族共识。

在宏观方面，中华体育精神能有效凝聚民族的国家共识。"为国争光"作为中华体育精神的首要内容，最初的表述为"祖国至上"，体现了体育人对国家强烈的归属感和所具有的"国强则民强"的国家忧患意识以及"国家兴亡，匹夫有责"的国家责任意识。国人通过体育活动尤其是中华体育精神，能够深刻感受到"为国争光""祖国至上"的家国情怀和兴国之责，能够潜移默化地将自己的命运与国家的发展相系结，同呼吸、共命运，凝聚民族的国家共识，将国家放在首要位置，共树强国之志。

在中观方面，中华体育精神能有效凝聚民族的社会共识。中华体育精神中的"科学求实""遵纪守法"，不仅是体育人追求的标准，同时也是社会对人们的普遍要求。"科学求实"要求人们尊重事实，面对事实，展现事实。换句话说，就是要求大家恪守诚实，科学提高竞技水平。"遵纪守法"突出彰显了体育比赛中要严格遵守比赛纪律，严格遵守法律法规。每项比赛的赛制赛规不同，需要体育人共同遵守各个项目纪律要求，这样才能实现比赛的友好、有序进行，才能取得友谊与成绩的双丰收。国人通过体育活动，尤其是中华体育精神的影响，能够强化"科学求实"和"遵纪守法"意识，促进实现社会层面个人素质的提高，能够凝聚民族社会共识，形成遵纪守法、诚实守信良好的社会风气，共建和谐社会。

在微观方面，中华体育精神能有效凝聚民族的个人共识。中华体育精

神中的无私奉献、团结协作和顽强拼搏，体现了体育人在体育活动中应有的个人品质。例如，以中国女排队员为代表的中国运动健儿所拥有的团结协作精神和顽强拼搏精神，不仅仅是体育人特有的精神品质，同时也是国人在社会生活及工作中应有的个人品质。通过体育赛事、体育运动，让国人感受、认知、认同中华体育精神，能够凝聚民族在个人层面无私奉献、团结协作和顽强拼搏等的精神品质共识。

（2）有效增强民族、国家认同

中华体育精神具有强大的精神引领作用，除了能有效凝聚国人共识，还能够引领国人认同中华民族、认同中华人民共和国。"它凝聚并振奋了民心，强化了中华民族的历史认同、民族认同和国家认同。"①

中华民族由56个民族组成，虽然各民族风俗习惯存在差异，但是体育作为共通的语言，能够将大家的感情联结在一起，不仅有效地促进了各民族之间的交流与合作，而且有效地促进了民族之间的大融合、大团结。"中华体育精神有助于推进中国现代民族主义建设。"②中华体育精神具有强大的包容性和广泛的普遍性，涵盖了各个民族体育之间的共性特征，揭示了中华体育的普遍精神追求，且"中华"一词鲜明而强烈地体现了民族意识。因此，中华体育精神能够增强国人的民族认同，使各民族之间追求共同的精神目标，打破地域之间的限制，破除民族之间的藩篱，共同认同中华民族，增强民族认同情感。

国家由领土、人民、政府三个要素组成，对国家的认同即是对国家的领土、人民和政府的认同。首先，中华体育精神的为国争光精神突出强调国家情感，能够增强民众对国家的认同感，且为国争光精神指引体育活动坚持"一中政策"，能强化国人对中国领土的认同。其次，其团结协作精神还能增进人民之间的配合协作，有效促进人民之间的认同。此外，当前国内的部分错误社会思潮对民众形成了误导，企图淡化民众对国家，尤其是对政府的认同感。中华体育精神能够有效抵御和修正当前的错误社会思潮，能够使民众树立爱国精神、强化法制意识、增进团结力量，加强对依

① 国家体育总局编. 改革开放30年的中国体育 [M]. 北京: 人民体育出版社, 2008: 2.
② 黄莉. 从北京奥运会视角审视中华体育精神与狭隘民族主义 [J]. 体育文化导刊, 2007 (10): 30.

法治国建设，服务型政府建设等政策的认同，进而增强对政府的认同。因此，中华体育精神能够增强国人对中国领土、人民和政府的认同，能够将自己融入国家这个共同体，能够有效增强国人对国家的认同。

2. 展现良好体育形象，提升中国国家形象

（1）展现良好体育形象

中华体育精神来源于体育实践活动中，能够指导体育活动的实践。通过体育活动国人展现出的行为举止和意志品质，所体现的精神风貌，代表了国人的体育形象。中华体育精神所具有的精神品质，能够帮助国人展现良好的体育形象。

"为国争光"展现了热爱祖国、报效祖国的爱国情怀。爱国、报国是每个公民义不容辞的责任担当，它们体现了人们对国家的深厚感情，反映了个人与祖国之间的相互依存关系。在体育活动和比赛中，为国争光、为国夺誉的不懈追求；全民参与体育锻炼，践行健康中国战略；做大做强体育产业，实现体育强国目标，都能够淋漓尽致地在体育领域展现爱国情怀，展现出国人爱国、报国的体育形象。

"无私奉献"展现了大公无私、甘心奉献的奉献精神。其体现了人们心甘情愿、不求回报、无悔付出的意愿。"这种精神和气度，只有在中华儿女中才寻找得到。"[①]这种精神品质和非凡气度，能够展现出国人无私奉献的体育形象。

"科学求实"展现了科学方法，实事求是的求实精神。其要求遵循科学方法，追求真实水平，不弄虚作假，取真实成绩。体育行政部门科学论证、决策为体育事业的发展保驾护航，教练员、科研人员为运动员提供科学训练方法，科学创新技术战术，保障运动员依托科学手段取得真实成绩，能够展现出国人科学求实的体育形象。

"遵纪守法"展现了遵守纪律、严守法律的守规精神。其要求必须遵守国家法律和行业纪律。体育追求公平、公正竞争，每个项目的规则纪律各不相同，这就要求体育人必须具有严格的纪律、规则意识，以保证体育

---

① 杨伟芬. 渗透与互动——广播电视与国际关系［M］. 北京: 北京广播学院出版社, 2000: 12.

活动的公平公正开展。这种精神能够展现出国人遵纪守法的体育形象。

"团结协作"展现了团结一心、共同协作的团结精神。其是战胜一切对手的制胜法宝。每位优秀运动员的成功，不仅仅是其个人的努力，而且还有教练、科研、医务以及后勤保障等人员的共同努力和付出。尤其是团队项目的比赛，更需要团队成员的团结一心和共同协作。事成于和睦，力生于团结，这种精神能够充分展现出国人团结协作的体育形象。

"顽强拼搏"展现了顽强斗争、放手一搏的拼搏精神。其代表了百折不挠、永不言弃的拼搏意志。更快、更高、更强！奥林匹克口号表明了体育活动具有一系列的挑战和困难，需要与困难进行顽强斗争，需要不断克服并战胜困难，甚至在关键时刻放手一搏，完成突破。体育人的这种精神能够展现出国人顽强拼搏的体育精神。

（2）展示良好国家形象

国家形象是"其他国家（包括个人、组织和政府）对该国的综合评价和总体印象"[①]，是国家软实力的一种体现。良好的国家形象有利于提升国家的国际竞争力，增强国际影响力，从而提高国家的国际地位，掌握国际话语权。"良好的国家形象容易获得他国认同和信任，推动国家间的安全与合作。"[②]

中华体育精神直观展现了国家的精气神。体育活动是一个国家向他国展示国家实力、国家精神和国家形象的重要平台。中华体育精神能够直观展示国家精神、展现国家形象。在国际体育比赛中，尤其是奥运比赛中，运动员所展现出来的精神状态、意志品质和行为举止，都代表了其背后伟大祖国的整体精神样貌。中华体育精神作为体育实践活动中凝练出的精神共鸣，是每一名运动员的精神状态的写照，也是整个国家、全国人民的精神写照，能够直观展现中国体育的精气神，直观展现国家的"精气神"！

中华体育精神直观展现国家文化形象。中华体育精神扎根于中华民族的沃土之中，在中华优秀传统文化的基础上吸收西方文化而形成，蕴含了我国传统文化的精髓，是体育文化不可或缺的精髓所在。中华体育精神展

---

① 杨伟芬.渗透与互动——广播电视与国际关系[M].北京：北京广播学院出版社，2000：81.

② 陈世阳.国家形象战略研究[D].中共中央党校，2010：60.

现了我国深厚的文化内涵和坚实底蕴，展现了我国的文化形象。

3. 助力培育社会主义核心价值观，推动构建社会主义核心价值体系

（1）助力培育社会主义核心价值观

党的十八大以来，党中央高度重视培育和践行社会主义核心价值观。习近平在党的十九大报告中指出："要培育和践行社会主义核心价值观。"①中华体育精神对培育和践行社会主义核心价值观具有直接的推进作用和重大的影响力。它们之间的关系密切联系、息息相通，具有高度的同一性。

它们都是一种强大的精神力量，是全国人民的精神引领和精神支柱，为人们的精神世界不断注入鲜活的力量，为人民的精神领域提供强有力的支撑，能够在精神上支持人们不断前进和成长。

它们拥有共同的目标，拥有一致的社会价值引领作用。中华体育精神提出的目的之一就是主导和引领社会价值观。而社会主义核心价值观的提出，其目的也是对社会价值观念起到主导和引领的作用，为人民把握正确的社会价值导向，引领社会思想潮流，让人民树立科学正确的社会价值观念，引导人民沿着积极向上的道路前行。

它们在多方面存在高度的契合性。一是它们都扎根于中华民族的优秀传统文化之中，共同源于马克思主义的指导；二是它们的本质内容一致，两者虽然在国家、社会、公民三个层面的观念表达上用的词语不同，但其词义相同，都表达出了祖国强大、道德高尚、品质完善和行为规范等深层次的本质内容和意义；三是它们的价值取向一致，国家层面的一致性体现在爱国主义精神，而社会层面共同体现在致力于建设良好的社会秩序，公民层面的同向性则体现在塑造优秀道德品质之中。同时，二者都追求人的全面发展，不断促使人民体格和性格的完善。

因此，中华体育精神能够在体育实践过程中增强了人们对社会主义核心价值观的认知感和认同感，增强了人们对社会主义核心价值观的理论自信和文化自信，促使人们对社会主义核心价值观内化于心、外化于行，

① 习近平.决胜全面建成小康社会 夺取新时代中国特色社会主义伟大胜利——在中国共产党第十九次全国代表大会上的报告 [N].人民日报，2017-10-28.

直接或间接地推动社会主义核心价值观的培育和践行，不断发挥其重要作用。

（2）中华体育精神是体育领域的中国精神

社会主义核心价值观作为社会主义核心价值体系的内核，是坚持社会主义核心价值的必然要求。中华体育精神在帮助培育和践行社会主义核心价值观的基础上，进而推动社会主义核心价值体系的构建。

党的十九大报告指出：坚持社会主义核心价值体系必须更好构筑中国精神、中国价值、中国力量，为人民提供精神指引。中国精神就是以爱国主义为核心的民族精神和以改革创新为核心的时代精神。中华体育精神代表体育领域的中国精神，决定中国体育的价值取向，指引中国体育发挥力量，其继承、融合了民族精神与时代精神，是中国精神的具体体现，同时是弘扬中国精神的实现手段。"中华体育精神的弘扬，有利于社会主义核心价值体系的建立。"①其作为体育领域的"精气神"，能够为全民族凝神聚气，成为全民族奋发向上、团结和睦的精神纽带，能够为人民提供精神指引，符合社会主义核心价值体系的要求，对构建社会主义核心价值体系大有裨益。

4. 提升人的身心素质，促进人的全面发展

（1）提升人的身心素质

体育对机体能力的提高毋庸置疑，而中华体育精神对心理素质的提高效果也不能否认。

中华体育精神引导人们进行体育锻炼、增强身体素质。健身强体作为体育的基本功能，对提高人的身体素质具有重要作用。在新时代，全民健康作为我国国家战略之一，作为实现全面小康的重要基石，通过中华体育精神所蕴含的丰富内涵，能够指引人们积极参与体育运动，通过锻炼提高健康水平，提高身体素质。

中华体育精神能提升人的心理素质。"心理素质是我国素质教育背景

---

① 王清芳，李成蹊，胥万兵. 论体育精神对构建和谐社会的意义[J]. 成都体育学院学报，2007（06）：14.

下诞生的本土化概念"①，"由认知品质、个性品质和适应性三个维度构成"②。认知品质是心理素质的基本成分，人们进行体育实践表现出来的具体操作，是认知品质的体现。学习中华体育精神，能够增加人们对体育的认知，能够对体育有更全面的了解。中华体育精神所蕴含的内容、内涵，为人民群众进行体育实践建立了精神支柱，指引人们树立远大目标，以目标引领，为体育实践的开展增添动力，调节身体机能，保持饱满状态。在体育实践中感悟出的中华体育精神，能够指引人们不断调整、控制自身行为，树立懂规矩、讲纪律，甘于奉献和团结协作的意识。在体育运动中一次次战胜苦难、挑战自我而磨炼出的精神品质，能够让人们渐渐掌握应对困难和挑战、同时加强调适和防御的能力，增强自己的抗压能力，培养出习惯性迎接挑战、战胜困难的行为倾向。

（2）促进人的全面发展

中华体育精神有助于人们加强德行修养，改正自身不足，使人的自身得到全面发展。人的全面发展既指人的体力和智力的充分发展，又指人在德智体美劳各方面和谐的发展。

"道德衰亡，诚亡国灭种之根基。"③良好的道德品质对国家兴亡至关重要，而中华体育精神所蕴含的爱国、奉献、求实、守法等内容，所蕴含的"礼""德"等品质，能够塑造积极正面的社会公德和个人私德，培养人们形成良好的道德品质和正确的政治观念，树立正确的价值观、人生观、世界观，对人的行为举止具有一定的约束性和纠错性。

智力的形成不是天生的，教育和教学对智力的发展起着主导作用。体育实践对智力的提升具有重要作用。精神引领行动，中华体育精神引领人们进行体育实践活动，引领人们通过体育运动、体育学习、体育交流和体育比赛提高人们的观察力、记忆力、想象力、分析判断能力、思维能力和应变能力，等等，进而使智力整体得到提升。

---

① 刘传星，雷燕. 心理素质研究30年：回眸与评析 [J]. 西南大学学报（社会科学版），2015（03）：96.

② 张大均，王鑫强. 心理健康与心理素质的关系：内涵结构分析 [J]. 西南大学学报（社会科学版），2012（03）：72.

③ 汤志钧编. 章太炎政治选集（上）[M]. 北京：中华书局，1977：272.

审美观是从审美的角度看世界，是世界观的组成部分，与道德等其他意识形态有密切的关系。一方面，中华体育精神对塑造人的世界观和道德品质具有积极作用，而这两者又与审美观密切相连，中华体育精神从侧面能够间接提高人们的审美观。另一方面，美是人类社会实践的产物，是人类积极生活的显现，是客观事物在人们心目中引起的愉悦的情感。从本质来看，中华体育精神所提倡、引导的正是人们生活中积极向上的正能量，最终所体现出来的客观表现能够使人们引起愉悦的情感，所以中华体育精神本身就是美的体现。其能够培养人们发现美、鉴赏美、创造美的能力，培养他们的高尚情操和文明素养。

5. 推动体育强国建设，助力中华民族复兴

（1）推动体育强国建设

中华体育精神能够在体育强国建设中发挥重要作用，是体育强国建设的灵魂。

中华体育精神能够提供精神动力。体育强国战略的实施需要体育人的不懈努力和奋斗。精神能够支配人的行动，中华体育精神能够为体育人在实现体育强国战略的进程中提供源源不断的精神力量，能够激励着一代代体育人用爱国的情怀、无私的精神、顽强的态度、严格的纪律、求实和团结的作风为体育强国的实现不懈奋斗。中华体育精神是体育人行动的动力源泉，是实现体育强国战略的动力源泉！

中华体育精神能够提升文化软实力。中华体育精神作为一种精神文化，在继承了中华优秀传统文化的同时又发展了体育文化，丰富了体育文化的内容，为体育强国建设奠定了坚实的文化基础，"是中华民族软实力的具体表现"[①]。正如习近平指出的："文化兴国运兴，文化强民族强。"[②]体育强国建设离不开体育文化的繁荣兴盛，中华体育精神的完善能够有效促进文化软实力的提升。

中华体育精神能够引领体育各领域健康发展。中华体育精神源自竞技

---

① 刘艺芳，张志刚. 论中国体育精神涵养中国精神［J］. 体育文化导刊，2018（03）：9

② 习近平. 决胜全面建成小康社会　夺取新时代中国特色社会主义伟大胜利——在中国共产党第十九次全国代表大会上的报告［N］. 人民日报，2017-10-28.

体育，对竞技体育的多方位引领作用毋庸置疑：其扎根于群众体育，引领群众爱国奉献、愉悦身心；其辐射于体育产业，引领体育产业守法、求实发展；其隶属于体育文化，丰富体育文化并引领体育文化科学发展；其指引于对外交流，引领以团结为目的的对外交流活动。体育强国建设离不开体育各领域的健康发展，只有各领域健康、有序地发展，才能实现体育强国建设。

（2）助力中华民族复兴

首先，中华体育精神能够为中华民族伟大复兴提供强大的精神支撑。实现梦想必须有精神力量作为支撑。2016年，习近平在会见里约奥运会中国体育代表团时强调："我国体育健儿在里约奥运会上的表现，展示了强大正能量，展示了'人生能有几回搏'的奋斗精神。实现'两个一百年'奋斗目标、实现中华民族伟大复兴的中国梦，就需要这样的精神。"[①]中国体育健儿展现的强大正能量正是中华体育精神，展示的"人生能有几回搏"的奋斗精神正是中华体育精神中的顽强拼搏精神。因此，中华民族伟大复兴需要中华体育精神，中华体育精神能够为实现中华民族伟大复兴中国梦提供强有力的精神支撑。

其次，中华体育精神推动体育强国建设，进而助力中华民族伟大复兴。体育强，则国强。体育强国梦是体育人的中国梦，实现中华民族伟大复兴中国梦必须实现体育强国梦，而要实现体育强国梦，则必须弘扬体育战线上的"精气神"——中华体育精神。"你们个人的梦、中国体育强国梦和中华民族伟大复兴的中国梦是紧密相连的。"[②]弘扬中华体育精神能够实现体育强国梦，为实现中国梦增砖添瓦；能够为体育强国梦、中华民族伟大复兴的中国梦凝心聚力，把个人梦汇集起来，聚成大家梦、国家梦；激励人们众志成城，共同促使个人梦、体育强国梦的实现，进而促进中华民族伟大复兴中国梦的实现。

---

① 习近平会见第31届奥运会中国体育代表团_新华网http://www.xinhuanet.com/politics/2016-08/25/c_1119456264.htm.

② 杜尚泽. 习近平亲切看望索契冬奥会中国体育代表团［N］. 人民日报, 2014-02-08.

第五章　体育仪式的文化凝聚力与应用型
人才培养的融合内容

　　全球化改变了中国，也改变了当代世界。每个国家都想在全球化进程中发展，都在寻求和扮演自己的国际化角色。如欧盟的建立、亚太经合组织的成立，再如我国提出的 "一带一路"倡议等，这些都是为了提高国家在世界上的影响力，促进国与国之间、地区与地区之间共同繁荣，在各自发展的同时增进双方的理解和信任、从而使自己更加快速发展。在"一带一路"的倡议中，我国秉持和平合作、开放包容、互学互鉴、互利共赢的理念，全方位推进务实合作，打造政治互信、经济融合、文化包容的利益共同体、命运共同体和责任共同体。虽然经济的全球化在某种程度上改变了国际政治环境，但民族国家在今后的很长时间里将依然是基本国际单位。正如著名学者布热津斯基所言，当今世界上"民族国家仍是公民效忠的基本中心"，而一个民族国家必然会在其独特的地理位置上形成族群历史文化，并在这些历史文化之上形成民族精神，最终内化为一个民族的凝聚力。

　　中华民族的凝聚力深深扎根于其几千年历史积淀而成的"沃土"之中，要增强民族的文化认同感需要充分挖掘中华传统文化的有益成分。习近平强调："要加强对中华优秀传统文化的挖掘和阐发，使中华民族最基本的文化基因同当代中国文化相适应，同现代社会相协调，把跨越时空、超越国家、富有永恒魅力，具有当代价值的文化精神弘扬起来，激活其内在的强大生命力，让中华文化同各国人民创造的多彩文化一道，为人类提供正确精神指引。"①历史赋予了中国璀璨的文化内涵，中华优秀传统文化是能够保留民族记忆、凝聚民族智慧、传递民族情感、体现民族性格、激发民族创造的物质与精神的总和。当代中国体育文化是对中华优秀传统文化的继承并具有中国特色社会主义特质，体现了新时代中国社会的文明程度和实力。将体育文化的精神价值应用于高等教育，与高校应用型人才培养相融合，是加快体育强国建设和全面建成小康社会的需要，是弘扬中华传统体育文化、奥林匹克文化的需要，是促进学生全面发展、实现应用型人才培养目标的需要。因此，我们要进一步丰富体育仪式文化凝聚力在高校应用型人才培养中的教育内容，高度凝练民族体育文化的精神价值，应用于大学生思想政治教育中，加强爱国主义教育、社会主义核心价值观教育、中华优秀传统文化教育、合作精神教育、竞争意识教育、规则意识教育以及意志品质的塑造，为国家和社会培养德智体美劳全面发展的创新型人才。

一、中国文化凝聚力的基本内涵

（一）文化与民族凝聚力

1. 民族凝聚力的定义及相关问题研究

凝聚力（cohesion）源于拉丁语"cohaesus"，是指结合、黏合在一起。在物理学中，它是指物质结构中能使分子与分子之间、原子与原子之间、基本粒子与基本粒子之间牢牢地黏合在一起的那种内在力量。由于存在凝聚力，物质才保持着原有的结构和形态；凝聚力消失，物质结构便被打破，事物就会变质。

侯树栋等在《国防教育大词典》（军事科学出版社，1992年8月第1版）中提出，民族凝聚力是指一个民族内部间的相互吸引力，是推动各民族向前发展的一种内部力量。民族凝聚力是以爱国主义为中心的，它是在各民族悠久历史文化的基础上产生和发展，反过来又对各民族的历史和发展产生巨大的影响。中华民族有很强的民族凝聚力，不管遭遇任何艰难困

---

① 习近平. 在中国文联十大、中国作协九大开幕式上的讲话［N］. 人民日报，2016-12-01.

苦，都压不垮，打不散。

徐艳在《论新时期增强民族凝聚力的途径》^①中认为，民族凝聚力是中华民族发展的内在动力，是在共同价值观导向下的一种精神力量。新时期，由于市场经济的消极影响、腐败现象的出现、外来腐朽思想的渗透以及分裂主义者的种种行径，使得中华民族凝聚力不断被削弱。通过促进经济发展、加强社会主义民主法制、建设社会主义精神文明和政治文明、大力发展教育事业等措施，有助于进一步提升中华民族凝聚力。

王婧琳在《中华民族多元一体格局视角下民族认同与国家认同关系研究》^②中认为，民族认同与国家认同关系的研究是爱国主义教育的基础理论研究，涉及政治学、民族学、社会学、历史学和思想政治教育学，具有学科的综合性。中国自古以来就是一个统一的多民族国家。中华民族的形成是一个从自在到自觉的过程。在这个过程中，认同中华民族是各民族人民的共同信念，认同伟大的祖国是各民族人民不懈抗争与奋斗的动力之源。

张磊、孙庆榕在《中华民族凝聚力学》^③一书中认为，民族凝聚力是以一种观念形态（情感、愿望、理想、价值观等）蕴藏在每一个民族成员之中。民族凝聚力是一个历史范畴，是在民族形成的过程中产生，并随着民族的消亡而消亡。民族凝聚力又是一个社会范畴，它的产生和发展虽然离不开一定的自然条件和自然因素，但它毕竟是社会发展的产物。他们认为，民族凝聚力的运动方向主要受制于社会因素，即一定的物质文化、制度文化和精神文化。

贺善侃在《铸就民族凝聚力与构建和谐社会》^④中认为，文化观念的民族凝聚力在社会主义和谐社会的构建中起着重要的维系作用。民族凝聚力是衡量一个社会和谐与否的重要标志。铸就民族凝聚力，就要确立群众观念。

---

① 徐艳.论新时期强民族凝聚力的途径[J].中共乐山市委党校学报，2009（04）：11–12.

② 参见王婧琳.中华民族多元一体格局视角下民族认同与国家认同关系研究[D].中国青年政治学院，2012.

③ 参见张磊，孙庆榕主编.中华民族凝聚力学[M].北京：中国社会科学出版社，1999.

④ 参见贺善侃.铸就民族凝聚力与构建和谐社会[J].社会科学，2005（07）：74–78.

田祖国在《国家文化软实力提升与民族传统体育发展的互动研究》[①]中对国家文化软实力与我国民族传统体育之间的互动效应进行了探讨，指出国家文化软实力提升影响着民族传统体育物质文化、精神文化、制度文化的创新与运用；民族传统体育的发展有利于国家文化软实力的提升，主要表现在构建特色休闲体育；重构中华民族精神；改善和维护民族文化生态；促进民族团结。

任梅梅在《边疆民族地区增强中华民族凝聚力研究》[②]中提到，强大的中华民族凝聚力既是一种炽热的民族情感，又是一种自觉意识和冷静的理性思考。它使本民族每一个成员对自己民族、国家的生存和发展，对其前途和历史命运有深刻的认识和崇高的责任感。中华民族凝聚力在维护民族团结，整合社会力量，共同投身改革开放的伟大事业中发挥着重要的精神支撑作用。

史国会在《论全球化时代中华民族精神塑造与民族凝聚力构建》[③]中提到经济全球化步伐的大大加快，对经济、政治、文化、军事、社会等人类生活的一切领域都产生了广泛的影响。国与国之间的竞争演变为综合国力的竞争。在经济实力、科技实力、军事实力等"硬权力"展开竞争的同时，以民族精神、民族凝聚力等为主要内容的"软实力"竞争同样激烈。民族精神和民族凝聚力是一个国家的文化支撑。增强国家竞争力，离不开民族精神和民族凝聚力的培育。

综合以上论述，我们可以这样定义民族凝聚力：民族凝聚力是建立在一定的经济基础之上，并在一定的政治运作模式中发挥作用，充分体现民族优秀文化精神的动力系统。它是民族在长期历史发展中形成的维系民族情感、团结民族成员的合力，是民族赖以生存与发展、独立和统一的内在精神力量。这里所说的"民族"是指以国家为范围的民族，因而"民族凝聚力"即指国家层面的民族凝聚力，就其内容来说主要包括国家的历史文

---

① 田祖国. 国家文化软实力提升与民族传统体育发展的互动研究 [J]. 沈阳体育学院学报, 2010 (02)：116–119.

② 参见任梅梅. 边疆民族地区增强中华民族凝聚力研究 [D]. 新疆师范大学, 2012.

③ 参见史国会. 论全球化时代中华民族精神塑造与民族凝聚力建构 [D]. 河北师范大学, 2011.

化传统和道德精神修养、国家的民族精神、民族情感、国家的主流信仰和意识形态、国民教育程度等。

2. 民族凝聚力本质上是精神文化力量

文化是民族的身份和名片。"民族是人们在历史上形成的有共同语言、共同地域、共同经济生活以及表现在共同文化上的共同心理素质的稳定的共同体。"[①]民族的共同心理素质是民族的特征之一，指各民族在长期历史发展中形成的表现在民族文化特点上的心理状态，它是一个社会的经济、生活方式以及地理环境的特点在民族精神面貌上的反映，并通过语言、文化艺术、社会风尚、生活习俗、宗教信仰以及对祖国、人民的热爱和对乡土的眷恋等形式，表现本民族的爱好、兴趣、气质、性格、情操和自豪感。民族的共同心理素质是在民族共同地域、民族共同经济生活及其历史发展特点的基础上形成的。在形成过程中，人们逐渐意识到他们属于一个民族。这种民族自我意识具有很强的生命力和很大的稳定性。虽然有些民族的共同地域、共同经济生活、甚至民族共同语言等特征已发生了变化，但他们的民族自我意识仍明显存在，成为个别特征中最不易变化的一个特征，因而成为民族识别中必须加倍重视的标准。可见，民族作为一个社会的共同体，文化因素是十分重要的，尤其是作为文化深层次内容的文化心理结构和文化传统，对于一个民族的形成具有重要的作用。一个社会群体，如果在文化心理结构方面没有共同的特征，在人生态度、价值观念方面不能趋同，则很难成为具有民族特征的社会共同体。因此，我们说，文化特征是民族这种社会共同体的重要标志，是一个民族的灵魂。一个民族的群体性格，常常是由这个民族所拥有的文化传统和心理结构所构成和体现的。

正如血缘是维系种族的纽带一样，文化是民族传承的血脉。中国作为一个具有五千年悠久历史的文明古国，自有文字记载到今天，勤劳智慧的中华民族在长期的劳动实践和探索中，创造和发展了浩如烟海、辉煌灿烂的文化。其中包括语言、文学、艺术、哲学、军事、科技、政治、经济、

---

① 中共中央马克思恩格斯列宁斯大林著作编译局编. 斯大林选集（上卷）[M]. 北京：人民出版社，1979：64.

自然科学、社会科学、民俗、宗教等方面的文化传统和精神成果，而且在历代华夏儿女中扎下了深根，形成了一种情结。中华文明薪火相传，生生不息，不断繁衍，早已形成一条闪耀着华夏文明之光的文化历史长河。每一个华夏儿女身上都烙上了民族文化的"中国印"，这种由中华文化催生和积淀下来的民族情结，共藏于海内外全体中国人的心灵深处，作为一种自我族群认同的心理资源，它将给中华民族伟大复兴带来巨大的能量和潜力。

民族凝聚力的内容与构成同民族文化的发展密切相连。文化是民族凝聚力的核心因素，文化是人类物质生产方式和社会生活的综合表现。在文化人类学看来，文化是受价值导引的系统，在其存在和表现形式中呈现出民族性。共同的民族文化不仅是民族的社会表征，而且是民族共同体存在和发展的基础，每一个成员正是在学习和传承共同的民族文化中才结成了稳定的共同体。文化最能表现一个民族的凝聚力，具有相对的稳定性和象征性。"文化中国"的含义深刻表明了民族文化塑造民族整体的巨大作用。中华优秀传统文化是中华民族在特殊的自然环境、经济模式、政治结构、意识形态等条件的作用下所形成的文化习惯和文化积淀，它既表现于经典文献之中，又存在于中国人的思维模式、知识结构、价值观念、伦理规范、审美情趣、风俗习惯、社会心理和国民品性之内，经过数千年的演绎与扬弃，这种文化积淀已深深地融进民族意识和行为规范之中，渗透到社会政治经济，特别是精神生活的各个领域，成为制约社会历史发展、支配人们思想行为和日常生活的强大精神力量。

（二）中国文化凝聚力的内涵

1.中国文化凝聚力中"力"的实质

构建能产生力。中国文化凝聚力体现了国家的构建能力。从本质上讲，作为"软实力"的重要内容，中国文化凝聚力是能力而不是力量。文化凝聚力不同于事物本身固有的、单纯的、直接的能力，是非常复杂的。其一，它不是自己本身固有的直接能力，它涉及许多环节。简单地说，它包括国家作用于文化、文化作用于个体、个体服务于国家等环节。其二，它不是单纯的能力，它涉及许多要素。除了文化内部不同层面的诸要素，还包括决定和影响文化的许多自然要素和政治、经济等社会要素。因此，文化凝聚力是需要构建的，构建主体当然是主权国家。那么，中国文化凝聚力就是作为软实力主体的国家通过文化把中华民族全体成员团结成一个统一的有机整体，并确保它健康有序地维持和生动活泼地发展的能力。中国文化凝聚力是一种精神力量，是我国综合国力中的重要的"软实力"。

2. 中国文化凝聚力中"力"的根源

认同能产生力。文化的凝聚力是基于文化的功能和意义而存在和实现的，文化的功能包括导向功能、调控功能和整合功能；文化的作用即功能的实现，包括坚定信念、团结力量、振奋精神等方面。中国文化凝聚力的"力"源自中华民族全体成员对文化，即价值观念的认同。

3. 中国文化凝聚力中"力"的要素

中国文化凝聚力中"力"的要素是文化。在这个问题上，国内外许多学者都犯了机械主义的错误。他们认为，力必然要有载体。群体是民族整体与民族成员的中介。不同群体的利益驱动力，是凝聚力的要素。其实，个体也好，群体也罢，它们只是凝聚力表面上的作用对象。真正的作用对象是附着于个体和群体内部并与之如影相随的文化。而且，他们还遗漏了一个重要要素——共同体的文化。遗漏的原因是因为他们没有认识到，凝聚力是构建能力，如果离开了构建主体——国家，凝聚力是虚无和没有意义的。文化是变迁的，有凝聚力的文化必须是与时俱进的创新文化，这是凝聚力的前提和内容。总之，中国文化凝聚力的要素是文化，包括共同体的文化和个体的文化。

（4）中国文化凝聚力中"力"的结构

中国文化凝聚力体现为一种整合力。它包括三个方面：一是中华优秀传统文化对中华民族全体成员的吸引力，反映了国家共同体对成员的关系，体现为民族共同的行为规范和价值准则对个人的"导航"；二是中华民族全体成员对中国优秀文化的向心力，反映了成员对国家共同体的关系，体现为个人对民族共同的行为规范和价值准则的自觉践行；三是成员之间的和谐力，反映了成员之间的关系，体现为基于文化认同和共同利益的个人与个人之间的相互依存及和谐状态。中国文化凝聚力是这三种力量结成的统一合力。这三种力量是相辅相成的，其中中华优秀传统文化对社会全体成员是否具有吸引力以及吸引力的大小，通常由向心力、和谐力的状况起主导作用。

（5）中国文化凝聚力中"力"的表现

中国文化凝聚力首先表现为一种吸引力。源远流长的中华文化是民族发展的精神动力。有了精神动力，才能充分调动积极性。有了积极性，才能全面焕发干事业的激情和创造性。

中国文化凝聚力其次表现为一种向心力。源远流长的中华文化是民族生存的精神支柱。有了精神支柱，才能有归属感。有了归属感，才能具备干事业的坚强决心和顽强意志。向心力中的"心"包括两方面的内容：一是共同体的核心价值体系；二是能够团聚全体国民的政治集团，在现代社会通常是指处于执政地位的政党或政府。一个国家只有树立一种为全体国民所认可的精神信仰、价值体系和奋斗目标，具有一个代表国民并能带领国民为实现自己民族的目标而不懈奋斗的政党或政府才能形成一种向心力。

中国文化凝聚力还表现为一种和谐力。源远流长的中华文化是维系民族共同体的精神纽带。有了精神纽带，才能实现包括各阶层、各民族在内的全体国民的团结。这种团结最基本的就是政治上的，即全体国民都为一国之民，都在一种政治力量的统辖之下有着共同的民族利益、国家利益，有着一致的追求。国荣俱荣，国损俱损。事实上，当代世界的基本利益单元是国家，国家仍是最基本的社会单位。世界经济的一体化和全球化绝不等于世界利益的一体化。欧盟就是最好的证明：虽然欧盟在经济上和政治上堪称一体化的先驱和典型，但是在涉及各自国家的声誉和利益时，哪怕是在一种货币的名称问题上也会锱铢必较，毫不相让。

综合以上分析，我们可以对中国文化凝聚力的内涵作出这样界定：中国文化凝聚力就是国家通过文化把中华民族全体成员团结成一个统一的有机整体，并确保它健康有序的维持和生动活泼的发展的能力，具体包括把成员团结在共同利益目标旗帜下的能力和为实现共同的利益目标给成员提供精神动力的能力。它的特征体现在三个方面：个人对民族共同的行为规

范和价值准则的信奉；在共同利益基础上的相互依存性；个人对民族国家
共同体的认同。

二、体育仪式的文化凝聚力与高校应用型人才培养融合的现实意义

（一）体育仪式的文化凝聚力概念界定

关于体育仪式的文化凝聚力的概念，目前学界尚没有统一的界定。有
学者论及体育与凝聚力的关系，可作为参考。

梅松纳夫（J. Maisonneuve）在《群体动力学》[①]中有一定的探讨，认
为凝聚力是能够作用于集体成员的心理力量，是群体成员转向群体内部力
量的一种诱引力。群体凝聚力是指群体中把个体结合在一起的情感力量。
体现了群体成员之间、群体与成员之间的吸引程度，吸引程度越强，群体
的团结水平就越高。影响群体凝聚力的因素主要有：群体的领导方式，群
体成员的目标一致性程度和为共同目标而工作的程度，以及外界威胁的强
弱等。

马斯滕（Martens）等学者曾对144支篮球队中1200余名运动员进行
研究，结果表明篮球运动队的凝聚力与运动队所获得的运动成绩有密切
关系。

威廉斯（Williams）在对83名高尔夫运动员的研究中表明，高凝聚力
的运动队有更多的团队内交往和更高的运动成就动机，也将取得更多好成
绩。卡伦（Carron）回顾了近15年对群体凝聚力的研究，总结出了四个结
论：（1）凝聚力高的群体，队员间更为团结；（2）运动团体凝聚力与运
动成绩有密切关系；（3）运动成绩对凝聚力的影响比凝聚力对运动成绩的
影响更为重要；（4）即刻比赛结果不能改变群体凝聚力。

克拉蒂（Kratty）在1989年指出，有理由假设活动成功与凝聚力是一种
循环的、相互作用的关系，而不是单一方向的关系。卡伦在1984年的研究
也支持这种观点。

相对于国外的研究现状，我国在此领域的研究还比较少，但还是有一

[①]　参见［法］让·梅松纳夫.群体动力学［M］.北京：商务印书馆，1997.

些体育科学工作者在这方面进行了有益的探讨。吕钢和钟添发[①]从群体心理学的内聚力（即凝聚力）角度出发，研究了我国男子篮球队内聚力作用因素的现状，认为篮球队战术配合水平与其内聚力成正相关，并通过自行编制的问卷对篮球运动员进行了调查，概括出了影响球队内聚力的16个因子。张力在1993年从社会角度结合社会心理学对我国的6支女子排球队进行了初步研究，同样是采用问卷调查的形式，对结果进行回归分析，认为在训练、竞赛和日常生活中，影响凝聚力的主要因素为"队员参与集体活动积极性""人际互动类型""内心状态""内心气氛""对内气氛""教练威信"等。

　　目前，国外在体育对民族凝聚力方面的研究达到了相当高的水平。尽管我国有关体育群体凝聚力的研究已有较大发展，关心和从事这一领域研究的人日益增多，但是我们面临的问题也不少。首先，以往大多数研究由于没有概念模型或理论框架的指导，使凝聚力的研究结论缺乏可靠性和清晰性，评价凝聚力的测量工具不统一，国内尚无自己编制的、权威的评价量表。其次，在体育领域中以往的大量研究都是以竞赛表现为中心的，多以运动队和体育团队作为研究对象，而很少会涉及民族传统体育文化领域。当前，虽然没有看到关于大众体育群体凝聚力的研究，但是，从以上综述可以看出，一般凝聚力理论和竞技体育团体凝聚力理论可以给我们以更多的启迪，对指导我们的研究具有重要意义。

　　如前文所述，从体育仪式的文化象征上看，无论是传统武术，还是大众体育，无论是竞赛的庆典程序，还是媒体的传播图像，体育仪式都象征和传承着一个民族、一个国家的文化，既包括物质文化也包括精神文化。从体育的精神价值上看，体育文化的价值凝聚即是体育的精神价值所在，具体而言，无论是竞技体育的精神价值，还是民族传统体育的精神价值，都统一在中国体育精神的内涵中。

　　中国体育精神揭示了中华民族精神的实质，承接了中华传统文化脉络。体育精神体现体育的核心价值与内涵，中华体育精神蕴含民族精神的

① 参见吕钢,钟添发.篮球队内聚力对战术配合的影响及其现状[J].湖北体育科技,1990（01）：31-42.

实质得益于我国传统文化的支撑，得益于文化理念、思想观点、理论框架的渊薮。毕竟没有一个国家会无视自己的历史传承与文化积淀，没有一个生命体会拒绝血脉联系和认祖归宗。血脉异域相连，精神古今相通。民族精神是中华体育精神的前提。对于我国而言，附着于大型体育赛事中所表现出来的体育精神是我国民族精神与民族文化的镶嵌式内涵，更是在世界舞台展现中国形象的最佳途径。没有战争并非代表和平，和平也并非完全没有战争，科技飞速发展的今天，没有硝烟的战争随处可见，运动场上的"厮杀"便是其一，体育通过这种不和平的"厮杀"方式最终成就了和平。2008年北京奥运会开幕式让中国在奥运会这一世界平台上展现了我国传统的"和"文化。中华体育精神的出现，兼具鲜明并古老的民族文化特色，是民族凝聚力的重要保障之一。中华体育精神将体育精神与古老的中国文化融为一体，在体育中体现出民族特色，体现中华文化、民族气节。

体育缘何促进民族精神、促进中国精神，推动中国梦的实现？习近平曾明确指出"中国精神"与"中国梦"之间的关系，他在第十二届全国人民代表大会第一次会议上的讲话中提到，实现中国梦必须走中走中国道路、走中国特色社会主义道路，要凝聚中国力量、凝聚中国各族人民大团结的力量，要弘扬中国精神。中国精神便是："以爱国主义为核心的民族精神，以改革创新为核心的时代精神。这种精神是凝心聚力的兴国之魂，强国之魂。"①

综上所述，中国文化凝聚力中"力"的实质是一种精神力量，是我国综合国力中重要的"软实力"。笔者认为，体育仪式的文化凝聚力可以从广义和狭义两个方面来界定，狭义的体育仪式的文化凝聚力是指体育文化的精神价值所在，是体育仪式文化的精神凝聚力，具体而言，就是指中国体育精神；广义的体育仪式的文化凝聚力其实质是一种民族精神力量，具体而言，体育仪式向世界展示中国精神、中国力量，彰显中国文化软实力。

---

① 习近平. 在第十二届全国人民代表大会第一次会议上的讲话[M]. 北京: 人民出版社, 2013: 4.

（二）体育仪式的文化凝聚力与高校应用型人才培养融合的现实意义

1. 是扎实推进文化强国，加快体育强国建设和全面建成小康社会的需要

中华民族的伟大复兴更需要文化的复兴，党的十八大号召全国人民大力推动社会主义文化发展与繁荣。文化建设成为党的十八大以来文化发展的重音。在习近平新时代中国特色社会主义思想指导下，以习近平同志为核心的党中央带领全国各族人民，集体智慧，凝心聚力，践行中华民族精神和社会主义核心价值观，为实现中华民族伟大复兴的中国梦砥砺前行。我国虽然是体育大国，但与其他发达国家相比还不是体育强国。为更好地践行文化强国，建设体育强国，进一步推进全民健身，提升当代中国体育文化软实力才是提高我国综合实力的必经之路；同时，进一步发挥当代中国体育文化的思想政治教育功能也是全面建成小康社会的需要。

2. 当代中国体育文化之思想政治教育功能研究是弘扬中华传统体育文化、奥林匹克文化的需要

民族传统体育文化是中华民族传统文化的精华组成部分，体现出中华民族自强不息的民族精神真谛。随着改革开放的深入，中国传统体育文化备受世界的瞩目，且中国功夫具有代表性的符号标识，如太极拳、少林拳、传统健身气功等传统体育项目。

文献资料记载和实践证实，中国传统体育文化步入国际化举步维艰。受当今体育发展格局和态势等多方面影响，形成了重现代竞技体育、轻传统项目的格局，结果造成国家对具有民族传统体育文化特质的体育项目支持力度减弱。对外而言，问题在于中国传统体育文化走出国门少、交流缺失、形式单一、思想自闭等。面对诸多问题，笔者从丰富资源载体方面着手，加强对民族、民俗、民间体育的挖掘、整理与传承，为进一步推进民族传统体育文化功能的发挥寻找一条传播途径，扩大中华传统体育文化的影响力。

3. 是促进学生全面发展、实现应用型人才培养目标的需要

（1）有利于青少年学生建立正确的"三观"

价值观、人生观和世界观这三种价值观念其实是高度统一的，它们能够决定这一个人在未来的发展方向和一生所追求的人生目标。只有树立正

确的、科学的"三观"，才能把握好人生，为他人、为社会、为国家多作贡献，才能活得有意义。正确的世界观是理想信念的基础，正确的人生观则是道德规范的体现。

体育仪式的文化凝聚力广义上包含中国精神，狭义上指中国体育精神，体现中华民族精神的内涵，包括爱国主义精神、集体主义精神、奉献精神、艰苦奋斗精神、合作精神、诚实友好等，对青少年学生的人生观具有良好的指导作用。其中，民族传统体育是内涵丰富的教育资源。虽然民族传统体育经历了历史发展和社会进步的洗礼，但现代社会需要民族传统体育回归人们的生活。通过学习民族传统体育文化中蕴含的思维方式和价值观念等，对青少年学生产生思想观念上的冲击，让他们感受民族传统体育文化所蕴含的独特的民族文化魅力，进而增强青少年学生的民族自信心和民族自豪感，培养文化认同。学习中国传统文化，对于在青少年学生的思想意识中树立正确的世界观、人生观和价值观具有重要意义。通过挖掘民族传统体育文化的精髓，保证将真正精华的部分融入学校教育中，使广大青少年学生在学习的过程中感受中华民族祖先的伟大智慧，这样才能够更好地吸收民族传统文化的精神营养。它将帮助学生形成正确的"三观"，同时也激发爱国主义，让学生汲取中华优秀传统文化的精华。民族传统体育文化中包含了古人关于道德要求的内容，对青少年学生的文化素养和道德素质的提高有直接的帮助。学习民族传统体育，可以有效地培养青少年学生的民族责任感，能够直接塑造他们热爱祖国，热爱民族，热爱中华文明的高尚精神品格。因此，民族传统体育文化的精神价值是青少年学生"三观"教育不可或缺的一部分。

（2）有利于培养全面发展的人

习近平在全国教育大会上强调，要坚持中国特色社会主义的教育发展道路，培养德智体美劳全面发展的社会主义建设者和接班人。

教育是国之大计、党之大计。学生是国家和党未来的希望，是我们应该重点培养的社会主义接班人，在这个过程中要求培养全面发展的接班人。新时代教育的目标就是要培养全面发展的人，我们应该有新的精神面貌，有新的发展目标，更要有新的要求，这也是新时代教育不可推卸的责任和义不容辞的使命。培养德智体美劳全面发展的社会主义建设者和接班人不是一时兴起提出来的，而是我们党一贯坚持的教育方针和发展要求。

我国的教育方针自始至终都是坚持"立德树人"，这个目标从来没有动摇过，最终的发展目标是促进学生身心的健康发展，也就是要培养全面发展的人。体育的魅力，不仅在健身，而且还在于健"心"。民族传统体育的有些项目，如"抱石头"、拔河等，可以有效培养学生不怕困难、不畏艰险的意志品质和能够在艰苦的生活环境中依然奋斗不止的顽强精神，这些精神品质与个人的修养密切关联。在思想政治教育和体育教学中，要贯彻健康第一的指导思想，激发学生学习民族传统体育的兴趣，注重学生个性的发展，突出学生的主体地位，加强道德品质教育，体现全面发展的理念。在体育教学中，它涉及运动技能，体育参与，启发情绪和建立正确的认识。

①在教学中建立良好的师生关系。这就要求教师根据课程内容进行充分备课，实现教学方法多样化。实践证明：在课堂上，发挥学生主动性，改变教学组织形式，根据水平分组、兴趣分组或同质分组划分不同的类别，使学生对学习产生积极的兴趣，效果更好。

②培养健康的竞争意识。竞技性是体育的独特魅力，每个参与者都会有求胜心理和竞争意识，但是要让这种心理意识转变成为健康的价值观。在培养过程中教师要注重有效引导，让学生在比赛中切身感受，进而激发努力拼搏与竞争的意识，最后，培养学生的健康价值，创造良好的精神品质。

③体育锻炼可以提高学生不怕困难的意志品质。这要求学生有勇气面对困难。例如在学习"跳山羊"或跳箱时，有的学生大胆尝试，有的学生不敢行动，担心受伤或者完成不了动作。教师应善于引导学生尝试，为学生创造实践机会，体验成功的喜悦。不仅如此，学生还应该了解体育学习的困难、体育比赛的失败，他们必须培养勇气面对失败和困难，挑战恐惧。

④自信是一种生活态度。在学校的体育教学中，教师应该让学生懂得在各种体育活动中尊重自己，尊重他人，发展良好的道德品质。教师应鼓

励学生积极参加体育活动，根据个体差异，兴趣爱好等，按照自己的能力教学生，并在体育实践中使学生实现对成功的审美，逐渐建立信心，培养健康、自信的生活态度。

⑤团队精神是体育活动中最常见的意识形态。一个团体中各成员会经常相互接触、合作、竞争等，个体与个体、个体与集体之间关系更加直接，形成了一个培养个体社会性的场所。教师应利用环境来引导学生，并给予鼓励和赞赏，教会学生尊重他人和信任他人，具有高度的集体意识和集体荣誉感，并与同学一起完成学习任务。例如赛龙舟，队员之间的齐心协力，思想上的相互认可、相互信任，动作上的整齐划一，协同发力，是取得胜利的关键。对学生进行团队精神的培养，尤其是团队意识尤为重要，团队意识在社会生活中非常重要，这也是当代社会对学生的要求之一。

我国应用技术型高校人才培养目标的定位包含知识要素（knowledge）、能力结构（ability）和德行要求（ethics）三个维度，通过将体育仪式的文化凝聚力的教育价值融入高校思想政治教育和体育教学中，能够提升应用型人才的综合素质，促进其全面发展。

三、丰富体育仪式的文化凝聚力教育内容

（一）爱国主义教育

爱国主义教育在我国有着悠久的历史。封建社会时期，帝王将相始终宣传爱国主义，颂扬人们的家国情怀，倡导"修身、齐家、治国、平天下"。革命战争年代，人们的爱国主义精神集中体现在保家卫国，浴血奋战，保卫祖国，是一种崇高的民族精神品质和精神气质。和平建设年代，爱国主义有着团结人民、凝聚共识的作用，尤其是大学生的爱国主义展现了他们对故土家园的深厚感情，主要体现在大学生不但能够了解和认识自己国家的山山水水，热爱自己国家的优秀文化，而且能够发愤图强，为国家的繁荣和强大贡献自己的力量。因此，加强对大学生的爱国主义教育，培养他们对祖国的自豪感和自信心很有必要。

爱国主义教育是大学生思想政治教育的重要内容，如何在大学生中

实现有效的爱国主义教育就显得尤为重要。大学生爱国主义教育的途径有很多，体育在这一方面也能够发挥重要的作用。那么体育对大学生的爱国主义教育究竟是怎么实现的呢？其实现方式主要体现为：体育为中华优秀传统文化教育提供了"土壤"；体育为期盼国家强大的愿望提供了情感寄托。

1. 体育为中华优秀传统文化教育提供了"土壤"

中华优秀传统文化是文明发展、积淀的精神财富，是经历了五千年的历史文化瑰宝，也是爱国主义的一个重要表现。因此，大学生的爱国主义教育不能忽视对中华优秀传统文化的教育。通过中华优秀传统文化的教育，大学生能够增强文化认同与自信，能够增强爱国主义涵养。

早在古代，我们的祖先就已经认识到体育的重要性，只是古人对体育的认识呈现多元化的特点，祭天娱神、训练士兵、传承技艺、保健身体成为古人实践体育的主要目的。随着时间推移、社会变迁，以"养生"和"武术"为代表的一些古代体育文化一直传承到今天，成为中华优秀传统文化中浓墨重彩的一笔。太极拳就是中华传统文化的优秀代表，源远流长、博大精深。比如：太极拳的拳理就是以中国传统文化为理论基础的，"天人合一""虚实转换""阴阳平衡""以柔克刚""绵里藏针"等技艺精髓无不建立在中国古代哲学基础之上。发展到今天，这些体育活动更加展现了民族文化的传承与发展，更加有力地弘扬了自强不息、不卑不亢、顽强拼搏的民族精神。因此，就理论来看，通过充分利用体育活动、发掘体育精神来实现对大学生的中华优秀传统文化教育是必要的，是可行的。

2. 体育为实现国家强大提供了情感寄托

国家强大是每一个中华儿女的殷切期盼和美好愿望，也是每个知识分子的使命和责任。作为知识分子的大学生更多地了解国家的历史，更多地培养家国情怀、责任担当，期盼祖国强大的愿望也远比其他人更强烈。体育活动为大学生的家国情怀提供了情感的寄托。每观看一场国际比赛，对于大学生而言都是一场爱国主义的洗礼，都是爱国主义情怀的归宿。对于大学生而言，获胜的迫切愿望、胜利后的欢呼等都是爱国情感的发泄，是期盼祖国强大的表现。因此，参加或观看国际体育赛事是大学生爱国主义情感寄托的重要实现途径与方式，是培育大学生爱国主义精神不容忽略的手段。总之，无论如何，大学生在观看国际体育比赛时总是能不自觉地将自己与国家联系起来，当中国运动员获胜时，大学生会油然而生出一种民族自豪感，进而升华为对祖国强大、国家强盛的信心。这种民族自豪感的生发无疑是对大学生进行爱国主义教育最为生动的一课。

（二）社会主义核心价值观教育

2012年11月，党的十八大报告首次提出以"三个倡导"为主要内容的社会主义核心价值观：一是在国家层面上，倡导富强、民主、文明、和谐，体现天下情怀；二是在社会层面上，倡导自由、平等、公正、法治，体现君子文化；三是在个人层面上，倡导爱国、敬业、诚信、友善，体现正直品德。社会主义核心价值观是中国特有的价值观，是全社会成员实现中国梦和个人梦的价值取向和行为准则。高等教育存在和发展的一个重要前提，就是为社会的核心价值观服务，这是世界各国高等教育的通则。因此，培育和践行社会主义核心价值观，培养认同和坚守社会主义核心价值观的有用之才，是我国高校正确履行职能、坚持社会主义办学方向的必然要求。青年大学生是未来实现中华民族伟大复兴中国梦的有生力量，抓好青年大学生的价值观养成显得十分重要。

然而，高校不仅是知识、人才汇聚的地方，也是各种社会思潮和多元化价值观聚焦之地。当前，西方"自由、平等、博爱"的自由主义思潮在政治、经济、历史、文化等各个领域对高校学生进行强势渗透，高校意识形态工作面临极大的挑战和危机。此外，随着全球化进程的加快，改革开放的深入，多元文化大量涌入，多元价值观也紧随其后，对大学生的价值观念、思维方式和行为方式产生巨大冲击和影响。习近平在全国宣传思想工作会议上强调："一个政权的瓦解往往是从思想领域开始的，政治动荡、政权更迭可能在一夜之间发生，但思想演化是个长期过程。思想防线被攻破了，其他防线就很难守住。"[①]由此可见，如何贯彻立德树人的根本

---

① 习近平在全国宣传思想工作会议上强调：胸怀大局把握大势着眼大事　努力把宣传思想工作做得更好〔N〕. 人民日报，2013-08-21.

任务，牢牢把握高校意识形态工作的主动权、话语权，是高校育人工作的重中之重。这就需要开展好大学生思想政治工作，以培育践行社会主义核心价值观为魂，加强校园文化建设，构筑大学生的精神家园。

体育文化在培育热爱祖国、公平竞争、吃苦耐劳、坚忍不拔、自强不息、团结协作等社会主义核心价值观方面，具有独特的价值和重要作用，有利于传承大学文化、铸造大学精神、提升大学生人文素养，是大学生社会主义核心价值观培育和践行的重要载体。因此，加强社会主义核心价值观教育，提升大学生的综合素质，充分发挥体育仪式的文化凝聚力在高校应用型人才培养中的作用，是本书研究的重点。

1. 体育文化与社会主义核心价值观的关系

（1）二者都在根本目标上倡导以人为本的理念

马克思主义注重人的全面自由发展，关注人的存在，强调人的发展和价值。社会主义核心价值观是马克思主义中国化的最新理论成果。社会主义核心价值观提出的"三个倡导"，体现了"以人为本"的价值理念，其终极目的就是促进个体得到自我的完善，这无疑为完善人格、实现人的全面自由发展提供了思想保证、道德基础和现实条件。体育文化倡导坦然面对成败、得失，自觉遵守各项规则和制度，充分尊重、理解对手，追求人性的真善美，强调公平、正义、平等以及人的主体性发挥等，也充分体现了以人为本的理念。体育文化的存在与发展，有利于促进大学生的生理、心理、人格、素质的全面协调发展，它的最终目标是关心人的发展，关注人格的完善。因此，在实现人的全面发展的根本目标上，社会主义核心价值观和体育文化两者高度吻合，在实践中都倡导以人为本的理念。

（2）二者都在教育功能上发挥文化育人的作用

文化对人的影响犹如空气一样，无处不在，无时不有。由于社会主义核心价值观和体育文化都根植于中华优秀传统文化的"沃土"中，因此，"文化育人"成为两者在教育价值、教育功能上的契合点。具体体现在：一是两者都渗透着爱国主义、集体主义教育。爱国是最重要的道德情操，践行社会主义核心价值观，必须坚持把爱国主义教育放在工作首位。在体育文化中，为国家、为学校、为集体争光犹如一个强大的"磁场"，深深地吸引着每个人。它的教育特点就在于通过开展丰富多彩的体育活动，培养大学生的爱国主义、集体主义观念。由此可见，爱国主义、集体主义成为社会主义核心价值观和体育文化建设共同的教育特征。二是两者提升了人们的道德质量。体育文化渗透着道德质量教育，赛场上提倡的"友谊第一、比赛第二"、尊重对手、尊重裁判等体现了诚实守信、公平竞争意识，这些思想意识在运动中无形地内化为人们的道德修养，提升了人们的道德水平。

2. 弘扬中华体育精神与培育社会主义核心价值观相互作用的机理和基本环节

（1）弘扬中华体育精神与培育社会主义核心价值观是互动互促的关系

马克思主义认为，共性寓于个性之中，矛盾的普遍性必须和矛盾的特殊性结合，才能得到真正的解决。也就是说，培育社会主义核心价值观必须和具体行业结合起来，必须与形象具体、切合实际的精神相结合才不会落空，因此，以弘扬中华体育精神为手段，有利于促进社会主义核心价值观的培育落到实处，否则只能永远停留在口号宣传的层面上。

体育的教育功能一方面体现在教授体育知识，发展人的体能和技能；另一方面是培养人的情感、理想、意志力及个体对社会乃至国家产生的精神影响力。就像萨马兰奇曾说的："由于体育运动有助于将身体置于为心智服务的位置，它在任何文明需求中都值得占有一席之地。"①把握体育在精神层面的教育功能，将弘扬中华体育精神作为培育社会主义核心价值观的有效手段，有利于凝聚社会共识，形成正确的个人、社会甚至整个民族的价值观念，促进社会稳定及国家富强。

具体来讲，弘扬中华体育精神和培育社会主义核心价值观是互动互促的关系。弘扬中华体育精神中爱国奉献的内容，有助于培育人们的爱国意识，同时有助于养成为国家或他人牺牲自我的无私精神，利于公民层面"爱国""友善"的培育；弘扬遵纪守法的内容，有助于培育人们的法律意识，有助于社会层面的法治建设，建立平等、公正、法治的社会；弘扬

---

① 转引自张金桥，范冠玺. 竞技体育的教育功能与社会主义核心价值观的践行［J］. 湖北体育科技，2015（01）：8.

科学求实的精神，有助于公民层面"诚信"的培育，有利于文明国家的建设；弘扬团结协作的精神，有助于凝聚全社会公民的精神和力量，为建设和谐社会助力。此外，也不能否认社会主义核心价值观对弘扬中华体育精神的指导作用。在社会主义核心价值观的引领下弘扬中华体育精神，能促进体育事业和体育产业健康发展。用社会主义核心价值观审视和匡正体育人的决策和行为，有助于大力发扬体育行业精神，遏制体育行业的歪风陋习，形成良好风气，确保体育事业与产业的健康发展。

（2）通过弘扬中华体育精神培育社会主义核心价值观应遵循知、信、行三大环节

品德的形成是德育的研究重点，一个人道德素质的高低取决于其思想品德高尚与否。品德的心理结构包括道德认知、道德情感、道德认同、道德意志、道德行为[①]，即知、情、信、意、行等五个环节，其中知、信、行是基本环节。"知"的环节要求获得对道德规范基本常识的了解，"信"的环节要求将道德规范上升为基本的认同，养成相应的意识，认识到自己的道德责任。道德情感是品德形成的动力和催化剂，是对于自身或他人行为与自身道德观念是否相符而产生的情感体验，分别为相符时的肯定、赞赏与相悖时的否定。道德行为是品德的外在表现，是判断一个人道德品质的标志，这种行为是一个人的一贯行为而非偶然行动，它受道德意志的调节控制。只有道德意志坚定，才能自觉调控行动，以使个体克制不合理的欲望，将道德行为贯穿始终。品德各要素之间相互联系、相互制约。在弘扬中华体育精神实践中培育社会主义核心价值观时，应遵从品德的心理形成过程，按部就班，逐个击破，使人们能保持情理一致、言行一致，使精神和观念的培养真正行之有效。

从"知"入手，普及基础概念和内涵是基础。根据笔者搜集的资料显示，现阶段大学生对中华体育精神和社会主义核心价值观虽有所了解，但认识并不深刻，因此难以起到自觉规范自身行为的作用。若要践行社会主义核心价值观，首要任务就是通过各种教育手段，将观念深入人心，只

---

① 谢春艳. 大学生品德的心理结构与德育的实效性 [J]. 化文教资料, 2007（04）：42-43.

有真正理解了中华体育精神和社会主义核心价值观的内涵和重要意义，知道这些精神和观念是什么，为什么要大力弘扬和培育，才能树立正确的行为意识，进行自我管理。在教育对象掌握基础知识后，要逐步深化其道德观念和思想认识，使其真正接受，吸收内化为自然需要，内心形成坚定信念，才能牢固树立正确观念，在面对诱惑和障碍时，能坚决执行由内心价值观所引出的行动决定。例如，可以有意识地创设一些困境，并通过激励、赞扬、榜样作用、方法介绍等方式来增强克服困难的信心和力量，针对意志坚强程度的不同，采取不同的锻炼方式，不断激发被教育者坚忍不拔的精神。在了解中华体育精神和社会主义核心价值观基本常识的基础上上升为基本的认同，就进入了"信"的阶段。

用"情"助力，加入情感"催化剂"。在培育社会主义核心价值观时，要注重生活习惯和社会舆论的作用，培养和丰富人们高尚的道德情操。在道德行为中，人们常受不同动机的影响，是为自己的利益考虑？还是为他人或集体利益作出贡献？带有高尚的道德情感的道德要求能驱使人们战胜私欲，使其作出立场坚定的选择。因此，在培育社会主义核心价值观时，应注意利用情感的力量，从被教育者的角度考虑，利用"共情"的方法和手段，尽可能地接近被教育者的内心，努力激发起被教育者的情感和情绪，使得他们在领会社会主义核心价值观的同时，伴有积极的情绪变化，从而带来行为的改变。此外，还要用生动具体的现实事例和现代化教育手段来感染他们，激发被教育者的情感共鸣，以此来扩大人们践行社会主义核心价值观的间接经验和情感体验。另外，要在此过程中培养他们的评价能力，从现象到本质，由人及己，由浅入深，使其评价水平逐步深化提高，这有利于社会成员之间的相互监督，提升自我管理能为，从而实现行为规范。

以"行"为试金石，实际行动是检验标准。人的价值观如何、品德是否高尚都是通过行为举止来体现的。在培育社会主义核心价值观的过程中，应采用科学方法培养人们的良好行为，提升道德素养，使其成为具有正确价值观和品德高尚的人。具体来讲，在"知""情"两方面做到的同时，应特别注意被教育者的行为养成，将他们内化的行为准则外化到实际行动中，确保在复杂的社会环境中能够主动、自觉地选择正确的行为方式。所以，应注意激发人们形成良好行为习惯的倾向，提供实践机会，使得人们可以将既得的行为意识践行到实际行动中；树立良好行为榜样，以使更多的人能借鉴学习；创造人人践行社会主义核心价值观的大环境，营造良好的社会氛围，减少不良行为的发生。

（三）中华优秀传统文化教育

中华优秀传统文化是中华民族的精神命脉，是涵养社会主义核心价值观的重要源泉，也是我们在世界文化激荡中站稳脚跟的坚实根基。大学生是国家的未来和民族的希望，积极接受优秀传统文化教育，有利于提高传统文化素养，增强民族文化认同感，自觉传承中华优秀传统文化，成为文化自信的社会主义建设者和接班人。[①]加强中华优秀传统文化教育，对于高校应用型人才培养具有重要意义。

1. 有助于强化大学生的文化认同感

人作为自然界的产物，是自然界的一部分，既有自然属性，又有社会属性；既是自然存在物，也是社会存在物。在社会生活中，个体通过"以文化人"逐步成为民族一员，成为民族文化的符号和载体。文化认同就是个体对群体长期共同生活中所形成文化的肯定，文化认同的核心是个体对群体价值标准的认可和接受。文化认同实际上解决的是自己的文化身份归属问题，文化认同上出现了问题，就会导致个体发展上的迷茫、价值判断上的困惑。文化认同会衍生出民族认同和国家认同，进而成为凝聚人民共识、增强凝聚力的内在动力。美国学者亨廷顿强调："文化认同对于大多数人来说是较有意义的东西。"[②]随着改革开放的不断深化和市场经济的快速发展，在全球一体化影响下，互联网快速普及，网络新媒体迅速崛起，传统文化与现代文化、中国文化与西方文化、精英文化与大众文化及网络文化发生了前所未有的交流和碰撞。在多元文化的交融和冲突中，一些大学生对中国传统文化产生怀疑和焦虑，把西方文化等同于现代化。虽然随着"国学热"的兴起，一些大学生对中国传统文化表现出浓厚的兴趣，但

① 李艳红. 大学生传统文化教育的意义[J]. 中国冶金教育, 2018（04）：86.

② ［美］塞缪尔·亨廷顿. 文明的冲突与世界秩序的重建[M]. 周琪译. 北京：新华出版社, 1999：4.

这并不意味着大学生对传统文化了解的状况有根本性的好转，因此，对于多元文化引起的文化认同危机，高校要大力开展中华优秀传统文化教育，让大学生深刻懂得中华优秀传统文化是文化建设的重要资源和宝贵财富，是文化自信的精神支柱。

2. 有助于培育大学生的民族精神

民族精神是一个民族在漫长的生活和实践中形成的，为大多数成员所认同的价值取向、思维方式、道德规范和精神气质，是民族生存、发展的巨大精神力量。中华民族依靠勤劳和智慧创造了举世瞩目的华夏文明，五千年的优秀文化源远流长，锤炼出独特的中华民族精神，这种独特的民族精神代代相传，已经深深地根植于中华优秀传统文化中，内化为各族人民稳定的精神品格和心理特征，成为中华民族屹立于世界民族之林的强大精神支柱。这种精神是中华民族历经磨难，却生生不息、昂扬前进的精神法宝。高校要借助中华优秀传统文化的资源和力量，在思想政治教育工作中，在大学生中开展优秀传统文化教育，培育和弘扬以爱国主义为核心的民族精神，激励新时代大学生树立报效国家、服务人民的责任感和使命感。

3. 有助于提高大学生的道德素养

中华传统文化始终以伦理道德作为价值取向的核心，德育至上是其显著特征之一，这在中国古代的重要典籍中多有记载，尤其体现在儒家经典中。《论语》中有"志于道，据于德，依于仁，游于艺"[1]"德之不修，学之不讲，闻义不能徙，不善不能改"[2]等相关言论谈及道德修养的重要性和必要性。孟子发展了孔子的德育思想。孟子曰："人之有道也，饱食、暖衣、逸居而无教，则近于禽兽。圣人有忧之，使契为司徒，教以人伦：父子有亲，君臣有义，夫妇有别，长幼有序，朋友有信。"[3]可见，孟子将具有"五伦"道德精神作为区分人与禽兽，也就是人之所以为人的标志。同时，在中国传统文化中，人与自然的关系被称为"天人关系"。"天人合

---

[1]　孔子.《论语·述而篇》.

[2]　孔子.《论语·述而篇》.

[3]　孟子.《滕文公章句》（上）第四节.

一"是中国传统文化所追求的自然观，它强调人与自然的和谐发展，即人不应该违背自然规律去改造自然和征服自然，甚至破坏自然，而应该在了解自然的基础上顺应自然规律，合理开发、利用和保护自然，促进自然万物和谐共生，达到人与自然的相通相合。

这些思想在今天仍然散发着智慧之光，具有深刻的现实意义。新时代大学生是一个特殊群体，他们知识面宽、好奇心强、思想开放、个性张扬，但由于自身的心理不成熟和外界各种因素的作用，其身上也存在不少问题，如部分大学生受拜金主义、个人主义、享乐主义、极端利己主义的影响，不思进取，盲目攀比，追求享乐；以自我为中心，人际关系淡漠，人际交往困难；诚信危机严重，责任意识淡薄，集体观念差，勤俭节约意识不强等。大学开展传统文化教育，可以深入发掘中国传统文化中蕴藏的丰富而优秀的道德思想，发挥传统文化的育人功能，陶冶大学生的道德情操，提升思想道德修养。

（四）合作精神教育

邵士庆在"当代集体主义内涵的厘定"一文中提出，集体主义最基本的要求就是正确地处理人际间的合作，集体主义最底层的表现就是合作精神。[①]我们倡导集体主义精神，希望个体能够正确处理与他人、与集体的关系，这与合作精神具有内在的一致性。当个体能够站在别人的立场思考问题，能从有益于集体的角度进行思考，能够积极寻求与他人的合作时，我们才能认定个体具有合作精神。因此，在大学生思想政治教育中，我们需要更加关注合作精神的教育。

大学生在日常的生活和学习中，都免不了要与他人进行交往，这时，处理这些人际关系就显得尤为重要。如果能够合理妥善地处理与周围人的交往，团结一致，那么大学生就能够获得更加深厚的友谊，获得对合作的基本认识。众人拾柴火焰高，如果大学生不能够与他人相互合作，总是单打独斗，那么，其办事效率不容易提高，在面对竞争日渐激烈的社会时，容易措手不及，无所适从。因此，大学生合作精神的培养需要引起

---

① 参见邵士庆. 当代集体主义内涵的厘定 [J]. 玉溪师范学院学报，2006（05）：18-23.

高度的重视。

当今社会，如何培养大学生的合作精神成为一个突出问题。体育活动倡导合作，尤其是团体性的体育项目。每个成员要首先把自己看作是集体的一员，与他人积极合作、努力拼搏是团队取胜的必要条件。因此，我们可以通过鼓励大学生参加体育活动来培养大学生的合作精神。

简而言之，体育能够有效地促进大学生合作精神的教育。体育所需要的合作意识与协作精神，不仅有利于加强团队合作，积极进取，实现团队胜利，对大学生的团队合作意识和合作精神的培养也有积极的效果。具体来说，多数大学生都承认体育对于合作精神的培养有意义，有作用。这种意义和作用主要体现在：为大学生合作精神的培养提供共同的目标，为大学生合作精神的培养提供了行动配合，为大学生合作精神的培养提供了成就体验。

1. 体育为大学生合作精神的培养提供共同的目标

体育运动中，团体的合作尤为重要，但合作的前提是各个成员拥有共同的目标。在参加体育比赛时，取得最好成绩的目标能够使成员之间联系得更加紧密。在发生分歧时，往往能够互相谦让。在集体项目中需要每个队员同他人建立良好的合作关系，在比赛中相互协作，促进整体战术的发挥。这种合作精神在团体项目中表现更为突出。

2. 体育为大学生合作精神的培养提供了行动配合

大学生合作精神的培养在竞争日益激烈的今天有着不容忽视的作用，但就如何培养大学生的合作精神来看，团队合作无疑是行之有效的。体育运动中，尤其在团体性的体育活动中，合作就显得尤为重要。比如，在一个篮球队中，五名队员各自位置不同，分工不同，但想要打赢一场比赛，必须相互合作，在发挥自己水平的同时协助其他队员完成任务，这样才能达到"1+1>2"的效果。体育在培养大学生合作精神上能够提供相对应的方式，促成相互配合。

（1）运动员和志愿者、观众之间的配合

这反映出来的是大学生对于集体主义的一种认同，他们将自己对集体的热爱转化为一种为集体争夺荣誉、为集体志愿服务的行为，是一种合作精神。在体育比赛中，运动员的每一次努力不仅是个人的行为，更是对集体荣誉感的守护。作为观众的大学生，每一次的加油呐喊，都是受集体凝聚力的感召。作为志愿者的大学生，他们没有奖章，但还是默默地付出，为运动员做好后勤服务工作，也是集体向心力的一种体现。

（2）运动员之间的相互配合

进行体育比赛时，运动员就像是一张名片，既要展现自身的实力，又要展现集体的凝聚力和不凡气度。要通过自己的一言一行树立集体的良好形象，要时刻铭记自己代表的是集体，而不仅仅是个人。当运动员在赛场上拼尽全力，不断努力，不断超越，实现自我突破时，实现了对集体荣誉的维护，这是运动员对集体主义最好的理解和诠释。尤其在一些团体项目中，体育对大学生合作精神的教育更加深刻。在团体比赛时，如果只考虑自己的成绩就很难实现集体的胜利。运动员需要的不仅是个人能够发挥最好的状态，更重要的是树立集体意识，加强互助团结，互相配合才能实现成绩的突破，实现为班级、为集体争光的共同愿望。

3. 体育为大学生合作精神的培养提供了成就体验

成就体验是通过身体力行的参与，感受到自身的能力与价值的成功体验。合作成功的体验总是能够为大学生合作精神的培养提供激励。激励对人们良好的行为具有很好的强化作用，也就是说，当人们的行为得到好评时，人们的这种行为会不断强化，最终成为一种日常。体育对于大学生合作精神的培养也是如此。每次体育比赛的最后胜利，尤其是团体项目比赛的最后胜利都是队员之间相互配合、相互合作的结果，不仅对运动员今后的集体活动有很强的迁移作用，对于观看比赛的人，尤其是可塑性还比较强的大学生而言，也是一堂生动的教育课。因此，体育能够为大学生合作精神的培养提供酣畅淋漓的成就体验，形成成就激励，以实现大学生合作精神的常态化。鼓励大学生进行体育运动，能够使他们体会到合作带来的成功，使他们在今后的人生道路中能够积极寻求合作。

（五）竞争意识教育

人际关系是人类社会中重要的关系，它涉及个人与他人之间的关系，涉及个人在社会中的地位。在社会生活中，我们每个人都不可避免地要与他人进行交往，但随着社会竞争的日益加剧，个人之间的竞争也不可避免。从大学生的角度来看，竞争意识和竞争的能力是走进社会、适应社会、立足社会的关键，因此，大学生竞争意识和能力的培养很有必要，其中，如何能够使大学生积极竞争，培养进取精神成为大学生思想政治教育不能忽视的部分。

体育中最普遍的人际关系就是竞争，竞争是体育竞赛的精髓，无论是校运动会上选手们的你追我赶，还是篮球场上"三对三"的半场比赛，参加运动的个体都希望赢得胜利，所以个体之间需要不断竞争，积极进取。竞争与体育运动密不可分，奥林匹克的口号"更快、更高、更强"体现的就是竞争精神。体育的这种竞争精神有利于大学生培养竞争意识，在生活中不断进取。那么，体育究竟是以何种形式来影响大学生竞争意识的培养和教育呢？一方面，体育可以增强大学生的竞争意识；另一方面，体育为大学生提高竞争技巧和能力提供了平台。

1. 体育能够增强大学生的竞争意识

体育比赛具有强烈的竞争性。它不论资历，要求参加比赛的同学积极争取，努力拼搏，尽全力去创造傲人的成绩。体育比赛中，运动员的成长经历，特别是他们顽强拼搏的献身精神、锐意进取的人生态度、努力争先的竞争意识，可以成为大学生的榜样，激励他们在学习和生活中不断奋斗。积极参加体育比赛能够培养大学生的竞争意识。当然，人们形成竞争意识的一个重要前提是需要具备承担各种风险的心理素质。因为在体育比赛中，多数人是以失败告终的，获得冠军、取得名次的只是极少数，也促使多数人在屡战屡败与屡败屡战中，增强了承担风险的心理素质。

2. 体育为大学生提高竞争技巧和能力提供了平台

体育不仅可以培养竞争意识，还让他们初步掌握了竞争技巧。大学生普遍认为比赛技巧和能力在竞争的环境下是比较重要的，因此，增强大学生的竞争技巧和能力才能使其在竞争日益激烈的现代社会中立于不败之地。而体育比赛能够为大学生竞争技巧和能力的提升构建途径。各种运动项目的战术、技术训练，以及在比赛中的各种状况，使得大学生在准备阶段能注意捕捉信息，抓住要害，捷足先登，伺机而动，在竞赛过程中能够把握机遇，出奇制胜，舍小取大，扬长避短，还会开展心理攻势，做到攻心为上，不战而胜。也就是说，体育比赛能够提升大学生的竞争能力，因此，我们要鼓励大学生积极参加体育比赛，以提高竞争的技巧和能力，为今后参与社会竞争打下良好的基础。

（六）规则意识教育

规则意识是什么？规则在社会中存在较广，部门规章、行业规范、乡规村约、法律法规都是社会规则，要求社会成员能够积极遵守。规则意识，即对规则的自觉认同和践行。规则意识的培养就是要通过规则的教育以实现认同和践行，它能够帮助大学生形成良好的品质，能够对社会的良性发展起到一定的作用，已经成为大学生思想政治教育的重要部分。此外，竞争广泛地存在于体育和各种社会活动中，对大学生而言并非坏事，它能够帮助大学生努力拼搏，不断发展自己，超越自己，但我们也不能忽视竞争可能带来的弊端——无序竞争、恶意竞争、不正当竞争等。为了规避这些弊端，在竞争日盛的今天，树立大学生的规则意识也必不可少。

体育比赛制定了各种各样的规则，成为培养大学生规则意识的途径之一，即经常性地参加体育比赛对大学生的规则意识的养成有很大的作用。体育的这种影响渗透到大学生规则意识养成的各个方面，主要体现在以下几点。

1. 促进大学生对规则的认知与认同

理论分析显示，体育规则规定着参与者的行为，任何运动员违反规则都将遭到谴责和惩罚。同样地，大学生参加体育活动或在比赛中违反了规则，也会受到相应的惩罚，这能够使大学生对于规则的不可触犯性有更加深刻的理解，对于法律也多了几分敬畏。一方面，受到惩罚的大学生能够意识到要遵守纪律，不能违反。如此，在他们走向社会之后会更加认识到，在从事社会活动时并不能随心所欲，要受到法律的约束，以避免违法行为。另一方面，对于其他大学生而言，运动员违纪行为的严重后果也能给自身敲响警钟，时刻谨记遵章守纪，这也不失为规则意识教育的重要途径。

2. 提高大学生遵守规范的自觉性

大学生参加体育比赛会提高大学生遵守社会规范的自觉性。社会规范的自觉遵守也表现在赛中对规则的自觉遵守，两者是相互的。对规则的遵守要求大学生用理性的规则意识约束、指导自己的行为。理性的规则意识要求个体能够有效地克制自己的欲望。体育是一项充满规则的文化活动，尤其是体育比赛，其持续的规则约束能够提高自身遵守社会规则的自觉，这对大学生而言是很重要的。大学生处于从学校到社会的过渡时期，这一时期持续性的规则教育能够减少大学生进入社会后的违规违法行为，成为守法的合格公民。

3. 提升大学生对规则监督的认识

大学生规则意识的养成不可忽略的一个环节是对于规则执行的监督，它是规则意识的关键阶段，它弥补了遵守规则过程中自觉的缺位，从外力层面促进大学生规则意识的养成。

体育比赛对于规则的遵守除了学生的自觉以外，还要靠裁判队伍的监督，这对于大学生了解监督的意义有重要作用。我们要意识到，当大学生真正树立起规则的意识，真正了解规则的意义，真正认识监督的意义时，才能对广泛的社会规则有深刻认识和理解。我们鼓励大学生参加体育比赛，遵守体育规则，虽然不能使他们广泛了解社会规则和社会监督，但是对于理解规则的监督有很大的帮助。体育比赛中，裁判对运动员的违规行为作合理的裁定，坚持公平、公正，是对人们认真执行规则的一种督促，保证了体育比赛的有序进行。只有认识到这一点，大学生才能够更加深刻地认识到社会监督存在的必要性。我们应该加强大学生的体育比赛参与程度，真正促进大学生的规则意识的养成，做一个更加理性而不是随心所欲的人。

（七）意志品质的塑造

意志指的是个体的忍耐力和承受力，它主要体现在遭受打击、遇到挫折时个体所呈现的状态，是更加积极应对，还是消沉低落，这些都是意志力不同的表现。意志品质的培养不仅是心理学研究的重点，也是大学生思想政治教育的重点。那么如何认识体育与意志品质的培养之间的关系呢？

1. 参与体育活动能提高大学生的自制力

大学生自制力的培养，需要在遇到困难时，能够接受挑战，积极应对，并主动进行自我克服，最终实现自我的超越，实现更好的自己。在体育活动中，人们需要进行自我意识的调整，从心理上抵御外界的干扰，以达到体质增强和技能提高的目标。因此，参加体育运动对于培养大学生的自制能力有着重要作用。

2. 体育活动能提高大学生的忍耐性

体育活动参与者需要有坚定的毅力，在困难中愈挫愈勇，需要在失败时永不放弃，需要在疲惫时克服巨大的负面情绪，坚持不懈。这些往往消耗太多的身体能量，容易导致中途放弃。面对困难，大学生需要做的不是本能的退缩，而是要学会吃苦耐劳，学会积极应战，塑造顽强的意志品质。当然，对于意志力相对薄弱的大学生，锻造顽强的意志力，需要在今后的学习和生活中慢慢去磨炼，慢慢去塑造。只要在体育活动中接受考验，坚持不懈，就能够促进大学生意志力的培养。我们要不断地培养大学生参加体育的兴趣，并创造更多条件使大学生积极投入体育活动中，接受更多的思想政治教育。

第六章　充分发挥体育仪式的文化凝聚力在高校应用型人才培养中的作用的路径分析

通过前面的探究，我们了解到：体育仪式的文化凝聚力能够对大学生进行爱国主义、合作精神、竞争精神、规则意识、意志品质等多方面的教育，而且体育文化在这些方面的教育上有着自身的独特性。如果在高校应用型人才培养中能够挖掘和利用体育仪式的文化凝聚力优势，那么在培养方式上会更加多样化，形式上更加具有趣味性和互动性。因此，本章重点探讨发挥体育仪式的文化凝聚力作用的现实途径，从思想政治教育和校园体育文化两个方面进行阐述，主要从大学生参与的各个环节强化思想政治教育，包括对体育课程、课外体育活动、体育竞赛和体育明星（专家）的示范等方面的探讨；从校园体育物质文化、制度文化和精神文化等三个层面探讨校园体育文化在高校应用型人才培养中的作用。

一、思想政治教育途径

（一）注重体育课程对大学生思想政治教育的引导

体育教学就是通过教师与学生的互动，促进学生健康成长的活动，它在大学生的体育参与中占有重要的一席之地。长期以来在教学实践过程中，大学生通过教学活动能够学到很多，这些不仅包括参加体育活动时的能力和技巧，还包括一些精神的升华。体育教学能够使大学生了解更多关于竞争、合作、意志力等个性品质，并形成自身独到的认识，从而对于思想水平的提升具有重要意义。因此，在今后的体育教学中，我们可以大力地挖掘体育教学过程所蕴含的思想政治教育内容，并通过教师或课程的设置等方面加以推进。

体育教学作为一种教育活动，具备教育的基本要素，我们可以从构成体育教学的要素入手阐述思想政治教育的实现途径。全国十二所重点师范大学联合编写的《教育学基础》认为，教育活动的基本要素包括教育者、学习者和教育影响。张学忠在《学校体育教学论》一书中提出："体育教学的要素是由以下七个方面组成，即学生、体育教师、教学目标、体育课程教学内容、体育教学方法、教学环境、信息的传递。"①笔者分别从构成体育教学的七大要素出发，分析在具体的体育教学活动中如何实现对大学生的思想政治教育。

1.明确教学目标

在教学实践活动中，教学目标制约着教学内容和教学方法的选择，规定着教学的方向，体育教学目标也是如此。它规定着大学生参加体育教学活动需要达到的目标，指导着体育教学活动的开展。在体育教学活动中对大学生进行思想政治教育需要树立体育教学过程的价值观目标。也就是说，在进行体育教学时，要有意识地将爱国主义精神、竞争意识、合作精神、规则意识培育、意志品质塑造、中华优秀传统文化教育、民族精神与时代精神教育等作为体育教学的目标，有意识地培养大学生的思想品质，发挥体育仪式的文化凝聚力在大学生思想政治教育中的作用。

总之，在体育教学过程中，教学目标要进行合理的设定，既要关注大学生对运动技巧、运动基本知识的掌握，还要关注大学生情感和价值观念的培育。要将大学生思想政治教育的内容融入体育教学目标的设定中，进而指导教学内容的选择、教学方法的应用等一系列教学过程，实现体育教学与思想政治教育的同向同行。

2.深化教学内容

课堂教学内容的选择对完成教学任务、实现教育目标起着尤为关键的作用。在没有对教学内容进行统一规定的背景下，优先选择那些符合学校与学生实际情况、能够激发学生的体育学习兴趣、能够帮助学生深层次理解体育的、具有思想政治教育作用的课程就变得十分必要。

---

① 张学忠.学校体育教学论[M].北京：人民体育出版社，2002：77.

　　一方面，传统的竞技类运动项目是课程教学的一大部分，多数的教学项目，无论是球类项目、田径项目还是其他项目对于大学生思想素质的提升都有所帮助。传统的竞技类运动项目种类较多，因此教师在教学中要认真加以选择，选择适合学生的课程。传统的竞技运动项目较多，每一项都有独特的作用。运动项目的选择比较关键，它关系学生能够获得哪方面的成长，能够实现怎样的突破。教师在选择这些内容时，要考虑到广大学生的实际情况。例如，教师认为应该对学生的意志力进行强化，需要培养学生坚持不懈的精神，那么选择田径无疑是最正确的。教师如果想要培养学生的合作团结的精神，希望改变多数学生中存在的自由散漫现象，球类项目无疑是最佳选择。总之，体育教师需要根据学生的情况，自主选择更加适合的教学项目，并对这一项目背后所蕴含的文化象征和精神价值进行正确的、积极的引导。

　　另一方面，除了将竞技类运动项目作为教学内容外，对一些民间传统的体育项目也可以进行深入挖掘，作为体育教学内容的一种选择，实现更丰富的思想政治教育。挖掘民间传统的体育项目，一来有助于体育课程教学内容的丰富，二来有助于调动学生的兴趣，吸引学生的参与，从而获得更多更有效的思想政治教育。首先，将民间传统的体育项目融入教学内容，本身就是对中国传统文化的一种传承与发扬，是调动学生对传统文化的热爱、加深爱国情感的一大途径。另外，民间传统的体育项目包括武术、太极拳、气功、五禽戏等。不同的运动项目对大学生思想政治教育的影响侧重点也有所不同。其中，武术的练习过程对培养坚忍不拔、坚持不懈的意志力有塑造作用，毕竟练习过程还是困难重重的；太极拳强调"澄心如水""静悟天机"，在一动一静之间，在与自然的"交换"中调节学生的情绪和心理，塑造良好的心理品质。在目前的教育实践中，已经有很多高校选择民间传统体育项目作为教学内容。在这里，笔者主要是强调教学内容的选择需要根据学生的实际情况，根据他们在意志品质、情绪调控、竞争意识、规则意识或其他方面的表现来选择更加合理、合适的教学内容，达到更好的思想政治教育效果。

3. 优化教学方法

除了教学内容的选择外，选择合适的教学方法也是实现教育效果的关键，是体育教学促进大学生思想政治教育不能忽视的环节。也就是说，发挥体育对大学生思想政治教育的作用需要选择适合的教学方法，既要考虑到大学生个人的身体素质，对不同教学项目的身体适应能力，选择合适的运动强度和时间，也要考虑和分析大学生在道德教育上的弱项，选择更加有针对性的教学项目，创造更多情境以便对大学生进行思想政治教育。当然，具体的教学方法还需要教师根据学生的实际情况和教学过程中面临的情景灵活地进行选取。

在体育教学方法中，奖罚分明，将鼓励与批评相结合是值得运用的教学方法之一。

奖罚分明是教学过程中的重要手段，既要对值得表扬的精神品质进行及时有效的表扬，为其他学生树立榜样，也要对一些不符合规范的行为进行及时的教育批评，表明立场，分析利害关系，奖惩分明，并将这两种方法相结合。教学过程中，奖罚分明，鼓励与批评并重才能有效地实现体育强化大学生思想政治教育的作用。

奖励与鼓励是指一方面鼓励大学生积极参与体育活动，对所学的思想政治教育内容有更多的体验和领悟，另一方面，表彰和奖励体育活动中的优秀行为，对所有大学生都是积极的示范和教育。设立"体育道德风尚奖"就是对体育活动中优秀的体育精神进行表扬，为更多的人树立榜样。

批评惩罚与鼓励表扬相反，它是对体育活动中违反体育规则的行为进行判罚，以减少这种行为。篮球、足球运动中的判罚即是这种方法，游泳等运动中因违反体育规则的行为而取消比赛成绩也是这一方法。这一方法对不符合社会规范的行为进行负强化，以减少不良的行为。只有将奖励与批评结合起来，才能更好地实现大学生的思想政治教育。

4. 创设教学环境

体育教学过程中，教师既要顾及和关心学生个体的个性化特点，也要认识到集体的力量，并在体育教学中充分加以利用，为体育的思想政治教育作用的发挥营造出良好的文化环境。

　　环境是塑造个体思想，规范个体行为重要的外部条件。营造风清气正的社会环境有助于个体接受思想政治教育，虽然可能没有思想政治理论课来得直接，但个体对教育内容更容易接受。反观体育，若要发挥体育的思想政治教育作用，营造良好的体育文化环境能够对个体形成积极影响。

　　有部分大学生在参加体育活动，尤其是微微超出身体负荷的运动项目时，都会有强烈的抵触情绪。此时，是对大学生巨大的考验，不仅是身体的考验，而且是对其意志力的考验。如果集体中的其他同学都在努力坚持，都在奋力前进，那这些学生坚持下去的可能性会大大增加。有部分大学生在关于球类运动的课堂教学中，消极应对，不能积极地寻求与其他同学的合作，但是，当看到其他同学相互合作，相互帮助，最后取得不错的成绩时，这些学生能够有所触动，能够了解相互之间合作的意义。有的学生可能并不了解太极拳等传统项目的深层意义，或许不能理解到激发爱国主义这么宏大的意义，但是，在别的同学有意无意的交谈中透露出的信息也会引发个体的思考。

　　总之，虽然集体对个体的影响体现在日常生活中，是一种潜移默化的影响，但是这一方法更加容易被接受，其教育效果也会有所提升。

　　5. 传递教学信息

　　信息的传递是教师与学生互动中不可或缺的部分，它是教师教学、学生学习的客体。任何一门学科都有自己所要传递的信息。比如，思想政治理论课将政治学、哲学、经济学等理论知识和情感、价值观等情感内容作为传递的信息，将教师与学生联系起来。体育教学也是这样，它传递着体育的基本理论，传递着基本的社会规范和社会情感。在体育教学过程中，是否能够实现更快速、更有效的信息传递直接关系到体育是否能够发挥在大学生思想政治教育中的作用。因此，在教学中，要在师生间实现信息的有效传递。

　　体育教学中，信息的有效传递需要依靠体育教师的业务素质和个人魅力。体育教师对于大学生发展特点的理解，对于教学内容的选择，对于教学方法的选择与应用都能够影响信息传递的有效性。体育教师在课堂教学中，语言的魅力、沟通的技巧等也能够调动大学生参与的热情。因此，需要注重提升教师的业务素质，将情感、价值观等也融入体育教学的过程中。

6. 提升教师能力

大学生不仅能够从课堂学习中获得知识，而且能够从教师的言传身教中受到教育。体育教师不仅向大学生传授知识，解答疑惑，而且能够通过自身的思想、行为等影响学生成长。他们的思想素质和道德情感对体育教学质量的提升至关重要。因此，要想更好地发挥体育在大学生思想政治教育中的作用，就需要密切关注体育教师思想素质、道德情感等个人品质的提高。

第一，体育教师要提高自身思想道德素质，积极发挥身教的作用。"学高为师，身正为范"告诉我们，教师在教育过程中除了专业素质外，还不能忽视自己的一言一行，只有言传身教，才能为学生树立良好的教师形象和行为榜样。因此，体育教师也要紧紧抓住自身的行为所带来的影响，给大学生的道德行为以正确和积极的引导。也就是说，教师呈现怎样的行为，学生也会潜移默化地学到这些东西。如一个体育教师能够坚持长跑，无形中会给学生带来更多的榜样力量。

第二，体育教师要提高道德情感，引导大学生树立正确的思想情感。体育教师要善于抓住教育的时机——当大学生注意到自己的错误行为时，会产生一种羞愧感，这其实也是教育大学生的重要契机。教师鼓励在体育教学中能够积极关心同学的学生，赞赏在体育教学中拼搏进取、努力向上的学生，批评在教学中不能认真配合、缺乏意志力的学生，凡此种种，对于大学生而言，都是对思想政治教育内容的一种学习。例如，进行队列项目的教学时，首先应该让大学生认识到：当你懒散缓慢地进行列队练习时，就已经影响到了整个集体的组织纪律；当你没有理由地放弃田径的耐力跑时，就已经体现了自己在意志力上的薄弱；当你漠视对各类项目的运动技巧和比赛规则的讲解时，就体现了自身对规则重要性在认识上的不足。

7. 激发学生兴趣

教学过程是一项互动的过程，是通过教师和学生的相互影响实现的。

其中，学生是整个教育实践过程的主体，他们是一切学校教育活动存在的根本性要素，缺少他们的参与，教学活动很难继续。体育教学过程更是如此，它实践性强，必须要依靠学生的积极参与，一旦脱离学生的主动参与，在体育教学中融入大学生思想政治教育势必是一句空话。大学生只有积极参与体育活动，才能获得最真实、最直接的心理感受，才能获得更多、更深刻的体悟。大学生只有主动参与体育活动，才能更加深入地理解竞争、合作、意志力等蕴含的意义，才能达到思想政治教育的目的。比如，只有大学生参与长跑项目时，才能体悟到坚持不懈的努力和战胜困难的决心；只有参与球类项目时，才能深刻体悟到没有相互之间的配合很难完成任务的道理，等等。因此，在体育教学过程中，调动大学生的兴趣和热情，倡导大学生主动参加体育活动势在必行，也唯有如此，才能真正发挥体育在大学生思想政治教育中的作用。

作为学生，积极主动地参与体育活动需要具备一些条件，即"接受体育教学前具备的身心发育水平、个性特点、体育的基础素质、对体育的喜爱程度等"[①]。只有具备这些条件，大学生才有可能主动地参与。笔者在调查过程中发现，有部分学生承认并不是很喜欢体育活动，更不用说主动参加体育活动了。调动这部分大学生对于体育的热爱，就需要了解他们不喜欢体育的原因，只有对症下药，才能药到病除。如果他们不喜欢体育的原因是自身的惰性，就需要加强外部的监督；如果是自制力不足，就需要加强自我要求；如果是身体虚弱，就更加需要鼓励参与，增强体质；如果是单纯的不喜欢，就需要选择更能调动积极性的体育项目。无论是出于哪种原因，"对症下药"才能调动大学生体育参与的积极性，也才能成为开展思想政治教育的契机。

综上所述，在体育教学中进行思想政治教育是复杂工程，涉及多个方面，因此我们就必须将思想政治教育中所倡导的价值观念渗透到体育教学过程中，涉及学生、体育教师、体育教学目标、体育教学内容、体育教学方法、教学环境和信息传递等在内的方方面面。要达到教育的效果，就必

---

① 张学忠.学校体育教学论［M］.北京：人民体育出版社，2002：77.

须将这些方面综合起来，提供统一的教育。

（二）丰富课外体育活动中的大学生思想政治教育内容

1. 加强大学生课余体育锻炼中的自我教育

课余体育锻炼是在完成课堂学习任务之外的其余时间中所参加的体育锻炼活动。课余体育锻炼是学校教育的一种形式，是大学生学校生活不可或缺的组成部分。它以大学生的自觉性和主动性为支撑，强调大学生在课程安排之外的时间里能够积极参加体育活动，这不仅有助于增强大学生的体质，广交朋友，丰富课余学校生活，还能够在课余体育锻炼中学到更多。换句话说，大学生参加课余体育锻炼也可以成为实现大学生健康成长、全面发展的一种教育活动。

与高中学习任务繁重、课时安排紧张、学校生活相对单一的模式相比，高校大学生的学习任务有所减少，学校生活更加丰富，也为大学生进行体育课外锻炼增添了更多的时间，提供了更加便利的条件。课余体育锻炼没有了体育课的严肃，更具灵活性和多样性，大学生可以自主地选择喜爱的锻炼项目，可以灵活地进行时间安排，因此，大学生从事课余体育锻炼的人数在逐渐增加，参与面越来越广泛，这就为大学生的思想政治教育找到了新的突破口。

故而，在教育实践中，我们要积极地探寻大学生课余体育锻炼与思想政治教育的结合点，积极寻找将促进大学生的身体发展与落实大学生思想政治教育的效果有机联系起来的现实路径。

那么，我们应该如何实现这种联系呢？笔者认为，最重要的是让大学生进行自我评价，让他们明白自我反思的意义，进而实现大学生的自我教育。这一认识主要是基于以下两点考虑。

第一，大学生课余体育锻炼都是自愿参加，并没有硬性的规定。参与课余体育锻炼与否都取决于大学生的自觉性和主动性，这就使得课余体育锻炼的参与程度具有不确定性。由于惰性，有的大学生会中途放弃；由于意志力的薄弱，不能够坚持，有的大学生也会放弃，而这一切都要靠学生的自觉，如果自制力不足，锻炼随时可能终止。

第二，除了对大学生自制力的考量外，还需要对大学生参与体育锻炼的外部环境进行相关考量。课余体育锻炼是一种自主性的活动，它没有老师、学校组织。也正是因为如此，大学生课余体育锻炼少了一种外部的约束力。这种外部约束力的缺失，会让大学生更加涣散，惰性增加。正是基于以上内部和外部的考量，笔者认为，在课余体育锻炼中最重要的就是加强大学生的自我教育。

自我教育有别于上面所提到的教师教学、环境和集体对大学生的影响，它是一种基于自我认识、自我分析、自我评价、自我反省的教育方式，是需要大学生通过加强自身的修养，进而进行自我行为管理的教育方式。自我教育就是在体育锻炼过程中，加入大学生对自身行为的认识和检视，从而发现自身的不足之处，并在今后予以克服。比如，有的大学生放弃了课余体育锻炼，就需要分析原因，是自制力问题、懒惰问题还是身体特殊原因，并根据出现的问题，发现自身的不足，予以改正。

具体来看，课余体育锻炼中大学生的自我教育主要体现在以下三个方面。

第一，课余体育锻炼能够使大学生更明确地认识自我。大学生参加课余体育锻炼能够结交更多的朋友，收获更多的友情。在结交朋友的过程中，学生能够认识到自己在人际交往中的优缺点，能够学会处理自己与他人关系的技巧，提升交往技能。在参加课余体育锻炼过程中，大学生能够检视自己的意志力。如果连课余体育锻炼都不能坚持下来，大学生就需要加强自我暗示，在想要放弃时给自己足够的、积极的心理暗示，提升自身的意志品质。总之，积极参与课余体育锻炼能够帮助大学生更加充分地认识自己，进而完善自己。

第二，课余体育锻炼能够使大学生更及时地评价和反思自我。在课余体育锻炼这个平台上，大学生可以参与不同项目的体育锻炼活动。如果大学生能够对自身存在的不足之处一一加以改正，就能够逐渐增强自信心，也会对以后生活中出现的问题保持积极的态度，大学生对自己会有更加正面的评价和认识。反之，大学生就需要进行自我评价，反思自己品质与精神上的不足和欠缺，发挥自己的优势，改变自己的不足。总之，课余体育锻炼能够帮助大学生正确地评价自己，并反思自身的缺陷。

第三，课余体育锻炼能够使大学生更有效地调节和完善自我。著名教育家叶圣陶说过，教育的目的就是为了达到不教育。"不教育"并不是不接受教育活动，而是可以在所接受教育的基础上形成对是非善恶的认识，从而进行自我控制和调节，改变不符合社会规范的行为方式，最终实现自我价值的完善和提升。课余体育锻炼能够有效影响大学生的是非善恶观，进而能够实现自我改变和完善。但是，还有一点值得我们思考：在课余体育锻炼中进行大学生思想政治教育需要大学生的自我教育，进行自我认识、自我评价、自我完善，而在日常的生活中大学生是否会进行自我教育还是一个未知数。

心理学认为，个体的行为总是源于个人的需求和动机。自我教育亦是如此，个体对自我进行审视，主要是为了实现自己的价值，当然，如果没有自我教育的动机就不会形成这样的行为。因此，要促进课余体育锻炼中自我教育行为就需要激发大学生自我教育的动机和需求。

马斯洛提出了需要层次的学说。他认为人类有五个层次的需求，其中自我实现是最高层次的需求，是人类最想要达成的愿望。大学生接受高层次的教育，他们对实现自我价值的要求更加迫切。他们从心理上渴望成长，渴望成为有理想、有抱负的青年，也渴望成为别人艳羡的对象。在这一心理需求的影响下，他们会对自身的优缺点做进行认识和反思，加以改正，成为更好的人。当在体育活动中不被别人肯定时，他们会更加努力地自我评价和自我教育，符合社会的规范，实现更好的自己。

总之，课余体育锻炼为大学生的自我教育提供了诸多有利条件。通过课余体育锻炼中的自我教育，大学生能够接受更加直接、更加及时的思想政治教育，能够学习处理个人与集体关系的更多方法，了解自身意志品质的弱点和解决方法，能够寄托热爱祖国、热爱集体的情怀等。

2.加强大学生体育欣赏中的思想政治教育

体育欣赏是个体重要的审美活动，是个体通过观看或收听体育赛事转播等而产生类似于激动、紧张、开心、失望等心理情感的活动。也就是说，当组织大学生观看一场体育比赛时，他们会主动地融入体育场景中，并随着体育赛事的开展而产生一种激动人心，触动心弦的愉悦感。

对于大学生而言，体育欣赏是一场视觉的盛宴，不仅能够欣赏到运动员高超的技术，欣赏到体育服饰、场馆等硬件设施，还能够欣赏到运动员积极拼搏、不断进取、超越自我的风采，欣赏到运动员尊重规则、公平竞争的比赛道德以及面对竞争从容不迫、镇定自若的比赛心态等。通过体育欣赏不仅能够提高大学生参与体育活动的热情，愉悦身心，而且能够帮助大学生通过看到的和听到的而引发思考，建立起自己对于观赛礼仪的认知，从精神层面实现提高大学生的思想政治教育效果。因此，在大学生的体育欣赏中开展大学生的思想政治教育具有可行性。

那么，我们应该如何在体育欣赏中开展大学生的思想政治教育呢？笔者从如下两个方面进行相关阐释。

（1）积极组织观看体育赛事

一场激烈的体育比赛的欣赏有助于体育的思想政治教育作用的有效外化和释放。也就是说，体育有着思想政治教育的作用，对大学生的思想认识有影响和教化作用，但一旦离开了体育欣赏，体育的这种影响和作用微乎其微。因此，积极地、有意识地组织大学生进行体育欣赏很有必要。

在大学生的日常生活中，经常性的体育比赛使大学生的体育欣赏更加直观，更加深刻。当大学生亲临赛场时，那种热爱国家、热爱集体、拼搏向上、努力进取的感情更加强烈，这也是体育欣赏过程中对大学生进行思想政治教育的一大优势。比如，大学生在观看篮球比赛时，运动员高超的运球技术固然值得欣赏，但更值得欣赏的是运动员"各司其职"，最终获得胜利。这有助于加深大学生对合作精神的认识，也有助于促进对大学生的思想政治教育。

另外，除了直接的赛场感受外，报刊、广播、电视等媒体的报道或转播也是大学生进行体育欣赏的间接形式。它也能够帮助大学生更加深刻地认识和理解相对抽象的思想政治教育内容，对于爱国主义、规则意识等的认识会逐渐加深。

在大学生的日常生活中，高校应该灵活地安排大学生观看国内外的重大体育赛事，比如，组织大学生观看里约奥运会上女排夺冠的那场比赛，是对大学生爱国主义的教育及坚持不懈的意志品质的培养。

　　（2）有效提高体育欣赏意识

　　积极组织观看体育赛事为大学生从体育欣赏中获得教育提供了先决条件，但也不能忽视大学生本人的体育欣赏意识和能力。只有将积极地观看体育赛事和提高大学生体育欣赏的意识、能力结合起来，才能真正实现体育欣赏的思想政治教育作用。因此，我们需要提升大学生体育欣赏的意识和能力，并引导其学会独立思考，对是非善恶作出正确的判断。

　　当然，其具体的实现方式不能忽视教师的启发和教育。大学生进行体育欣赏需要仔细地观察、聆听和体悟，并结合所学到的相关理论知识，才能体会到其中所隐含的内容。如果大学生对体育相关知识的认识不充分，积累不丰富，那么，他很难理解体育之美，很难理解体育精神，也很难与学到的思想政治理论联系起来。因此，在体育课程中，广大体育教师应该向大学生传授体育欣赏的理论知识，丰富大学生对体育及体育精神、体育文化等的认识，如此，大学生的体育欣赏才更加有效。例如，体育教师在讲解田径接力项目时，要明确解释接力规则。这样，在大学生观看接力比赛时，如果出现恶意推倒对方队员的行为时，大学生才能认识到这是一种破坏竞赛规则的不公平竞争行为。如此，大学生才能与思想政治教育相联系，才能更加深刻地认识规则意识和公平竞争的真正含义。

　　因此，广大体育教师应该积极讲授体育相关理论，帮助大学生正确理解体育中的思想政治教育内容，以进行正确的道德判断，树立良好的道德风尚。

（三）加强体育竞赛中的大学生思想政治教育

　　体育竞赛是大学生思想政治教育的一个环节，是大学生通过相互之间体力、技术和心理等综合方面的比赛达到增强身体素质，培养良好心理素质和良好的道德品质等目的。体育竞赛不同于体育教学和课余体育锻炼，它不仅有着自身清晰明确的比赛规则，而且以取得优异的比赛成绩为最终目的，是体育最核心的地方。因此，在发挥体育的思想政治教育作用时不能忽视体育竞赛的作用。

　　体育竞赛能够帮助大学生克服依赖心强、竞争意识薄弱的弱点，鼓励大学生在竞争中发挥自己的最佳状态，努力拼搏，力争上游。体育竞赛的项目多样，因竞赛项目的不同，大学生在其中学到的也会有所不同。集体项目，比如接力跑、篮球、排球等使大学生在"各司其职"、相互合作、实现共赢等方面获得的教育会更加深刻；田径项目，比如长跑、耐力跑等对大学生的意志品质是巨大的挑战，坚持到最后是意志力提升的体现。当然，体育竞赛对大学生思想政治教育的影响远不止这些，还渗透在体育竞赛组织的各环节中，从赛前的动员工作、比赛时的竭尽全力到赛后的表彰奖励都可以为大学生的思想政治教育提供支持。

笔者主要从运动员的参赛、赛场的人为环境和赛场的自然环境三个方面来论述体育竞赛的意义，尤其是对大学生思想政治教育的促进。

1. 运动员的参赛

从大学生运动员的赛事参与上来看，体育竞赛不只是一场拼体力、比技术的活动，也是一场关于精神品质的较量。在赛场上，大学生往往会接受到更为直观的思想政治教育。

首先，参与体育比赛本来就是对大学生竞争意识的培养。当走进赛场时，就意味着要努力地向前，争取最稳定的发挥，争取最优异的成绩，一旦有所懈怠，就会被其他的运动员赶上或超过，这是唤醒和培育大学生竞争意识的有效路径。其次，对于体育的竞赛规则的认识和理解会影响到走向社会后他们对社会规则的认识。大学生运动员在进入赛场之前就应该了解体育的竞赛规则既是一种约束，也是天平，它不仅约束着运动员自身的行为，还为整个赛事的公平与公正提供重要保障。如果大学生运动员能够对竞赛规则理解到这一层次时，那么对社会规则的理解也会更深。另外，大学生运动员参与体育竞赛，能够更加清楚地明白到底什么是集体主义。当运动员走进赛场，他所代表的不仅仅是他个人，更是承载着整个集体的期望和寄托。当他们获得优异成绩时，这份荣誉不仅使个人得到精神上的满足和喜悦，也为集体所骄傲和共享。这时他们对集体主义的认识可能会更加深入。最后，大学生参与体育竞赛除了对自身是一种提升外，他们的行为也会对其他同学产生示范和影响。因此，强调和重视运动员的参赛对于大学生思想政治教育的影响，并积极和主动地进行强化尤其重要。

（1）奋力拼搏，积极应战

一方面，奋力拼搏，积极应战不仅是大学生运动员努力的表现，也是对对手的一种尊重，是对竞争最有效的理解。现代社会竞争不断加剧，大学生只有真正意识到竞争的含义才能够融入社会，实现更好的发展。鼓励大学生参与体育竞赛，能够帮助大学生在面临竞争与挑战时，积极努力，奋勇争先，而不是畏首畏尾，举步不前。当大学生形成这样的意识和习惯后，就更容易形成对待社会竞争的正确态度，更有利于融入社会。

另一方面，奋力拼搏，积极应战也能够帮助大学生理解集体主义的意蕴。进入赛场后，每一个运动员都会更加真切地体会自己身上的责任，更加清楚地知道自己代表的不只是个人，更是一个集体的代表。运动员的拼搏与否都关系着集体的荣辱和得失，这一认识也能够促使运动员努力拼搏，争取最好的成绩。

（2）遵守竞赛规则

规则用于规范个体的行为，实现有序的社会环境，体育竞赛规则亦是如此。

一方面，竞赛规则有正面的引导作用。运动员只有尊重比赛规则才能够实现公平的竞争，才能维护赛场的秩序和纪律。当然，我们之所以需要重视运动员对竞赛规则的遵守，不仅在于上述原因，还希望能够形成大学生尊重规则、遵守规则的意识和习惯，为今后走向社会提供良好的基础。

另一方面，竞赛规则有负强化的作用。当运动员违反竞赛规则时，总会有一些惩罚性的措施，例如扣分、停赛等。这些惩罚性措施的应用会使大学生认识规则的强制性，是需要人人都遵守的，一旦违反，会有恶劣的影响。推而广之，大学生也会了解到社会规则的强制性，它要求和约束个体的行为，一旦触碰底线，会受到相应的惩罚。当作为运动员的大学生能够对竞赛规则理解到这一层次时，对社会规则的理解也会加深。

2.赛场的人为环境

赛场的人为环境指的是除参赛运动员外，包括裁判、观众、对手、队友、啦啦队等在内的人，他们也是举办体育竞赛不能缺少的要素。

（1）裁判公正裁决

裁判在赛场上判断运动员的行动是否符合赛事规则，是否能够得分，是体育竞赛中必不可少的环节。裁判工作关系着整个比赛的公正有序进行，也具有鲜明的教育性，是强化大学生思想政治教育的又一个突破口。裁判公正裁决不仅是完成自己的责任和使命，保证体育竞赛的顺利进行，更重要的是能够对大学生的思想政治教育形成影响，形成一种尊重裁判、遵守纪律、不断自律的习惯和德行。这种公正又不乏活泼的教育形式，使大学生受到的教育和启迪比传统的思想政治教育更有效。为了达到裁判公正裁决，实现大学生思想政治教育的目的，需要对裁判员进行相关规则和工作要求的统一培训等。

（2）观众文明观赛

体育比赛的观众也是赛场人为环境的重要组成部分，他们一方面通过运动员的参赛而获得士气鼓舞，领略和认识体育竞赛的精神和价值。体育竞赛过程中观众的行为表现了个人的修养和教育，也在一定程度上成为大学生思想政治教育的一个方面。我们倡导观众在观看比赛时能够遵守赛场纪律，为运动员加油喝彩，反对喝倒彩。我们在观看比赛时，也要学会尊重运动员、尊重裁判，文明观赛。这本身就符合大学生人生观的培养，是基于体育竞赛的真实情境下对大学生思想品德的引导和教育。

（3）队友团结合作

参加体育比赛时，队友是必不可少。这里的队友不仅指团体赛时一起参与体育比赛的人，也包括那些在幕后默默工作的大学生队友。我们不应该忽视队友对大学生精神品质养成的作用。队友之间相互帮助，相互尊重，共同享受比赛带来的成功或喜悦，是共命运的集体。队友之间能够相互影响，能够认识彼此合作的重要性，明晰集体拼搏的含义。我们反对那种为了个人的一己私利，弃集体利益于不顾，只顾着自己的荣誉的个人英雄主义。我们提倡队友之间彼此合作，争取胜利，这也是运动员良好精神风貌的展现。

3. 赛场的自然环境

除运动员本人及体育竞赛的人为环境外，赛场的自然环境也会对大学生的思想政治教育有所影响。赛场的自然环境包括比赛的流程、比赛的场地、赛场标语的悬挂、器材设备，天气条件等许多方面，它们都是外部的，对大学生思想政治教育的影响是客观的，它加强了运动员参赛和人为环境对大学生的心理触动。

第一，从赛场流程的设置方面来看，从赛事组织前的宣传、运动员招募到比赛开始，到最后的颁奖都可以实现大学生的思想政治教育。在赛事组织前的宣传阶段，加强对大学生集体主义的宣传，以招募更多的运动员及志愿者。大学生对于集体主义的理解各有不同，通过宣传，我们希望更多的大学生能够理解这不只是个人的事情，还是涉及整个集体荣誉的事情。作为运动员的大学生关系着整个集体的成败，需要主动应战，奋力拼搏。作为志愿者，做好志愿服务工作也能够为集体作出一定的贡献。

在最后的领奖阶段，对运动员的精神风貌、裁判员的工作表现以及观看比赛的大学生的秩序等多方面进行总结，并对表现优秀的大学生进行奖励。大型体育赛事中设立体育道德风尚奖等奖项就是对运动员的集体主义、规则意识、公平竞争等多个方面进行相应的评比后而颁发的。在学校组织的运动会等活动中，也可以设立这一奖项，以榜样的示范效应，提高大学生的思想认识。

第二，赛场标语的悬挂。运动会等活动中总会悬挂赛场的标语，这些标语会有意或无意地映入大学生的眼帘。赛场的标语对大学生的行为进行警示，引导他们遵守赛场秩序，尊重规则，公平竞赛等。在组织体育竞赛时应该考虑到标语的设计和悬挂，应该秉持积极向上的原则，引导运动员、裁判员和观众树立良好的精神面貌和运动习惯。

（四）利用体育明星（专家）的优秀事迹进行思想政治教育

大学生正处于思维认识形成与稳定的关键时期，可塑性强。这一时期，偶像的行为举止都会对他们产生影响。体育明星（专家）有着一定的社会影响力，他们的言行都会促使大学生学习和效仿，成为大学生的榜样。

体育明星（专家）不同于其他的明星，他们的赛场是公开的，是透明的，运动员的一举一动都会被大学生看在眼里。运动员总是以拼搏奋斗、公正和平的姿态参加比赛，积极遵守赛事规则，最终获得胜利。这期间，运动员所展现的精神风貌能够使大学生受到更加深刻的教育。因此，利用体育明星（专家）的优秀事迹进行大学生的思想政治教育非常有必要。

在具体的实现过程中，利用体育明星（专家）的优秀事迹主要可以从两个方面入手，即思想的引领和行为的引导。

1. 以体育明星（专家）的优秀事迹进行自我感化

体育明星（专家）的优秀事迹（演讲）对于提升大学生的思想认识，使大学生进行自我感化有很大的帮助。体育明星（专家）总是能够成为大学生学习和模仿的对象，榜样的作用尤其明显。但是，我们也应该意识到，有些大学生对体育明星（专家）的崇拜可能来自他们错误的认知。

调查研究显示，大学生对于体育明星（专家）的崇拜主要是基于个人价值，即他们认为体育明星总是能够有很好的收入，有很高的荣誉，名利双收。这一结果显示了大学生对体育明星（专家）的认识的片面性，仅仅将人的价值定位在物质的追求，而忽视了体育明星（专家）为获得成功而付出的努力与汗水。

因此，我们要引导大学生全面地认识体育明星（专家）的优秀事迹。我们要引导大学生思考成功的定义，促使他们理解成功背后的努力与坚持。我们要引导大学生思考他们带给我们的正能量——体育明星在比赛过程中，坚持不懈，努力奋斗的过程是大学生脚踏实地、追求梦想的教科书；比赛过程中相互合作而取得的优秀成绩是促进大学生合作精神养成的最好例证。大学生只有认识到体育明星优秀事迹背后所蕴含的内容，才能树立良好的思想意识，也才能更好地承担社会责任。

2. 以体育明星（专家）的优秀事迹进行行为引导

体育明星（专家）对大学生的影响除了思想上的引领外，还能够影响大学生的行为。体育能够为大学生的思想外化成行动提供社会角色的体验，因此，我们鼓励大学生积极参与体育活动。而体育明星（专家）的优秀事迹不同于传统的思想政治理论课形式，它能够调动大学生参与体育的热情，而且能够实现在日常的生活中，并不会流于形式，这也区别于志愿者服务、爱国主义教育参观活动等的。因此，我们应该积极利用体育明星

（专家）的优秀事迹，促使大学生积极进行参与体育活动。

　　另外，体育明星（专家）的行为也能够给大学生提供一种示范，能够使大学生的行为更加符合社会规范。我们要帮助大学生理解如何表现、怎样做事才能符合社会的标准，我们要引导大学生从体育明星（专家）那里学习如何为人处事，如何更好地行动。

二、校园体育文化途径

（一）校园体育物质文化层面

1. 多渠道筹集体育经费

　　体育经费是发展高校体育文化的关键因素。上级管理部门划拨的体育经费是有限的，要实现体育文化更快更好的发展，充足的体育经费是必要条件。学校应发挥自身的办学优势，积极与企事业单位取得联系，一方面让企业走进学校，投入资金，合作开展校园体育文化活动；另一方面让企业带动学校体育走出去，赞助校运动代表队扩大企业的影响力。这种校企合作的形式不但增加了学校的体育经费，同时也可扩大企业的知名度。

2. 提高体育场馆利用率

　　经济的发展在不断提高人们物质水平的同时，也更新着人们的健康观念，越来越多的人成为"体育人口"的一分子，随之而来的是对体育场馆需求的不断增加。应用型本科高校应发挥其体育场馆在时间方面的优势，在教学训练以外的时间面向全校师生和社会开放。这不仅可以缓解社会体育场馆不足的压力，方便师生及周围居民参加体育锻炼，还可以通过出租场地，筹集一部分资金用于维护和管理体育场馆。提高体育场馆利用率的形式是多种多样的，例如开办体育社团和体育俱乐部、利用周末或寒假、暑假举办各种项目的短期培训班等。

3. 体育运动设施和器械要体现科技化

　　现代体育运动与科技结合得十分紧密。奥运赛场上的竞争无不显示出科技力量的强大。为保护运动员的安全和提高运动员水平而研制的各种高科技产品比比皆是。体育运动场馆设施和器械的研制越来越符合人体功能的特点，加入了流体力学、生物化学、纳米材料等高科技技术用以提高运动的环保性、安全性、功能性和舒适性。总之，现代体育发展会使科技含量日益增加，应用型本科高校应利用好市场和机遇，逐渐把体育科技引入校园之中。

（二）校园体育精神文化层面

1. 树立正确的体育观念和体育意识

体育观念往往具有鲜明的时代性和社会性等特点，其内涵会随着时代的发展和社会的进步而不断更新。当今应用型本科高校的体育教学必须适应当代社会经济、文化、政治发展的需要，全面贯彻"健康第一"的指导思想，由应试教育向素质教育转换。应用型本科高校的体育教学必须坚定不移地贯彻党的教育方针，着眼于奠定学生终身体育的思想，由单纯的增强体质转向身心协调发展，由重技能传授向培养体育健身能力转变，由共性教育向因材施教转变，突出体育的愉悦身心功能，给予学生成功的体验。大学是学生走向社会的最后一站，也是他们接受正规体育教育的最后一站，应使他们在良好的校园体育文化氛围的熏陶下，不仅掌握体育运动的基本技能，更要懂得一定的健康保健知识和锻炼身体的方法，使终身体育意识深入人心。

2. 弘扬高尚的体育精神

体育精神是一种具有代表性的人文精神，是人类社会不断进步的精神动力。校园体育精神作为深层的精神文化对学校师生将产生持久的、不可抗拒的影响力。在应用型本科高校体育文化建设中，应大力弘扬爱国主义、集体主义、公平竞争、拼搏进取、不断创新的体育精神，要以公平公正、尊敬对手、遵守规则的体育道德来培养学生高尚的体育精神。校园体育精神激励着师生们在生活、工作和学习中积极进取、开拓创新，特别是在遇到挫折时给人以信念的支持，成为人们摆脱困境、追求自我实现的不竭动力。因此，用体育精神来促进应用型本科高校良好学风、校风的形成具有极其深远的意义。

3. 培养学生的创新能力

创新是民族进步的灵魂，是国家兴旺发达的不竭动力。21世纪，知识竞争更加激烈，为了站在世界的前沿，我们需要不断地创新。实践告诉我们，创新意识、创新精神和创新才能是应用型本科高校培养高素质、应用型创新型人才的重要条件，而体育教学中蕴含着极其丰富的、促进学生进行创造的资源（比如针对同一动作采取多种练习方式）。在体育活动实践中，应根据不同运动的要求，通过设计练习场地，充分利用运动器材激发学生的创新意识，引导学生的创新思维，培养学生的创新能力。

（三）校园体育制度文化层面

1. 加强体育教育管理

管理是一种社会现象，是人类得以生存和发展的重要条件之一。教育管理就是在特定的社会环境下，遵循教育的客观规律，对各种教育资源进行合理配置，以实现教育方针和教育目标的行为。没有良好的教育管理体系，提高教学质量就无从谈起。各级各类教育组织的主要功能就是为社会培养一定质量与规格的人才，加强教育管理也就成为育人的一种手段，体育教育也不例外。首先，要通过构建良好的体育物质环境为教师和学生服务。其次，要使学校的一切体育规章制度、工作条例等有利于学生的身心健康且具有一定的教育意义。再次，要使每个教育管理者明确他们自己既是管理者又是教育者，要用自己的思想和行为以身作则。最后，要采用多种手段加强体育教学的综合管理，在适当引进竞争机制、优化体育教学资源配置的同时，根据本校的实际情况对学校的体育工作制定近期和长远的发展规划，从而对体育教学实行综合管理。

2. 更新教学观念

应用型本科高校的人才培养目标是既要掌握一定的理论知识、具有较强的动手能力，又要具有一定的学习能力和适应性、具备更强的实践技能和动手能力及一定的创新能力的高素质应用型创新性人才。应用型本科高校的教职员工应围绕着这一人才培养目标更新教学观念，使应用型本科高校的教学与时俱进。我国著名的教育学家叶澜教授认为，要创建新型的、面向21世纪的教育，首先要分析、反思现有实践所体现的教育观念，找出造成实践弊端的思想根源，根据时代要求和教育发展的需要，根据教育认识的发展，形成新的教育观，并以新的教育观为指导，改造现有的教育实践。根据教育的发展，现代化的教师应具备以下三方面的教育理念：一是新的教育观。必须强调教育的"未来性""生命性"和"社会性"，因为文化知识、科学技术的发展日新月异，单纯把继承和掌握人类历史上积累的基础性的科学文化知识作为教育的内容显然是不够的。在一定的意义上可以说，教育是一项直面生命和提高生命价值的事业。教师要处处从发展、成长的角度去关注学生，使教育真正为社会发展和学生终身发展服务。二是新的学生观。要关注学生的"主动性""潜在性"和"差异性"。教师要充分认识到学生是学习生活中不可替代的主体，存在着多种发展的潜在可能性。每个学生都具有独特性，相互之间存在差异。只有认识到这些，教育者就会以新的眼光看待学生，发现他们当中蕴藏着的巨大能量，并通过教育实践充分发挥学生的潜能。三是新的教育活动观，主要强调教育活动的"双边共时性""灵活结构性""动态生成性"及"综合渗透性"。要把教与学真正融为一体，使每个学生成为积极的参与者和探索者。①

3. 加强师资队伍建设

建立一支高素质的教师队伍是实施素质教育的根本保证。体育是一个综合性学科，融自然科学、社会科学、管理科学为一体，这就要求在体育教学中起主导作用的体育教师不仅要掌握专门的理论知识和实践技能，还要掌握许多相关专业的知识，成为一专多能、具有较高科学文化素养的新一代教师。高校要重视对体育教师的继续教育和培训，使他们不断掌握本专业新的知识和技术，做到专业理论和实践技能始终走在时代的前沿；应注重教师学历层次的提高，为体育教师的继续深造创造有利的环境；同时，应多安排体育教师参加各种进修、交流、学习的机会，举办专项教师培训班、专项知识讲座，安排出国学习，通过多种形式来更新体育教师的知识，开拓体育教师的眼界。

4. 改革教学内容和考评方法

体育理论教学要突出对学生终身受益的体育知识的传授，应在理论课教学过程中融入人体生理结构、运动保健急救知识、预防职业疾病等内

---

① 叶澜. 更新教育观念、创建面向世纪的新基础教育 [J]. 中国教育学刊, 1998 (02): 16.

容，使学生通过理论课的学习，掌握自我保健知识、基本医学常识，帮助学生合理有效地进行体育运动，健康快乐地学习。体育考核是检查学生体育学习效果的唯一方法，是体育教学中的重要环节。体育教学的目的是为了让学生在掌握体育基本知识的基础上，提高身体素质和健康能力，因此，考评方法应向有利于提高学生身体素质和健身能力的方面改革。长期以来，体育考核方法一直是学校体育中的薄弱环节，应用型本科高校还是沿袭传统的考试方法，学生最终体育成绩的确定受到一定限制，无法体现学生在学习过程中的真实情况。近年来，"标准参照评价模式"成为各国教育家、学者推崇的一种评价方法，它把注重结果的评价与注重过程的评价相结合，使学生的最终学习成绩与学习过程和学习态度有机结合，更为合理地对学生一学期的体育锻炼作出评价，这种考核方法将成为今后大学体育课程考评的发展趋势。

5. 重视学生心理教育

随着现代经济、科技、社会的发展，当代大学生的社会化程度提高，社会角色的转变加快，使许多大学生在个人能力和创造能力方面有着显著的进步。但是，许多高智商学子却存在着不同程度的心理障碍，这为他们今后的生活和工作带来了许多影响。我国应用型本科高校在校学生的年龄一般在17至22岁之间，这一阶段正属于青春期的中后期，大学生的各种生理状态均发生了明显的变化，脑和心肺功能均达到成人标准，运动素质也伴随着身体形态的改变而有所增强。大学生的智力、思维、个性、认知结构以及人格的形成在这一时期也属于高峰期。然而，从中学到大学，不同的学习方式和学习内容会导致大学生学习上的心理障碍；因不善交际而引起人际关系不良会带来苦恼；生活学习中的种种问题都已成为应用型本科高校学生心理疾病的诱发因素，因此，这一阶段的心理教育尤为重要。增进和保护学生的心理健康成为时代对应用型本科高校体育教学的新要求。体育运动是人体最直观地学习和接受信息的过程，是通过生理和心理的共同努力最终获得新知识、新技能的过程。在这一直观能动性的过程中，通过运动技能的形成最容易培养和建立健康的心理状态。

6. 加入职业特殊体育教育内容

当前，人类社会正处在由工业化时代向信息化时代迈进的社会转型时期，这使人们的工作、生活方式发生了很大的变化。现代化生产劳动的特点是科技含量大、复杂程度高，要求从业人员具有强健的体魄、良好的心理素质和较强的适应能力。然而，许多调查研究显示：由于工作压力大，竞争激烈，许多从业人员在长期紧张的状态下工作出现了不同程度的亚健康，如工作倦怠、体质下降等。应用型本科高校应在体育教学课程中加入职业实用性体育教育内容，可以配合教学需要，培养学生的体能、技能、心理素质和意志品质，同时，针对学生未来可能从事的职业，从社会适应性、抗挫折能力、特殊职业身体素质等方面培养学生全面的职业身心素质。

7. 开展丰富多彩的课外体育活动

课外体育活动是校园体育文化的重要组成部分，也是大学生课余生活的主要内之一。丰富的课外体育活动有利于大学生形成积极的生活作风和良好的个人修养。目前应用型本科高校的课外体育活动主要是校运动会，各种单项比赛和学生自发进行的育锻炼活动，要想全面提高学生的文化素养、弘扬体育文化精神，还应倡导开展校体育文化节，通过体育社团、体育俱乐部举办多种多样的课外体育活动。

参考文献

1. 报纸

[1] 胡锦涛. 在全国加强和改进大学生思想政治教育工作会议上的讲话 [N].
光明日报, 2005-01-19.

[2] 国家中长期教育改革和发展规划纲要工作小组办公室. 国家中长期教育改
革和发展规划纲要（2010—2020年）[N]. 人民日报, 2010-03-01.

[3] 胡锦涛在庆祝清华大学建校100周年大会上的讲话 [N] 中国教育报, 2011-
04-25.

[4] 徐仲安. 应用型人才培养要以 "能力为中心" [N]. 光明日报, 2015-06-16.

[5] 习近平在全国高校思想政治工作会议上强调: 把思想政治工作贯穿教育教
学全过程　开创我国高等教育事业发展新局面 [N]. 人民日报, 2016-12-09.

[6] 习近平. 决胜全面建成小康社会　夺取新时代中国特色社会主义伟大胜
利——在中国共产党第十九次全国代表大会上的报告 [N]. 人民日报,
2017-10-28.

2. 论文专著

[1] [德] 乔治·凯兴斯泰纳. 工作学校要义 [M]. 刘钧贻译. 北京: 商务印书
馆, 1936.

[2] 毛泽东论教育革命 [M]. 北京: 人民出版社, 1967.

[3] 舒新城. 中国近代教育史资料（中册）[M]. 北京: 人民教育出版社, 1980.

[4] 本书编写组. 中国大百科全书·体育 [M]. 北京: 中国大百科全书出版社,
1982.

[5] [加拿大] 班杜拉. 社会学习心理学 [M] 郭占基译. 长春: 吉林教育出版社,
1988.

［6］［美］伯顿·克拉克. 高等教育新论——跨学科的研究［M］. 杭州：浙江教育出版社，1988.

［7］［英］伯特兰·罗素. 中国人的性格［M］. 北京：中国工人出版社，1993.

［8］张岱年，方克立. 中国文化概论［M］. 北京：北京师范大学出版社，1994.

［9］文辅相. 中国高等教育目标论［M］. 武汉：华中理工大学出版社，1995.

［10］潘懋元. 新编高等教育学［M］. 北京：北京师范大学出版社，1996.

［11］马守亮. 大转折时期的社会心态［M］. 杭州：浙江人民出版社，1996.

［12］冯友兰. 中国哲学简史［M］. 北京：北京大学出版社，1996.

［13］潘光旦. 潘光旦文选：寻求中国人位育之道（下册）［M］. 北京：国际文化出版社，1997.

［14］叶澜. 更新教育观念、创建面向世纪的新基础教育［J］. 中国教育学刊，1998（02）.

［15］龚怡祖. 论大学培养模式［M］. 杭州：江苏教育出版社，1999.

［16］［美］塞缪尔·亨廷顿. 文明的冲突与世界秩序的重建［M］. 周琪译. 北京：新华出版社，1999.

［17］王楠毓. 龙：由图腾崇拜到皇权象征［J］. 梧州学院学报，安阳师专学报.1999（01）.

［18］杨力翔. 试探邓小平的体育运动实践经验与思想理论［J］. 北京体育大学学报，2000（04）.

［19］杨伟芬. 渗透与互动——广播电视与国际关系［M］. 北京：北京广播学院出版社，2000.

［20］王瑞荪. 比较思想政治教育学［M］. 北京：高等教育出版社，2001.

［21］中共中央宣传部宣传教育局.《公民道德建设实施纲要》学习读本［M］. 北京：学习出版社，2001.

［22］吴灿新. 当代中国伦理精神——市场经济与伦理精神［M］. 广东：广东人民出版社，2001.

［23］［法］托克维尔. 论美国的民主（下）［M］北京：商务印书馆，2002.

［24］陈会昌. 竞争：社会—文化—心理透视［M］. 北京：北京师范大学出版社，2002.

[25] 张学忠. 学校体育教学论 [M]. 北京: 人民体育出版社, 2002.

[26] [美] 杜威. 道德教育原理 [M]. 王成绪等, 译. 杭州: 浙江教育出版社, 2003.

[27] 谢琼桓. 星光为何这般灿烂·守望体坛 [M]. 北京: 人民体育出版社, 2003.

[28] 周西宽. 体育基本理论教程 (第一版) [M]. 北京: 人民体育出版社, 2004.

[29] 胡红生. 社会心态论 [D]. 武汉大学, 2004.

[30] 张岱年. 文化与价值 [M]. 北京: 新华出版社, 2004.

[31] 杨文轩, 陈琦, 周爱光, 等. 体育原理课程改革的探索与实践 [J]. 体育学刊, 2004 (03).

[32] 杨志坚. 中国本科教育培养目标研究 (之一) ——导论 [J]. 辽宁教育研究, 2004 (05).

[33] 黄欣加. 营造校园体育文化氛围　加强学生综合素质培养 [J]. 体育科学, 2004 (06).

[34] 袁桂林. 当代西方道德教育理论 [M]. 福州: 福建教育出版社, 2005.

[35] 阎海峰, 郭毅. 组织行为学 [M]. 北京: 高等教育出版社, 2005.

[36] 陈解放. 应用型人才培养的国际经验借鉴 [J]. 北京联合大学学报, 2005 (02).

[37] 黄丹. 我国单位制的变革与单位体育的发展走向 [J]. 广州体育学院, 2005 (03).

[38] 李辽宁. 当代中国思想政治教育意识形态功能研究 [M]. 武汉: 武汉大学出版社, 2006.

[39] 梁晓龙, 鲍晓春等. 举国体制 [M]. 北京: 人民体育出版社, 2006.

[40] 张洪潭. 体育的概念、术语、定义之解说立论 [J]. 西安体育体育学院学报, 2006 (04).

[41] 陈琦、刘儒德. 当代教育心理学 [M]. 北京: 北京师范大学出版社, 2007.

[42] 彭兆荣. 人类学仪式的理论与实践 [M], 北京: 民族出版社, 2007.

[43] 中共上海市科技教育工作委员会课题组. 完善公共服务体系研究 [Z].2007.

[44] 谢春艳. 大学生品德的心理结构与德育的实效性 [J]. 化文教资料, 2007 (04).

[45] 蔡先金. 人格本位: 大学生健全人格之培育 [J]. 现代大学教育, 2007 (06).

[46] 王清芳, 李成蹊, 胥万兵. 论体育精神对构建和谐社会的意义 [J]. 成都体育学院学报, 2007 (06).

[47] 何波, 石方勇. 论体育运动中的道德规范 [J]. 科技信息 (学术研究), 2007 (10).

[48] 黄莉. 从北京奥运会视角审视中华体育精神与狭隘民族主义 [J]. 体育文化导刊, 2007 (10).

[49] 徐理勤. 现状与发展——中德应用型本科人才培养的比较研究 [M]. 杭州: 浙江大学出版社, 2008.

[50] 李忠军. 国家意识形态安全与大学生政治价值观教育研究 [D]. 东北师范大学, 2008.

[51] 吕韶钧. 舞龙运动教程 [M]. 北京: 北京体育大学出版社: 2008.

[52] 国家体育总局. 改革开放30年的中国体育 [M]. 北京: 人民体育出版社, 2008.

[53] 柳礼泉. 论坚持艰苦奋斗与实现远大理想的统一 [J]. 社会科学主义, 2008 (01).

[54] 华瑞兴. 大力弘扬不畏艰险、不折不挠的精神 [J]. 群众, 2008 (10).

[55] 谢鑫. 艰苦奋斗精神的哲学解读 [J]. 湖南大学学报 (社会科学版), 2008, (03).

[56] 胡凯. 现代思想政治教育心理研究 [M] 长沙: 湖南人民出版社, 2009.

[57] 赵恒平, 雷卫平. 人才学概论 [M]. 武汉: 武汉大学出版社, 2009.

[58] 苏振芳. 当代国外思想政治教育比较 [M]. 北京: 社会科学文献出版社, 2009.

[59] 国家体育总局政策法规司. 国家体育总局体育哲学社会科学研究成果汇编 (竞技体育卷2001—2006) [M]. 北京: 人民体育出版社, 2009.

[60] 潘懋元, 石慧霞. 应用型人才培养的历史探源 [J]. 江苏高教, 2009 (01).

[61] 熊斗寅. "体育"概念的整体性与本土化思考——兼与韩丹等同志商榷 [J]. 体育与科学, 2009(02).

[62] 邵士庆. 当代集体主义内涵的厘定[J]. 社会发展研究, 2009(05).

[63] 陈兴, 张剑利. 北京奥运会后我国大众体育的发展路径[J]. 山东体育科技, 2009(03).

[64] 邓演平. 大学生思想政治教育论[M]. 长沙: 湖南大学出版社, 2010.

[65] 熊晓正, 钟秉枢. 新中国体育60年[M]. 北京: 北京体育大学出版社, 2010.

[66] 陈世阳. 国家形象战略研究[D]. 中共中央党校, 2010.

[67] 王海洲. 后现代视域中的政治仪式——一项基于戏剧隐喻的考察[J]. 南京大学学报(哲学·人文科学·社会科学版), 2010(02).

[68] 龚学曾. 宗教问题概论[M] 成都: 四川人民出版社, 2011.

[69] 路芳. 祭火仪式的绘身与叙事—— 以弥勒阿细祭火仪式为例 [J]. 民族文学研究, 2010(02).

[70] 徐涵, 杨科举. 论技术本科教育的内涵——基于技术教育与科学教育、工程教育的关系的视角[J]. 职教论坛, 2011(10).

[71] 胡小明, 黎文坛. 论民族传统体育的审美价值[J]. 北京体育大学学报, 2011(10).

[72] 叶榭镇志编纂委员会. 叶榭镇志[M]. 上海: 上海辞书出版社, 2012.

[73] [美]阿伦·古特曼, 从仪式到记录——现代体育的本质[M]. 花勇民, 蔡芳乐, 译. 北京: 北京体育大学出版社, 2012.

[74] 许敏熊. 竞技体育强国之路[M]. 北京: 光明日报出版社, 2012.

[75] 尹宁伟. 应用型本科人才培养质量探究[J]. 现代教育科学, 2012(04).

[76] 李猛. "社会"的构成: 自然法与现代社会理论的基础 [J]. 中国社会科学, 2012(10).

[77] 张大均, 王鑫强. 心理健康与心理素质的关系: 内涵结构分析[J]. 西南大学学报(社会科学版), 2012(03).

[78] 孟庆国, 曹晔. 地方高校转型发展: 路径选择与内涵建设[J]. 职业技术教育, 2013(18).

[79] 陈莉. 大学体育与健康[M]. 武汉: 武汉大学出版社, 2014.

［80］赵鹏. 意义·符号·互动［D］. 安徽大学, 2014.

［81］焦英奇, 刘良超. 民族图腾与国家象征: 龙狮运动的文化价值与仪式认同［J］. 体育与科学, 2014（01）.

［82］宏宾. 论创新与发展［J］. 人才资源开发, 2014（08）.

［83］袁海强. 体育教学中体育游戏运用思考［J］. 体育文化导刊, 2015（03）.

［84］郭军, 仇军, 田恩庆. 仪式体育与社会记忆的保存和传递——康纳顿社会记忆理论的视角［J］. 武汉体育学院学报, 2015（05）.

［85］刘传星, 雷燕. 心理素质研究30年: 回眸与评析［J］. 西南大学学报（社会科学版）, 2015（03）.

［86］张家军, 陈玲. 学校仪式教育的价值迷失与回归［J］. 中国教育学刊, 2016（02）.

［87］郑琼鸽, 吕慈仙, 唐正玲.《悉尼协议》毕业生素质及其对我国高职工程人才培养规格的启示［J］. 高等工程教育研究, 2016（04）.

［88］乔凤杰. 符号视角的诠释: 运动, 与文化何干?［J］. 体育文化导刊, 2016（06）.

［89］刘鹏. 女排精神闪耀时代光芒［J］. 人民论坛, 2016（28）.

［90］李小进, 赵光圣. 论中国武术的体悟认知方式［J］. 体育文化导刊, 2017（07）.

［91］何炳棣. 华夏人本主义文化: 渊源、特征及意义［M］. 北京: 人民出版社, 2018.

［92］李小进. 武术体悟教学研究［D］. 上海体育学院, 2018.

［93］刘艺芳, 张志刚. 论中国体育精神涵养中国精神［J］. 体育文化导刊, 2018（03）.

［94］李艳红. 大学生传统文化教育的意义浅析［J］. 传统文化论文, 2018（04）.

［95］刘婷、张卓. 身体——媒介/技术: 麦克卢汉思想被忽视的维度［J］. 新闻与传播究, 2018（05）.

［96］卫才胜. 现代体育赛事会技术的社会建构研究［J］. 武汉体育学院学报, 2019（01）.